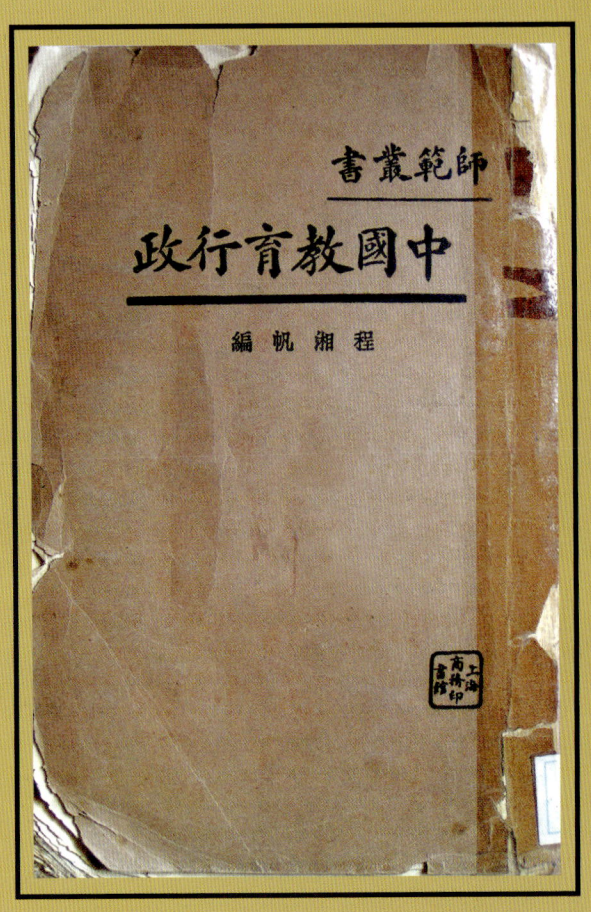

本书1947年于上海商务印书馆出版时的封面

编校凡例

1. 选编范围。《二十世纪中国教育名著丛编》（以下简称《丛编》）选编20世纪经过50年时间检验的水平较高、影响较大、领学科一定风骚的教育著作。这些著作在学术上有承流接响的作用。

2. 版本选择。《丛编》以第一版或修订版为底本。在各册扉页前，附印原著的封面。

3. 编校人员。《丛编》邀请有关老、中、青学者，担任各册"特约编辑"，负责校勘原著、撰写前言（主要介绍作者生平与原著）。

4. 编校原则。尊重原著的内容和结构，以存原貌；进行必要的版式和一些必要的技术处理，方便阅读。

5. 版式安排。原著是竖排的，一律转为横排。横排后，原著的部分表述作相应调整，如"左列"改为"下列"等等。

6. 字体规范。改繁体字为简化字，改异体字为正体字；"的"、"得"、"地"、"底"等副词用法，一仍旧贯。

7. 标点规范。原著无标点的，加补标点；原著标点与新式标点不符的，予以修订；原文断句不符现代汉语语法习惯的，予

出版说明

20世纪，中国教育学科从无到有，从译到著，形成了具有一定风格的体系。中国教育学者在把握时代脉搏的基础上，博采中西，融汇古今，或独立编写教育学科教材，应迎中国师范教育之需；或自主撰述教育学科专著，夯实中国教育学术之基。皇皇百年，朵朵奇葩。它们在不同程度上折射了时代精神的光芒，反映了教育学术的风貌，凝聚了教育学者的卓识。

站在世纪之交，我社思量有必要重树前辈们的精神财富。2003年春夏之交，时任我社副总编的黄旭赴沪，力邀华东师范大学瞿葆奎先生和郑金洲教授担任主编，诚请老中青教育学者校注和介评，郑重推出《二十世纪中国教育名著丛编》。

辑入这套《丛编》的，皆历经了50年以上时间检验的、水平较高、影响较大、领学科风骚的著作。透过这些著作，试图展现20世纪中国教育学者的学术智慧，盘点中国教育科学的世纪历程，鉴往追来，在过去、现在、未来之间铺设中国教育科学的桥梁。这是一项承接前人、嘉惠后学的教育学术工程。

诚挚感谢主编及其工作集体、各册特约编辑的极大努力，各著作权所有人的全面支持。

《丛编》选、编、校、印中的缺点、错误，敬恳读者批评指正。

福建教育出版社

2006年8月

图书在版编目（CIP）数据

中国教育行政/程湘帆编.—福州：福建教育出版社，2008.12
（二十世纪中国教育名著丛编）
ISBN 978-7-5334-5170-7

Ⅰ.中… Ⅱ.程… Ⅲ.教育行政－中国－民国 Ⅳ.G529.6

中国版本图书馆 CIP 数据核字（2008）第 193648 号

二十世纪中国教育名著丛编

中国教育行政

程湘帆　编

出版发行	福建教育出版社
	（福州梦山路 27 号　邮编：350001　电话：0591－83706771　83733693
	传真：83726980　网址：www.fep.com.cn）
印　　刷	福建二新华印刷有限公司
	（三明市新市中路 70 号　邮编：365001）
开　　本	850 毫米×1168 毫米　1/32
印　　张	11.875
字　　数	287 千
插　　页	2
版　　次	2008 年 12 月第 1 版　2008 年 12 月第 1 次印刷
印　　数	1—3100
书　　号	ISBN 978-7-5334-5170-7
定　　价	26.00 元

如发现本书印装质量问题，影响阅读，
请向出版科（电话：0591－83726019）调换。

二十世纪中国教育名著丛编

中国教育行政

程湘帆◎编

主编◎瞿葆奎 郑金洲　特约编辑◎吴志宏　汤林春

福建教育出版社

以调整。原著有专名号（如人名、地名等）的，从略。书名号用《 》、〈 〉规范形式；外文书名排斜体。

8. 译名规范。原著外国人名、地名等，与今通译有异的，一般改为今译。

9. 数字规范。表示公元纪年、年代、年、月、日、时、分、秒，计数与计量及统计表中的数值，版次、卷次、页码等，一般用阿拉伯数字；表示中国干支等纪年与夏历月日、概数、年级、星期或其他固定用法等，一般用数字汉字。此外，中国干支等纪年后，加注公元纪年。

10. 标题序号。不同层级的内容，采用不同的序号，以示区别。若原著各级内容的序号有差异，则维持原著序号；若原著下一级内容的序号与上一级内容的序号相同，原则上修改下一级的序号。

11. 错漏校勘。原著排印有错、漏的，进行校勘。

12. 注释规范。原著为夹注的，仍用夹注；原著为尾注的，改为脚注。特约编辑补充的注释（简称"特编注"），也入脚注。

中国教育学科的百年求索

——《二十世纪中国教育名著丛编》代序

20世纪是中国教育学科艰难创生、曲折发展的世纪。伴随着中与西的文化激荡，传统与现代的思想交融，中国教育学科逐渐地从译介走向编著，从移植走向创生，从草创走向发展。教育学者们百年来以执着的精神、笃实的态度、质朴的思维，成就了中国教育学科发展史的世纪篇章。站在21世纪的门槛里，隔着时间的距离，回眸这段历程，不仅能窥视中国教育学科所沐浴的阳光，更能体味到她所历经的风雨。

一

教育思想史与教育学科史，不是两个"等价"的概念。在中国，教育思想史可以上溯到两千多年以前，但是教育学科史迄今却不过短短百余年的历程，而启动这一历程的是以日本为媒介的"西学"引介。促动这些引介的直接动因，还是新办师范学堂的课程"急需"。当年，所谓"办理学堂，首重师范"，而"教育为师范学堂之主要学科"。中国教育学科的历史和师范院校的发展乃唇齿相依。之所以借道日本取法"西洋"，主要是因为中日地理毗邻、文化同源。清末张之洞就说："致游学之国，西洋不如东洋：一、路近费省，可多遣；一、去华近，易考察；一、东文近于中文，易通晓；一、西书甚繁，凡西学不切要者，东人已删节而酌改之。中、东情势，风俗相近，易仿行，事半功倍，无过于此。"① 一时间，清廷公派、民间私往日本的学生甚众，多攻读师范速成科。这些学生归国后，又有不少成为师范学堂的译员或教习，成为引介教育学科的主要先驱。他们以译书立说为要务，广揽教育学说，拓展国人视界，推进了教育学人的思想"启蒙"，以及教育学科的学术"建制"。

在中国教育学科史上，1901年是个值得珍视的时段。就在这年，罗振玉创办了中国最早的教育专业杂志——《教育世界》；王国维译介了第一本完整的教育学著作——立花铣三郎讲述的《教育学》。这本著作连载于《教育世界》第9~11号，被视为"教育学"在中国的始点。但在此前，还有两门教育学科分支的著作先行引入中国，即是：田中敬一编、周家树译的《学校管理法》（载《教育世界》第1~7号）；三岛通良著、汪有龄译的《学校卫生学》（载《教育世界》第1~8号）。其后，《教育世界》又先后刊载了汤本武比古著、王国维译的《教授学》；原亮三郎编、沈纮译的《内外教育小史》。1902年，木场贞长著、陈毅译的《教育行政》付梓。中国教育学科的园地又添了"新蕊"。

上述著作都是所谓"进口货"，说的是他域的教育，解的是他国问题，终究不能替代国人自己的"言说"。在引进、积累之后，国人就尝试立足中国实际，兼蓄西方理论，自编相关教育学科的著作，从而迈出了国人自主"治理"教育学科的最初步伐。朱孔文编的《教授法通论》（时中学社，1903），王国维编的

---

① 张之洞：《劝学篇·外篇·游学第二》。

《教育学》（教育世界社，1905），蒋维乔著的《学校管理法》（1909），黄绍箕和柳诒徵著的《中国教育史》(1910)①，袁希洛编的《教育行政数日谈》(1912)，俞庆恩著的《学校卫生讲义》（上海江苏教育会，1915）等等，都称得上是各自领域的"先行者"。与同期的译作相比，这些著作在"量"上相当有限，在"质"上尚显稚嫩，但也不乏融合本土经验的作品。这是一个"方长、方成"的时期。总体来说，清末民初的教育学科体系，无论是内容还是结构，都深受赫尔巴特及其学派（Herbart and Herbartians）的影响，同时也符合当时师范课程设置的要求。这意味着，"理论"的驱动和"实践"的需要，构成了中国教育学科发展的原初动力。

随着社会政制的更替、教育情势的发展，尤其是在西方的留学生归国和杜威（J. Dewey）以及孟禄（P. Monroe）、麦考尔（W. A. McCall）等访华的直接推动下，中国教育学科发展的"风向标"由"中道"日本转向"直捷"西方。19 世纪末 20 世纪初，西方的"教育科学化"运动，冲击了以赫尔巴特为代表的思辨教育学，初步建立了经验科学的教育学，即所谓单数"教育科学"（educational science）②。与此同时，教育学在与心理学、伦理学、生理学、社会学、统计学等学科（认真说来，这里的

---

① 一说为 1902 年。见孟宪承、陈学恂、张瑞璠、周子美编：《中国古代教育史资料》，人民教育出版社 1961 年版，第 14 页。

② 1798 年，德国教育学家里特（K. Ritter）在《由教育学批判以证明普遍教育科学之必要性》（*Kritik der Pädagogik zum Beweis der Notwendigkeit einer allgemeinen Erziehungswissenschaft*）中，明确提出了"教育科学"（Erziehungswissenschaft）概念。见黄向阳：《教育知识学科称谓的演变：从"教学论"到"教理学"》，载瞿葆奎主编：《元教育学研究》，浙江教育出版社 1999 年版，第 299 页。

"学科"是"科学"。下同)的双向渗透中,又衍生出一批交叉性或边缘性的教育学科分支,形成了所谓复数"教育科学"(educational sciences)概念①。这一概念意味着大量社会学科,还包括某些自然学科,应用于教育领域所形成的分支学科群。大抵在20世纪20年代及稍后,这些分支先后在中国"登陆",于是建立了现代教育学科的一定体系。与清末民初相比,这一时期译介尚盛,但已不及国人著述的规模,而且"登陆"的方式也呈现出多样化的态势:有些仍然走的是先译介后编著的路线,如教育社会学、比较教育学等;有些是先有国人编著,而后又引介西方的相关著述,如教育哲学、教育统计学等;还有些仅有国人的编著,似未见引进相关的学科性著作,如教育伦理学、教育生物学等。可略列表举例如下:

1919~1949年国人早期译介和编著的部分教育学科著作②

教育学科	早期的学科著作	国人早期译介的学科著作	国人早期编著的学科著作
教育哲学	1904年,霍恩(H. H. Horne)著《教育哲学》(Philosophy of Education)	1924年,豪恩(霍恩)著、周从政译述《教育哲学》(中华)	1923年,范寿康著《教育哲学大纲》(中华学艺社)

---

① 1912年,瑞士心理学家克拉帕雷德(É. Claparède)在日内瓦指导一个教育心理学研讨班时,明确提出了复数"教育科学"(la sciences de l'éducation)概念。

② 侯怀银:《20世纪上半叶中国教育学发展问题的反思》(华东师范大学2001年博士学位论文);瞿葆奎主编,瞿葆奎、沈剑平选编:《教育学文集·教育与教育学》,人民教育出版社1993年版;黄向阳:《教育伦理学辨——兼析教育问题的哲学反思》(华东师范大学1994年硕士学位论文);王承绪主编:《比较教育学史》,人民教育出版社1998年版;等等。

教育伦理学	1897年,杜威著《教育伦理学》(Educational Ethics: Syllabus of a Course of Six Lecture-Studies)、《构成教育基础的伦理原则》(Ethical Principles Underlying Education)		1932年,丘景尼编《教育伦理学》(世界)
教育社会学	1917年,史密斯(W. R. Smith)著《教育社会学导论》(An Introduction to Educational Sociology)	1918~1919年,史密斯著、刘著良译《教育社会学导言》(载《安徽教育月刊》)	1922年,陶孟和编《社会与教育》(商务)
教育生物学			1947年,张栗原编《教育生物学》(文化供应社)
教育心理学	1903年,桑代克(E. L. Thorndike)著《教育心理学》(Educational Psychology)	1921年,哥尔文、沛葛兰著,廖世承译《教育心理学大意》(中华)	1922年,舒新城编《教育心理学纲要》(商务)
教育统计学	1904年,桑代克著《心理与社会测量》(Mental and Social Measurements)	1928年,塞斯顿著、朱君毅译《教育统计学纲要》(商务)	1922年,薛鸿志著《教育统计学大纲》(北高师编译部)
教育测量学		1927年,杜佐周编译《麦柯教育测量法撮要》(民智书局)	1922年,张秉波、胡国钰编《教育测量》(北高师编译部)

比较教育学	1817年，朱利安（M.—A. Jullien De Paris）著《比较教育的研究计划与初步意见》（Esquisse et vues préliminaires d'un ouvrage sur l'éducation comparée）	1917年，余寄编译《德英法美国民教育比较论》（中华）	1929年，庄泽宣编《各国教育比较论》（商务）
课程论	1918年，博比特（F. Bobbitt）著《课程》（The Curriculum）	1928年，波比忒（博比特）著、张师竹译《课程》（商务）	1925年，余家菊著《课程论》（《中华教育界》第19卷第9期）
……	……	……	……

其实，这种学科分化的景象，从《中国教育辞典》（中华，1928）和《教育大辞书》（商务，1930）这两本有影响的教育专业辞书中就可窥见一斑。除了学校管理学、学校卫生学以外，它们还收录了教育哲学、教育论理学、教育伦理学、教育美学、教育社会学、教育病理学、教育心理学、教育统计学等辞目。从形成机制来看，这些学科主要集中在两类：一类是以"他学科"为理论框架，分析教育活动中形而上的、社会的或个人的问题；另一类是研究如何运用科学的方法来分析教育活动的学科。它们的涌现，既反映了20世纪初叶西方教育学科"科学化"的基本成果，同时顺应了国际教育学科分化的总体趋势。有些学科诞生不久，便在中国教育学科的殿堂里占得了席位。

新中国成立后的50年代，这些初具形态的教育学科接受了新民主主义和社会主义的改造。在"以俄为师"、"全面学习苏联经验"的号召下，这种改造逐渐演变成按照苏联教育学科体系加以规划。中国的教育学科只开一扇"北门"，在数量上大为收缩，仅留下了教育学、心理学、各科教学法、教育史等学科；在内容上倒向了苏联教育学者的研究成果，禁闭或批判了西方学者的教育理论。中国教育学科经历了一次"血透"。"引进"又一次成了教育学科建设的主题，而重点在译介苏联的"教育学"教材，如凯洛夫主编的《教育学》、奥哥洛德尼柯夫和申比廖夫著的《教育学》、叶希波夫和冈察洛夫著的《教育学》等等；虽逐渐有些结合中国实际的自编教育学科教材，但框架上，甚至内容上基本是苏联教育学科的"复制"。这是一种"大教育学"的体系，它不仅使自身背负上"沉重的翅膀"①，而且砍宰了教育哲学、教育社会学、比较教育学、教育统计学等分支学科。与这种"论"的"教育学"相映衬的，主要是教育史学科的建设。在外国教育史方面，先是翻译了麦丁斯基的《世界教育史》，康斯坦丁诺夫、麦丁斯基、沙巴也娃的《教育史》等等；而后又改编和自编了一些外国教育史的教材；在中国教育史方面，运用马克思主义的立场、观点和方法，挖掘和整理一些资料，编写了一些教材和讲义，并在学科体系方面进行了一些初步的探索。这些学科探索，试图以马克思主义为指导思想，确立适合新中国教育需要的学科体系。但是，在1949～1966年间形成的这些断续的、局部的、零星的、有限的学科建设成果，随着"文革"的到来，迅速淹没在一统的"语录化"教育表述之中。这是不堪回首的当年，又是必须回首的当年。它给中国教育学科史添加了一些史无前例的、苦难的、独特的国际笑料。这建国后17年的教育学科建设，也全部被批斗并付之东流！

历经了三十年的曲折或中断，中国教育学科的"家园"百废

---

① 陈桂生：《教育学的迷惘与迷惘的教育学——建国以后教育学发展道路侧面剪影》，载《华东师范大学学报》（教育科学版）1989年第3期。

待兴。恰恰在这段岁月里，随着跨学科或多学科的研究日盛，教育学与经济学、政治学、未来学、技术学等学科的相互沟通渐密，西方教育学界又迎来了教育学科分化和发展的新高潮。在开放的背景下，从苏联因袭而来的"大教育学"体系，不仅与国际教育学科分化的整体趋势相悖，而且难以适应新时期教育改革和发展的需要。冲破这种"大教育学"体系，建立教育学科分支体系，成为当务之急。首先是恢复和重建一些教育学科，如教育哲学、教育社会学、比较教育学、教育统计学、教育测量学、教育行政学等；其次是新建一些中国教育急需的学科，如教育经济学、教育政治学、教育法学、教育文化学、教育生态学、教育评价学等等。除了重点译介西方的教育学科成果以外，编写相关的学科著作，建立专门的研究学会，开设专业的教育课程，等等，都极大地推动了中国教育学科体系的建设。尤其是 20 世纪八九十年代以来，随着教育学科"自我意识"的觉醒，两门以教育理论本身为研究对象的学科——元教育学和教育学史，逐渐进入了中国教育学者的视野。其中，差不多每门教育学科都拥有若干本国人自主撰述的著作，从这百花丛中，似乎可以窥见中国教育学科建设的不少新思维、新风貌、新成就①。至于它们的贡献厚

---

① 如黄济编著《教育哲学初稿》（北京师大出版社，1982；《教育哲学》，1985），陆有铨著《现代西方教育哲学》（河南教育出版社，1993）；鲁洁主编、吴康宁副主编《教育社会学》（人民教育出版社，1990）；潘尗主编《教育心理学》（人民教育出版社，1980），邵瑞珍、皮连生、吴庆麟编《教育心理学》（上海教育出版社，1983），张大均主编《教育心理学》（人民教育出版社，1999）；厉以宁著《教育经济学》（北京出版社，1984），邱渊著《教育经济学导论》（人民教育出版社，1989），王善迈主编《教育经济学概论》（北京师大出版社，1989）；王承绪、朱勃、顾明远主编《比较教育》（人民教育出版社，1983），吴文侃、杨汉清主编《比较教育学》

（转下页注释）

薄，总得有几十年的时间检验。如果说1919～1949年是中国教育学科的初创期，那么这一时期则是中国教育学科的发展期。与初创期相比，处在发展期的中国教育学科不仅在分支数量上有大幅增加，而且呈现出一些"辩证"的特点：在领域上呈现出分化与整合的统一，在内容上呈现出"西学"与"中学"的会通，在方法上呈现出定量与定性的互补。

几度兴废，几番沉浮。世纪百年，见证了中国教育学科从牙牙学语、蹒跚学步走向独立言说、自主行进的曲折历程，涌现了不少先声之作，扛鼎之著，综合之论，特色之述。虽然教育学科的"家族"渐趋庞大，但它的发展是没有止境的。可以说，"在从某一角度分析教育的某一方面或某一组成部分的层面上，有多少涉及'人'的学科；在教育研究的层面上，有多少可用于研究'人'的问题的方法，便有可能产生多少分支学科；在把教育作为一个整体，从多种角度同时进行综合研究的层面上，教育领域内有多少种具有现实作用和影响的实际问题，就有可能产生多少分支学科。"①而且，教育学科的分化层级也在向"纵深"拓展：

（接上页注释）

（人民教育出版社，1989）；陈玉琨著《教育评价学》（人民教育出版社，1999）；陈孝彬主编《教育管理学》（北京师大出版社，1990），孙绵涛著《教育行政学》（华中师大出版社，1998）；万嘉若、曹揆申主编《现代教育技术学》（中国科学技术大学出版社，1991），尹俊华主编、戴正南副主编《教育技术学导论》（高等教育出版社，1996）；陈桂生著《"教育学"辨——元教育学的探索》（福建教育出版社，1998），叶澜著《教育研究方法论初探》（上海教育出版社，1999），王坤庆著《教育学史论纲》（湖北教育出版社，2000），唐莹著《元教育学》（人民教育出版社，2002）；等等。

① 瞿葆奎、唐莹：《教育科学分类：问题与框架》（教育科学分支学科丛书·代序），载吴康宁：《教育社会学》，人民教育出版社1998年版，第22页。

从一级学科间的交叉逐渐向二级乃至三级学科间的衍生迈进。这些学科有的已较成熟,有的正在发展之中,有的还处在初生之际。

二

中国教育学科是"西学东渐"的产物,是在译介西方教育学科的过程中形成的。在这一过程中,源自西方的教育学科必然与中国教育实践之间产生某种摩擦或张力,因此,如何克服它们,使教育学科贴近中国教育实践,并裨益于中国教育实践,自然成为许多中国教育学者百年的学术追求。这是一种特殊的"中国意识",也是一种普遍的"本土意识"。正是在这种意识下,他们感到,"教育学有共同之原理,亦有本国之国粹",因而不能简单地移植或照搬外来的教育理论,而必须对这些"舶来品"保持一种"警觉"。

这种"中国意识",也许是一种"本能",伴随着各门教育学科在中国的成长。当年,吴俊升曾提出"中国教育需要一种哲学"[1];雷通群曾倡导"使教育社会学成为中国化"[2]。萧孝嵘也曾说:"我国人的心理背景与他国人的心理背景自有一些差别,故在有些事件中,不能根据国外之研究结果推知本国的情形。本书为顾及此种特殊背景起见,尽量采用我国的研究资料。在某些问题上,如无本国的资料,或有之而在某些方面尚有问题,则采用国外的资料。"[3] 罗廷光曾同样认为,"不可把外国教育行政书籍直接拿来应用——况真正精心结撰之作仍不多觏。我们要做开

---

[1] 吴俊升:《中国教育需要一种哲学》,载《大公报》1934年11月5日。
[2] 雷通群:《教育社会学》,商务印书馆1933年版,"例言"第1页。
[3] 萧孝嵘:《教育心理学》,正中书局1944年版,"编辑大意"第2页。

创的工作,要本远到的目光,渊邃的见解,认清本国教育行政的问题,运用科学的方法和专门的智能以为解答;更当就教育行政之'学'与'术'本身作进一步的研究,以求树立本门学术之深厚的基础。"①……这些学者都注意到,西方的教育理论植根于西方的教育土壤,况且它们也不是不证自明的、完满无缺的,因而不能简单地移诸中土,相反我们必须立足中国教育情势,对它们进行必要的改造。

"改造"的方式是多种多样的。在20世纪上半叶,似乎就涌现了诸如下列的方式:

一是"删削"式。例如,1905年湖北师范生编译波多野贞之助讲义的"例言"中说:"是编是由日本波多野先生折衷中西诸学说,综论教育之原理,以国民教育、道德教育为宗旨,不偏重个人教育,亦不偏重社会教育。兼按中国情势立言,一切奇袤险怪之谈,概从删削。"②

二是"添加"式。例如,余家菊等在《中国教育辞典》的"凡例"中就说:"本书力求成一册'中国的'教育辞典,而不愿成为一纯粹抄译之作,故于本国固有之教育学说、教育史实、教育名家,乃至于教育有密切关系之各项事例,莫不留意搜采。"③

三是"参合"式。例如,1914年张子和在《大教育学》的"自叙"中说:"但其原本,实草创自日本教习松本、松浦二氏之手。余为中国产,思欲讨论修饰,以适合于中国教育界之理想、实际,遂不惮搜集近今东西人之名著,参合而折衷之,思想之崭

---

① 罗廷光:《教育行政》(上册),商务印书馆1943年版,"自序"第1页。
② 金林祥主编:《20世纪中国教育学科的发展与反思》,上海教育出版社2000年版,第60~61页。
③ 余家菊等编:《中国教育辞典》,中华书局1928年版,"凡例"第1~2页。

新,资料之弘富,盖皆馀事也。"① 这已不是简单地"堆砌"外来教育理论,而是体现中国教育学者本人的理论选择和综合素养。这种选择和综合,在一定程度上展现了中国教育学者的创新精神。

四是"改易"式。例如,赵演改译查浦曼(J. C. Chapman)和康次(G. S. Counts)的《教育原理》的译者序中就说:"但因鉴于该书例证,全系采自美国,且处处就美国情况立论,姑译者采取改译的办法。一切外国材料不能适用者,尽行删除,易以中国材料。且设法就中国情况立论,使读者觉得书中所讨论的,即是中国的教育原理。"② 理论是外来的,材料是中国的,这种"大手脚"似易损原著的整体风貌。

五是"融化"式。例如,朱兆萃在《教育学》的"例言"中说:"本书对于国人所创设的教育主张、教学方法,作者加以搜罗,融化在系统中,努力于国化,以期渐成为自己的制造品,而非舶来品。"③ 这种方法提升了境界,通过融入国人自己的研究,实现对外来教育理论的渐进式改造。

诸如此类,如此等等。这折射出中国教育学人谋求教育学科"中国化"的良苦用心。这种"用心",最初指向"日本化",而后指向"美国化"。时至20世纪50年代,它又与"苏化"的现实联系在一起,而"苏化"又意味着切断已往、抵制西方。正当1957年,针对苏联教育学科中存在的僵化、教条化倾向,曹孚认为马克思列宁主义的教育学"一向把历代的教育学方面的文化

---

① 张子和编纂:《大教育学》,商务印书馆1914年版,"自叙"第2页。
② 查浦曼、康次著,赵演改译:《教育原理》,商务印书馆1935年版,第17页。
③ 朱兆萃:《教育学》,世界书局1932年版,"例言"。

遗产，作为自己的科学源泉之一"，"可以而且应该从过去的教育学与教育思想中吸取与继承一些东西"。而且，"教育，作为一种上层建筑，在一经形成之后，有它相对的独立性，教育思想与教育学术的发展有它自己独特的资料与规律。"① 割断现实与历史的联系，漠视新与旧之间的传承关系，不可能有中国教育学科的发展。但是，在努力探寻"教育学中国化"的过程中，一些学人一方面要求以马克思主义教育学说、毛泽东教育思想为指导，以中国教育实践为出发点，建立中国的马克思主义教育学、中国的社会主义教育学；另一方面却又把苏联的教育学当作是马克思主义教育学、社会主义教育学的化身。由此使"教育学中国化"简化为苏联教育学与中国教育实践相结合。当年，瞿葆奎也就犯过这种错误的"代数学"。"中国化"的道路艰辛而又曲折！初步整理的"中国化"思路，在"左"的思潮下"夭折"了——在西方教育学是"资本主义"的、苏联教育学成为"修正主义"的情况下，中国教育学科必然闭关锁国，必然陷入"以阶级斗争为纲"的"政策汇编"和"工作手册"的窘迫之中，从而不可避免地出现了阶级性突现、学科性失踪的"异化现象"！

我们认为，1961年周扬在高校文科教材编选会议上提出的这点意见是正确的："要编出一本好的教材首先要总结自己的经验，整理自己的遗产，同时要有选择有批判地吸收外国的东西，只有这样，才能编出具有科学水平的教材，才是中国的教育学、中国的文艺学。"这是一个中外与古今的问题。所谓只有中没有外，就没有全面观点；只有今没有古，就没有历史观点。在这种

---

① 曹孚：《教育学研究中的若干问题》，载瞿葆奎、马骥雄、雷尧珠编：《曹孚教育论稿》，华东师范大学出版社1989年版，第213、223页。

思想指导下，以刘佛年主编的《教育学》①为代表的教材②，试图谨慎地矫正一些教育学科在"教育大革命"中所发生的偏离，但仍留有"以阶级斗争为纲"的一些时代痕迹。好景难长，还没有来得及出版，"文革"浩劫降临，再次剥夺了中国教育学科生存的空间。我们不得不承认，这曾经是中国教育学科"自主"走过的一段短暂历程，但曾几何时，一下子又成为"文革"对所谓封、资、修大批判、大斗争的对象。

综合上述，似乎可以说，那种"痛快地"认为我国教育学科是"先抄日本"、"继袭美国"、"再搬苏联"的说法是一种比较简单化了的认识的声音。"中国化"是先后中国教育学者矢志不移的学科情怀。当然，做得有高下之分，优劣之别。改革开放以后，这一问题再次被提上日程，并在80年代末90年代初形成了一股讨论的热潮③，提出了"建设具有中国特色的社会主义教育学"的使命。这场讨论大体沿两个方向展开：一是"个性为主"

---

① 刘佛年主编的《教育学（讨论稿）》，为了教学试用和征求意见，曾于1962～1964年先后内部印刷4次。"文革"后，应华东师范大学校内教学急需，1978年第5次印刷。后应人民教育出版社的要求，稍加修改，于1979年正式出版。1981年，主动函请停印。其后，涌现了一些适应新形势的教育学，如华中师范大学等五院校合编的《教育学》[人民教育出版社，1980，1982；王道俊、王汉澜主编《教育学（新编本）》，1988，1989]，南京师范大学教育系编的《教育学》（人民教育出版社，1980，1984），等等。

② 在教育史方面，中国教育史用"编"，有毛礼锐、邵鹤亭、瞿菊农等的《中国古代教育史》、陈景磐的《中国近代教育史》、陈元晖的《中国现代教育史》；外国教育史用"借"，有曹孚根据麦丁斯基的《世界教育史》和康斯坦丁诺夫等著的《教育史》，编纂了一部《外国教育史》。在教育心理学方面，有潘尗主编的《教育心理学》。等等。

③ 瞿葆奎主编，郑金洲副主编：《教育基本理论之研究（1978～1995)》，福建教育出版社1998年版，第964～968页。

的中国化,即充分重视本国的教育实践,注重中国教育规律的探索;二是"共性为主"的中国化,即在探寻中国教育规律的同时,探索普遍的教育规律。随着全球化时代的到来,"本土化"又成了从空间上关涉中国教育学科发展的关键词。与"中国化"相比,"本土化"的应用范围不限于中国,可以是全球化进程中任何一个国家或地区。因此,"教育学中国化"可以看作是中国语境下的"教育学本土化",或者说"教育学本土化"在中国的具体体现。

然而,"教育学中国化"、"教育学本土化"这两个概念在不同程度上带有所谓"殖民"的色彩,甚至残留着"西方中心主义"的痕迹,因为它们的前提仍然是外来的(更确切地说,是西方的),是生长于异域的教育理论;它们的逻辑仍然是结合本地的教育实际,筛选、改造和应用外来的教育理论。在这一过程中,外来的教育理论可能在与本土的教育实践结合的过程中,生发新的冲突,引出新的问题,重构新的理论,但总体来说,这种模式难以催生出体现中国"原创"的"本土理论"。事实上,从中国教育问题出发,建立"中国的教育学",一直是 20 世纪中国教育学人的憧憬。例如,早在 1932 年,就有学者提出,"外观世界大势,内审国内需要;研究本国民族思想的特质,找出教育与本国政治、经济、社会的关系,并认识儿童本性及其学习过程。综合种种,而创设中国教育的基本理论,而确立中国教育理论的体系。"① 1956 年,有人提出要"创建和发展新中国教育学"②。

---

① 罗廷光:《什么是中国教育目前最需要的》,载《时代公论》1932 年第 8 号。

② 程谪凡:《对教育学教学大纲的意见》,载《光明日报》1956 年 11 月 26 日。

而近年的呼声尤为强烈,如有论者要求"建设中国特色的社会主义教育学"①,有人提出"本土生长"的概念②,有人重提"中国教育学"的设想③,等等。这都是期盼建立真正属于中国自己的"原创"教育理论,为世界教育理论贡献自己的智慧,有如陈元晖厚重的豪迈气概:"真正摆脱'进口教育学'而有'出口教育学',让外国人来翻译我们的著作。"④ 建构本土的教育理论,是全球化时代赋予中国教育学者的神圣使命,学者们不懈地奔走呼号,为此殚精竭虑。然而,这种本土的理论建构,概而言之,就要"统新故而视其通"——立足于今,融会古今;"苞中外而计其全"——立足于中,兼采中外。是耶非耶?

三

前述以教育活动这一实践形态为对象的教育学科,又可以说不外"教育哲学"和"教育科学"两类。"在教育学——其中只有一部分的事实和原则可以用自然科学的方法来发现,另一部分却非有综合的理解不可——这种从全体上来衡量的态度,是求得

---

① 例如,鲁洁:《建设具有中国特色的社会主义教育学管窥》,载《教育评论》1988年第1期;刘黔敏:《建设中国特色的教育学:挑战与应答》,载《教育理论与实践》2004年第11期;等等。

② 项贤明:《教育:全球化、本土化与本土生长——从比较教育学的角度观照》,载《北京师范大学学报》(人文社会科学版)2000年第2期。

③ 叶澜:《中国教育学发展世纪问题的审视》,载《教育研究》2004年第7期。

④ 陈元晖:《中国教育学史遗稿》(北京师范大学教授文库·陈元晖卷),北京师范大学出版社2001年版,第67页。

确信所必需的。"① 从这个意义上说，教育学乃是教育科学与教育哲学的结合体，因而也是众多教育学科分支的整合体。这些分支学科是从总体的教育学分化而来，仅从某一方面揭示教育的本质属性，而要形成有关教育的整体认识，又有赖于总体的教育学加以整合，以跨越学科间的壁垒，寻求以"教育"为基质的统一性。这大概就是分化与整合的辩证法。但是，有不少学者好像没有看到那些分化出来的教育学科分支背后的这种统一性，要么认为分化是对总体的教育学的消解，要么认为这些分支不过是其他学科的知识应用，教育学并没有对它们的建构做出特有的贡献，从而怀疑教育学的学科价值。面对这些"非难"，从本源上重提教育学与其他学科的关系问题，也许有其必要性。

自哲学中"脱胎"以来，教育学似乎总是难逃与其他学科的"纠缠"。从伦理学、心理学，到社会学、生理学，以至与人有关的学科，似乎都可以成为教育学的"理论基础"。在历史上，例如，尼迈尔（A. H. Niemeyer）就认为伦理学、人类学、心理学、生理学是教育学的"基础学科"；拉伊（W. Lay）称这些学科为教育学的"辅助学科"；赫斯特（P. Hirst）则将它们视为对教育学"有贡献的学科"。这种学科的"介入"或"引入"，是否威胁到教育学存在的合法性？在20世纪的百年中，粗查历史，这个问题至少曾两度唤起中国教育学者的兴趣。

一次是20世纪30~40年代。黄炎培、江恒源、杨卫玉等人持否定的意见，认为教育可以借助其他学科、专设相应的机构来

---

① 孟宪承：《教育哲学引论》，载周谷平等编：《孟宪承教育论著选》，人民教育出版社1997年版，第351页。

研究，但没有另辟独立学科的必要①。多数学者，如常道直、艾伟、姜琦、陈友松等，则坚信教育学作为一门独立的学科，不仅是必要的，而且是可能的。承认这种独立性，并不意味着教育学不需要其他学科的支撑。相反，我们必须接受这一事实：教育学与物理学、化学、生物学不同，自身并没有一套已经证实的基本概念。"教育学不过借用了自然科学的假设和方法，应用了生理学、心理学、社会学里面已经树立的基本概念。有如医学应用了生理学、内分泌学的概念以建造身体；工程学应用了力学、数学的概念以建造机器，教育学应用了生理学、社会学以及自然科学的概念以建造人格。"② 既然医学、工程学之类的学科可以屹立于学科之林，教育学岂非一门独立的学问?! 因此，关键的问题，不是教育学是否需要其他学科的资源，而是教育学如何对待其他学科的知识。然而，这一时期的学者没有或没有来得及合理地明晰阐明这一点。

另一次是20世纪90年代以来。随着学科间相互渗透的加强，不仅从事其他学科的学者所谓"越界"讨论教育的问题，而且以教育学为志业的学者大都"主动"地向其他学科"伸手"，找寻于教育知识建构有用的概念与命题、理论与方法。随着其他学科的发展，教育学相应地获得了更加丰富、更加坚实的学科基础，似乎也表现出对其他学科越来越深的知识"依赖"。面对这种情况，有学者忧虑，教育学在缺乏主体意识的情况下，所谓盲目"占领"其他学科的材料，结果可能反被其他学科所占领，以

---

① 程其保等编：《中国教育问题总检讨》，载《教育通讯》1948年复刊第5卷第4期。
② 陈选善：《三十年来教育中之科学方法》，载《教育杂志》1935年第25卷第8期。

致沦为"别的学科领地";也有人怀疑,在学科独立性方面先天不足的教育学,恐难抵抗其他学科的"入侵",从而在知识的大分化中走向"终结"[①];还有人呼吁应对其他学科的应用保持高度警惕,避免陷入"非学科性"的境地之中,从而主张多方寻求教育学独有的学科立场和认知方式。与这种被动的"守势"相比,不少学者采取一种积极的"攻势"策略。他们认为,多学科的介入是教育研究的规律,因此,担心教育学的领地遭到"入侵"、"占领"或"蚕食",而对其他学科采取一种消极的抵制态度,是枉费功劳的,而且是有害的;重要的是,利用教育学的整合优势,秉持一种自由而开放的态度,"以我为主"地吸纳其他学科的理论和方法,或接受这些学科的知识"滋养"。但也有论者断言,这种多学科的渗透会使教育学的研究范式变得越来越模糊,教育学从而成为"一个边界不断扩大的专门化的研究领域"[②],这似仍是对教育学学科独立性的存疑。

不加检视地"应用"或"移植"其他学科的成果,或者,对其他学科采取"拒斥"或"防范"的态度,这两种想法与做法都有失偏颇。前者奉行的是"拿来主义",有使教育学沦为其他学科"领地"的危险;后者无异于"废食主义",漠视了其他学科对教育学的贡献。那么,如何在兼蓄其他学科知识的同时,保持教育学的学科独立性?我们今天的认识是,实现这种统一性的"阿基米德点",就是教育实践本身。虽然其他学科可以讨论教育

---

① 吴钢:《论教育学的终结》,载《教育研究》1995年第7期。回应这种观点,有如郑金洲:《教育学终结了吗?——与吴钢的对话》,载《教育研究》1996年第3期;周浩波:《论教育学的命运》,载《教育研究》1997年第2期等。

② 劳凯声:《中国教育学研究的问题转向》,载《教育研究》2004年第4期。

实践，但这并不能替代教育学本身的讨论。因为"每一门学科，即使在它关注教育实践时，也都有它自己的概念，并用这些概念提出它自己的独特的理论问题，这些问题基本上可以说具有哲学的、心理学的或历史学的性质，而不是实践性的。"而且，"每门学科都从复杂的实践中进行适合于它自身有限的抽象。这类学科不探讨任何种类的共同的问题，每门学科的成果都不足以恰当地制定出教育实践的原则。"① 对于教育实践而言，来自其他学科的知识都不是确定不移的，而是未定的、不完全的；它们能否成为教育学的知识，还必须在教育实践中接受检验。惟有在教育实践中得到验证或辩护的知识才是"教育的"，才是"实践的"。这便是教育学的特有立场，即一种基于教育实践的"综合"立场。在这种立场下，教育学不再将其他学科的知识看作是不证自明的，或看作是依赖的对象，相反却可以理直气壮地从教育实践的角度对这些学科的知识提出质疑，做出修正，进行综合。如果离开了教育实践这个"根本"，教育学就会在其他学科的冲击下成为"萍踪浪影"了。由此显示出，作为一门专事教育实践的教育学相对于其他学科的独立性。

四

关于学科的独立性问题，不能局限于知识领域，还需要与社会现实保持适当的距离。这种距离是学科从"依附"走向"独立"的前提。更直接地说，教育学科不能简单地、完全地附和社会现实的需要，不能仅仅一味地为社会现实提供辩护，而要从

---

① 赫斯特著，沈剑平译：《教育理论》，载瞿葆奎主编：《教育学文集·教育与教育学》，第444页。

"学术自由"或"学术独立"的角度,坚持对社会现实的理性批判。这种批判是一切社会学科良性发展的条件。

在20世纪,中国教育学科有许多的进展,但也有过曲折,有过停滞,有过中断。造成这种曲折、停滞、中断的原因是多方面的;其中之一也许就是,缺乏学术上的自由氛围和独立精神。妨碍这种自由和独立的,首先是意识形态的干预和控制。

例如,辛亥以后颁布的《普通教育暂行办法》规定:"凡民间通行之教科书,其中如有尊崇满清朝廷,及旧时官制、军制等课,并避讳、抬头字样,应由各该书局自行修改,呈送样本于本部,及本省民政司、教育总会存查。如学校教员遇有教科书中不合共和宗旨者,可随时删改,亦可指出,呈请民政司或教育会通知该局改正。"随后,"三民主义"、"党化"教育,"国家主义",以至"新生活运动",等等带有强烈意识形态控制的"官方哲学",通过师范学校课程标准的颁布以及教科书的审定制度,渗透进了某些教育学科教材或著作中。例如,汪懋祖在其编著的《教育学》(正中书局,1942)中明言:"本书根据国父三民主义、孙文学说及总裁之言论训词,上承孔孟,拟组成新儒家的教育思想。"又,"参采陈立夫《唯生论》阐明人生之意义与人本教育"。该书虽然也吸取了杜威等人的学说,但全书的基调是附庸和逢迎于意识形态控制的[①]。

新中国成立后,第一要务也是根据新民主主义和社会主义的精神,改造旧时的教育学科。在相当长的一段时期里,马克思主

---

① 又如,范锜著的《三民主义教育原理》(民智书局,1929),张九如编的《三民主义教育学》(商务,1929),潘廉方编著的《三民主义教育概论》(国民图书出版社,1946)等,都是带有明显的意识形态的教育著作。

义、毛泽东思想成为教育学科建设的指导思想，甚至是教育学科知识的"惟一"理论来源。而且，这一时期鲜有学科性的专著，多是教材的编撰，而教材通常是以行政性的教学大纲或计划为依据的，易于成为意识形态的"传声"或"应声"。甚至有学者感慨，当年的"教育学者非科学也，描述记录之学也，追风媚势之学也"①。"教育大革命"以至"文化大革命"，教育学科一度沦落为"政策"编纂学，一度异化为"语录"诠释学。在"教育要革命"的号召下，教育学科也成为阶级斗争的"革命哲学"的领地，"革命性"地成为重述"最高指示"的"语录学"。这是中国教育学史上近乎荒诞却又是真实的故事。这是政治的逻辑向教育学科领域无限膨胀的结果。这就使中国教育学科丧失了前途和生命。

在社会政制更替之初，意识形态的干预和控制是稳固新生政权的一般要求，但这并不等于说，政治的逻辑就可以取代学术的逻辑。没有学术上不断的自由争论，就没有学科上的持续发展。诚然，教育学科的发展离不开具体的社会历史条件，必须直面当时的教育现实，但这并不意味着教育学科没有自己的相对独立性，没有超越和批判教育现实的可能性。恰恰是这种独立性，构成它助益于教育现实的"资本"。能否确保这种独立性，关键仍然在于研究者是否坚持了自由和独立的批判立场。倘若研究者对社会现实只是"附会"，不仅社会现实和教育现实的改进无望，而且教育学科地位的保持和提升也是泡影。早在1933年，赵廷为就敏锐地看到研究者的"太不争气"：一是"一味学时髦"，二是"太会适应环境"，三是"不肯下苦功夫"，四是"兴味太狭隘"。前两点所显示的正是教育学者的"独立性"问题，后两点

---

① 王道俊：《在困惑中探索》，载《教育研究与实验》2005年第2期。

涉及的是研究者的"主动性"问题。他说:"凡是研究教育的人们应该有一种专业的兴味和信仰,可是我国所谓教育家也者,有不少人受社会所同化,正与不学教育的人们一样党同伐异,一样的抢地盘和利用学生,一样的不惜把教育根本摧毁。"① 总之,研究者必须有专业的精神,必须保持研究的相对独立性。

谋求教育学科的独立性,不仅意味着从中国原发的教育问题出发,形成具有"原创"品质的本土教育理论,意味着从教育实践本身出发,整合相关学科的知识资源,建构内在于自身的一定概念、命题和理论,而且要求教育学者"独立于各种世俗的权力",克服浮躁学风,抵制"泡沫"学术,鄙弃剽窃行径,认真思考外来概念、命题或理论之于教育学科体系的妥适性。布迪厄(P. Bourdieu)说:"社会科学只有拒绝迎合社会让它充当合法化或社会操纵工具的要求,才能构成自身。"② 更进一步说,教育学者应该具有探寻未知、追求真理的"求真"精神,怀疑权威、自主探索的"自由"精神,超越现实、破除迷信的"批判"精神③;应该在推进学科或教材建设方面,切实转变教育观念和思维方式,"只有超越传统教育观念与思维方式的束缚,立足新的基点,把握新的尺度,进入新的境界,才能审视新现实,发现新问题,提出新见解,才能重新诠释、探讨、改造原有的概念、范

---

① 轶尘:《教育的学问为什么给人家瞧不起》,载《东方杂志》1933年第30卷第2号。

② P. Bourdieu, *In Other Words*: *Essays Toward a Reflexive Sociology*, Cambridge: Polity Press, 1990, pp. 27~28. 转引自邓正来:《关于中国社会科学的思考》,上海三联书店2000年版,第7页。

③ 文雪、刘剑玲:《教育学在什么意义上不是科学》,载《教育理论与实践》2004年第4期。

畴、命题、逻辑，取得突破性的进展。"① 这也许是一条真正的追求创新之路。

五

综上所述，中国教育学科是在异域理论的"驱动"下，在其他学科的"挤压"下，在意识形态的"控制"中艰难行进的。挣脱依附的生存处境，谋求自主的发展空间，是支撑它们前进的不竭动力。然而，担负中国教育学科建设使命的，无疑是中国教育学人；凝聚中国教育学人睿智思想的，无疑是他们的呕心之作。筹划这套《二十世纪中国教育名著丛编》的目的，也正在于通过与那些有质量、有影响的教育著作进行创造性的对话，感悟20世纪中国教育学人的学术智慧；在于探寻中国教育学科的历史足迹，彰明这些学科在新世纪发展的路向参酌。

为了中国教育学科的发展，多少代学者在既往的20世纪上下求索，走过了百年艰辛的道路。然而，毕竟"芳林新叶催旧叶，流水前波让后波。"仰视未来，后来者居上又是教育学科发展史的客观法则。

《代序》乃刍言。该说的或又未说；而说的或又未说清楚，甚或又说错了。伫候老、中、青教育学者批评。

瞿葆奎　郑金洲　程　亮
2006年3月

---

① 王道俊：《在困惑中探索》，载《教育研究与实验》2005年第2期。

特约编辑前言

程湘帆先生曾留学于美国哥伦比亚大学，专攻教育行政，获硕士学位。回国后，他在大学任教，并从事教育行政工作。曾出版过《小学课程概论》(1923)等著作，是中国较早进行课程研究的名家之一，涉猎较广。

《中国教育行政》是程先生在"东大"①教授"教育行政学"这门学科时，苦于中国没有一本可供选用的教材，遂决定结合自己的留学积累，并亲自到教育行政机关服务一年，经过六七年的反复试验与修改，逐步充实完成的。

该书共五段二十三章。第一段介绍了教育行政的理论背景与历史演变，较全面地交待了教育行政理论与实践的发展脉络；第二段介绍了中央、省区、地方及学区的教育行政机关，并对视察机关、参议机关作了论述，具体探讨了各级教育行政机关的设置与职责，及其改革趋势；第三段讨论了学校系统，阐述了初等、中等与高等教育的设置与职能，对私立教育、义务教育都作了论述；第四段研究了教育人员，重点对教育行政人员、校长、教员

---

① 即东南大学，1921年建校。前身为南京高等师范学校。

的任职资格、培训与待遇等进行了探讨；第五段提出了当时亟待解决的教育经费与教育事业报告及统计等问题，并进行了分析。每段的写作一般是先叙述其历史演变，再叙述现状，最后提出一些问题，供读者探讨，使读者能从纵横两方面把握某一问题的发展状况。

一本距今八十年的著作，所论大都是今天仍在关注的问题，甚至是今天教育管理领域的"前沿"问题，所持观点对今人仍颇具启发，伏案读来，犹觉口齿生香，钦佩之情油然而生。

如教育行政人员专业化问题，在今天是继教师专业化、校长专业化得到重视之后，近两年才偶尔听到一两个专家论及，在我国教育管理研究领域被认为是一个崭新的课题，在本书中却早有专门论述。程先生认为教育行政人员是掌握地方命运之人，而当时一般的教育行政人员缺乏教育专门训练，很难担当发展教育的重任，因此有必要推进教育行政人员的"专家化"①。为此，他提出了当时实现教育行政人员专家化的四条办法：选用省立师范学校行政专科毕业生；在省立师范内，设教育行政人员专科及实习科；制订现任行政人员的实习办法；补习合格人员的工资待遇与正式师范专科毕业生一样。程先生在论述了专家化的需要与措施外，还就当时情况，探讨了专家化的困难。对其超前的论说，实在令人惊叹。

基础教育均衡发展是我国近年日益重视的问题，然程先生早在八十年前，针对上级政府教育拨款的弊病，就明确提出："然则补助之需要为何？1. 以地方贫富不同，教育机会自然不能均等。上级官厅为维持地方教育机会之均等，与调济地方财力之不

---

① 程先生提的"专家化"虽与今天的"专业化"不完全相同，但其思路与今天的提倡是基本一致的。

同也,故有补助之举;2. 以教育事业日有发明,教育弊病亦时有发现。上级官厅为提倡教育中之新事业,及奖励地方矫正其弊病,故有补助。"可见,他以促进各地教育均衡发展,使人们获得均等的教育机会为教育补助拨款的第一原则,这对今天改革教育拨款机制仍有启发。

新中国成立后,办学体制经历了一段曲折的发展过程。从起初的政府大包大揽,到逐步放开,允许社会团体组织与私人参与办学。但社会团体组织与个人宜在什么阶段参与办学,参与到什么程度,反反复复,似乎无人说得清楚。程先生在本书中认为"初等教育为国家之义务,亦即国民应当享受之权利也。""盖国家为求前途之统一,民族精神之发扬,非施行一种共同训练不能有效。"因此,初等教育就应由国家举办,由国家承担责任。中等教育"其主要目的,则为人才之预备。国家即放任之,未为不可。盖国家为养成社会领袖,固不可不经营中等教育……"所以主张中等教育持"折衷政策",即国家与社会团体组织及私人共同举办。而高等教育"自应脱去国家之干涉。论其性质,尤宜采取自由政策。特其工程浩大,设备极繁,恐非私人力量所能及。故国家不能不勉尽其责……"由此观之,程先生主张初等教育应完全由国家举办,中等教育应由国家与私人共同举办,而高等教育应以社会团体组织或私人举办为主,国家举办为辅。这一观点对今天的办学体制改革仍有助益。

……

程先生对教育行政中的许多问题阐述得那么透彻,对今天仍有借鉴与指导意义,这既揭示了教育行政规律性的一面,也反映了著者对教育行政问题体察之深刻,思虑之广远。

掩卷思忖,八十年前的一幕幕竟那么清晰地展现在我们面前,这得益于本书著者务实的作风与求真的精神。本书既详细地介绍了本国情形,也恰当地进行了欧美比较,史料翔实,行文淳朴。

程先生是留学海外的学者,却能清醒地意识到"从前在外国所学的,亦不过一些空疏不切实情的原理和研求方法而已"。为了收集本国资料,他亲自到教育行政机关服务一年。正因为著者有这么一股子研求精神,使得本书理论与实践得以融合,论述能切中时弊,表现出很强的针对性。

教育行政机关改革是人们十分关注的问题,在我国 20 世纪 20 年代前后,战火不断,政权更迭频繁,教育行政机关的设置及职能也处于混乱之中。在此情形下,程先生能于杂乱中整理出我国当时教育行政机关前清以来的变化轨迹,并总结出"简便化"、"专家化"与"民治化"的总趋势,然后分析教育行政组织的两种方式——"官厅式"与"商店式"的利弊,进而根据欧美的趋势,提出在中国建立"商店式"教育行政组织的具体建议,语言平直,论说有据,使读者阅后觉得可信、可行。

在义务教育经费一节,程先生先是概要地述说当时经费困难的状况及原因,次述德国、英国、法国、美国等国家义务教育经费的分担办法,再详细地阐述袁希涛与李步青两学者有关教育经费由中央、省、县几级政府分担的主张,并探讨了义务教育税源问题,最后举江苏的新计划为例。一段文章围绕教育经费"各级分担,确定税源"的主张,层层展开,既有理论又有实践,既有国外经验,更有国内事实,简明但有说服力。

当然,程先生的《中国教育行政》成书毕竟在八十年前,由于时代的局限,在今天看来,某些观点可能并不恰当。如程先生认为不必专设教育视学人员,而应由教育行政人员兼任,认为这有利于教育行政人员的学术化;有利于教育行政机关内外人员的沟通。但就现代教育而言,教育行政是执行机关,而教育视学是监督机关，理应执行与监督分开，才能确保行政执行有力、监督不失公允。何况当前我国教育行政机关还兼有决策之责，只有教育视学与教育行政分开，才能促使"教练"、"运动员"与"裁判员"真正各就其位，并各司其职。诚然，这些观点带有年轮的烙印，如果我们以历史的眼光去看待，并不会影响本书的真正价值。

吴志宏　汤林春
2006 年 4 月于华东师大教管系

目 录

序 ··· (1)
中国教育行政序 ··· (2)

第一段　教育行政之背景

第一章　教育行政之学理的背景 ································· (3)
　　第一节　教育行政之起源及其意义 ····················· (3)
　　第二节　教育行政之位置 ···································· (5)
　　第三节　教育行政政策中之主权问题 ················· (5)
　　第四节　教育行政政策中之集权问题 ················· (10)
　　第五节　地方自治与教育事权 ···························· (12)

第二章　我国教育行政之历史的背景 ························· (16)
　　第一节　我国古代教育行政之沿革 ····················· (16)
　　第二节　科举时代之教育与其制度 ····················· (18)
　　第三节　新式教育之动机 ···································· (21)
　　第四节　新式教育行政机关之建设 ····················· (24)

第二段　教育行政之机关

第一章　教育行政机关研究之方法 …………………… (31)
　第一节　官治与自治之分类法 …………………… (31)
　第二节　执行与审议之分法 ……………………… (32)
　第三节　中央与地方之分类法 …………………… (33)
第二章　中央教育行政机关 …………………………… (36)
　第一节　满清时代之中央教育行政机关 ………… (36)
　第二节　学部组织概况 …………………………… (38)
　第三节　民国时代修正之教育行政机关 ………… (42)
　第四节　国民政府时期之中国大学院 …………… (43)
第三章　省区教育行政机关 …………………………… (50)
　第一节　成立之经过 ……………………………… (50)
　第二节　沿革之情形 ……………………………… (52)
　第三节　现在机关之组织 ………………………… (55)
　第四节　国民政府时期之新制度 ………………… (58)
第四章　地方教育行政机关——县区教育行政机关 …… (63)
　第一节　机关之成立及沿革 ……………………… (63)
　第二节　劝学所之组织及事权 …………………… (67)
　第三节　县教育局之成立 ………………………… (69)
　第四节　国民政府时期之新试验 ………………… (74)
　第五节　江苏地方行政机关之新曙光 …………… (77)
第五章　学区教育行政机关 …………………………… (82)
　第一节　学区教育行政机关之需要 ……………… (82)
　第二节　学区计划之经过 ………………………… (84)
　第三节　学事通则公布后之学区 ………………… (86)
　第四节　学区教育行政机关 ……………………… (87)

第五节　国民政府时期之学区行政制度 ………… (90)
第六章　教育行政机关进化之迹及建议 ………… (94)
　第一节　各级行政机关变化之陈迹 …………… (94)
　第二节　一般进化之途径 ………………………… (96)
　第三节　教育行政组织需要商店化 …………… (98)
　第四节　教育行政事权需要地方化 …………… (100)
第七章　视察机关 …………………………………… (104)
　第一节　部视学 …………………………………… (104)
　第二节　省县视学 ………………………………… (110)
　第三节　最近改革 ………………………………… (113)
　第四节　视学资格及委任方式 ………………… (115)
　第五节　视学之职权及报告 …………………… (118)
　第六节　结论 ……………………………………… (119)
第八章　指导办法与其需要 ……………………… (122)
　第一节　视察与指导之区别 …………………… (122)
　第二节　指导之作用 ……………………………… (123)
　第三节　美国设置指导之情形 ………………… (125)
　第四节　我国今日需要指导员之程度 ………… (129)
第九章　参议机关及今后问题 …………………… (133)
　第一节　参议机关与民治主义 ………………… (133)
　第二节　我国设立参议之经过 ………………… (134)
　第三节　省区教育参议会之组织及事权 …… (136)
　第四节　县区及特别市董事会之组织及事权 … (138)
　第五节　国民政府时期之新建设 ……………… (140)
　第六节　自治式参议机关之今后问题 ………… (143)

第三段　学校系统与教育设施

第一章　总论……………………………………………（151）

第二章　学校系统………………………………………（155）

　第一节　学制沿革之概状……………………………（155）

　第二节　壬寅学制……………………………………（157）

　第三节　癸卯学制……………………………………（159）

　第四节　壬子癸丑学制………………………………（161）

　第五节　民初以后之修增……………………………（162）

　第六节　新学制之产生………………………………（163）

第三章　县市乡与初等教育之设施……………………（167）

　第一节　初等教育之设施责任………………………（167）

　第二节　学制变更与设施问题………………………（169）

　第三节　县办师范讲习科问题………………………（170）

　第四节　县办初中问题………………………………（172）

　第五节　初中县办之利弊及实施问题………………（173）

第四章　省区与中等教育之设施………………………（177）

　第一节　中等普通教育之设施………………………（177）

　第二节　中等职业教育之设施………………………（179）

　第三节　中等师范教育之设施………………………（180）

　第四节　高等教育之设施问题………………………（182）

第五章　国家与高等教育之设施及留学问题…………（186）

　第一节　大学教育……………………………………（186）

　第二节　高等专门教育………………………………（187）

　第三节　高等师范教育………………………………（188）

　第四节　学制变更与设施问题………………………（189）

　第五节　国外留学及今后问题………………………（191）

第六节　今后之留学问题…………………………………（193）
第六章　私立学校及其问题……………………………………（197）
　　第一节　私立学校与教育政策……………………………（197）
　　第二节　私立学校之性质…………………………………（198）
　　第三节　业主式学校………………………………………（199）
　　第四节　教会式学校………………………………………（201）
　　第五节　委托式学校………………………………………（202）
　　第六节　今后问题…………………………………………（205）
第七章　义务教育之设施及其问题……………………………（213）
　　第一节　义务教育之作用及其需要………………………（213）
　　第二节　义务教育设施之经过……………………………（215）
　　第三节　施行强迫教育之准备……………………………（216）
　　第四节　经费之筹备及其问题……………………………（217）
　　第五节　江苏之新计划……………………………………（220）
　　第六节　强迫制度施行之问题……………………………（223）
　　第七节　义务督促之责任与办法…………………………（225）
　　第八节　学费问题…………………………………………（225）

第四段　总论　教育人员之意义

第一章　教育人员………………………………………………（231）
第二章　教育行政人员…………………………………………（232）
　　第一节　各级教育行政人员之近况………………………（232）
　　第二节　教育行政人员之地位与责任……………………（234）
　　第三节　教育行政人员之专家化…………………………（238）
第三章　学校校长………………………………………………（242）
　　第一节　校长之事权………………………………………（242）
　　第二节　校长各项事权之比较……………………………（246）

第三节　校长之任用情形……………………………………（247）
第四节　校长之法定资格……………………………………（248）
第五节　校长事实上必备之资格……………………………（250）

第四章　教员之资格与任用……………………………………（254）
第一节　教员之类别与资格…………………………………（254）
第二节　法令上之小学教员资格……………………………（257）
第三节　法令上中等教员之资格……………………………（259）
第四节　教员之任用…………………………………………（261）

第五章　教员之训练与检定……………………………………（264）
第一节　教员专门训练之经过………………………………（264）
第二节　现在教员专门训练之情形…………………………（267）
第三节　教员之需要及补救办法……………………………（269）
第四节　检定教员办法………………………………………（274）

第六章　教员之待遇……………………………………………（278）
第一节　教员之俸给问题……………………………………（278）
第二节　解决教师俸额之根据………………………………（280）
第三节　教师薪俸增加之困难问题…………………………（281）
第四节　其他优待问题………………………………………（283）

第五段　教育行政问题

第一章　教育经费问题…………………………………………（289）
第一节　今日教育经费之危机………………………………（289）
第二节　教育经费之担负……………………………………（291）
第三节　教育经费之来源……………………………………（293）
第四节　经费额数之根据……………………………………（297）
第五节　学款补助之办法……………………………………（298）
第六节　教育税则……………………………………………（302）

第七节　确定教育经费之运动……………………（304）

　　第八节　确定教育经费之根本原则………………（309）

第二章　学事报告及统计问题………………………（313）

　　第一节　学事报告之重要…………………………（313）

　　第二节　报告之种类及现在情形…………………（315）

　　第三节　各项报告之缺憾…………………………（317）

　　第四节　关于在学儿童方面………………………（317）

　　第五节　关于教育设施方面………………………（321）

　　第六节　教育测验与学生成绩……………………（323）

　　第七节　关于教师方面……………………………（326）

　　第八节　教育经费之公开及会计方法……………（329）

序

程湘帆先生，自其留学国外时，即专研教育行政；归而服务于学校，服务于教育行政机关，服务于教育会；本其积年研究之心得与办事之经验，抽条列目，辑为专书，名曰：《中国教育行政学》，凡五段，二十有三章。以余尝从事于此，首以稿示余，受而读之，得特点三：其一曰，搜集丰富。凡吾国三十年来，教育行政制度变迁之迹之见于公私文书者，略具于是。其二曰，根据确实。任何材料，必缀以时与地与人，著所由来；俾学者得寻流溯源，而获更详之考证。其三曰，论议平实。每一问题，首用客观方法，详列事迹；继用研究态度，析为问题；示学者以致力之途径。而有所持论，大都征诸现状之可信，本诸事实之可能；无响壁不根之谈；无逞臆难行之弊；不泥外制而忽国情；不操高调，以要时誉。学者态度固宜如此！而著者投书，更欲余发表对于教育行政之意见。无已，请就本书首章所提国家主义与平民主义两点，聊贡一言，曰：今后之中国，其惟以国家无上之权能，培养平民识力；使之随时随地，得历练之机会，以渐成实际之民治。凡百行政，莫不皆然。教育行政岂能外是？著者读者以为何如？

中华民国十五年〔1926〕九月十二日，黄炎培

中国教育行政序

我国自正式设立教育行政机关，办理公立学校以来，已经二三十年了。每年用于教育的经费，若与欧美各国比较固多愧色，但以数目计之，何只数千百万！当这民穷财尽的时候，我们仍能筹措若大的经费，维持推广教育事业；由—此端，足见国人对于教育的信仰和毅力了。但教育作用究竟是什么？办理的情形究竟怎样？办学的人员是否勤勤恳恳经营其事？可惜到现在还没有切实的研究。

平常股份公司的股东，尚且对于公司的计划及营业况状，留心考查；惟恐经理之人不能忠于其事，致损股东的利益。教育是全体国民之极大投资的企业。（美国某教育局长曾将波士顿公立学校历届毕业生，因生活能力增加所得之劳金，与未经学校训练的人所得者，两两比较。结果前者之收入大于后者数倍。一方又将二者差数，即已受教育者比较多得之俸金，与其历年用于教育之费用相比，化成百分数；觉得世上无论何种投资事业，没有再比较教育投资的利息更大。）这种投资的成败，不但关系个人利益，所有国家的根本，文化的进步，社会的安宁幸福，在在皆有关系。然则我们对于这大家与有股份的教育事业及其经营情况，就不留心研究了吗？

可惜！我国教育事业一向官办；因为官办，所以行政机关只求官厅的意旨，不望人民的谅解。人民方面也就抱着不闻不问的态度；但欲征收他们的教育捐税，却一律反抗。因为他们对于官办的教育素来不关痛痒，现在要他们尽那无权利的义务，岂得谓平？所以我们不但因为教育事业之重大，不能不作研究；更觉得将来教育事业，如求推广，必须与一般民众发生关系；为造成这个关系起见，更不能不留心研究，以为宣传地步。

说起研究，我们真觉汗颜。有些学校虽然设置这门功课，但到现在并无一本切合实情的课本。商务、中华两大书坊，近年出版的教育书籍总算不少，但没有一本可以供给学者作系统研究的教育行政学。这不但是教育界的憾事，实在是教育上的不幸。

这本书是我六七年来研究试验的结果。当我初次在东大①担任这门功课的时候，对于教材非常之窘；西文书籍本来很多，但里面的材料，完全不合我们的用处。从前在外国所学的，亦不过一些空疏不切实情形的原理和研求的方法而已。至于搜罗本国材料，实在困难万分。不得已，在五年前，亲到教育行政机关服务一年；希望得些实地经验来作教授资料。在这一年内，除办理行政事务，解决行政问题外，我又参考了许多不易得着的文件，参加了各种教育会议。后来每次教授，教材方面即改组一次，现在已经是七八次的改组了。我对于这本书仍有许多不满意的地方；但个人方面的力量，在这个时候实在有限，希望印出来，请国内

---

① 〔特编注〕即东南大学。1914年8月，江苏省巡按使（即省长）韩国钧委任原江苏省教育司司长江谦为南京高等师范学校校长，在原两江师范学堂原址筹建。1915年，南京高等师范学校正式开学，江谦任校长，招收国文、理化两部预科各一级，国文专修科一级。1921年，以南高为基础建立东南大学，南高遂于1922年正式停止招生。

专家指教。我此刻仍是做的与教育行政有关系的事业，愿一面做，一面学；到再版的时候，再将专家的指教和自己学来的经验，一齐加入。

本书所选材料及组织的方式，完全以初学的人而有普通教育经验者为根据。目的在使读者：

（一）明了今日一般教育行政之趋势及本国教育行政的政策；

（二）了解本国教育行政制度之沿革及今后问题；

（三）了解本国教育设施之情况、法令、标准及改进计划；

（四）觉悟本人将来在教育行政上之地位及拥护、贡献、改造之必要。

因为有这四个目的，故选材以教育行政上普通不可少的经验为主。组织则先举其经过情形，使读者明其来源；次述其现在况状；然后，再提出他的问题，使读者了解其趋势。著者在每章之末，最为留心；最怕以主观的见解来操纵读者的心理，致使读者不欲继续研究，自求解决。所以每篇最后提出来的问题又有三个目的：一使读者于全神注意篇内材料之后，得着一种温习的大纲，重新自己考虑一过。二是著者将篇内没有机会尽量发表的思想，用问题式请读者自求解决。三是使读者将篇中的讨论的原理，应用出来。希望读者能特别注意。

民国十六年〔1927〕三月，程湘帆，上海

第一段

教育行政之背景

第一章

本目次之研究

第一章

教育行政之学理的背景

第一节 教育行政之起源及其意义

考古代国家，除由政府养成所需用之人才外，对于一般教育多主放任，或以全部，或以其一部任私人及团体自由经营之，国家不加干涉。今则不然，教育事业视为立国大计，所有设施管理视为国家任务，私人办理教育一律取缔；取缔程度虽有不同，但教育为国家事业已为公例。其变迁之迹，最显著者约有四端。

（一）国家主义与教育 自欧洲之"民族觉悟"发现之后，所谓国家主义与爱国热忱，乃蓬然勃然充塞宇内。教育本有同化作用。凡遇种族地理遗传等先天之不同者，使于后天作一致之培养，得因而同化之。故各国乃利用教育，培养民族性，以为不同人民间之相同之点；并由此唯一同点，发扬其爱国热忱，而收统一国家之效。由此教育事业乃由国家用为培养民族性之唯一工具矣。

惟民族性愈培养，民族竞争乃愈激烈。民族竞争愈激烈，教育事业遂愈为必要。于是积极者以之同化异族，统一帝国；消极者以之保持国本，而图生存。此国家因教育为培养国民性之工具，而引为国家任务者，一也。

（二）民治主义与教育　继国家主义而兴者"德谟克拉西"是也。此语原出希腊，意谓民治。于是教育事业，乃应民治主义之要求，发展各个人民不同之秉赋，使成健全之国民；庶可破除社会各种之阶级，蔚成平等共和之国家。教育自是又用为齐一社会，造就公民之唯一工具矣。

教育效果愈显著，民治精神乃愈发扬。民治精神愈发扬，人民要求教育机会之均平亦愈切迫。此国家因教育为实现"德谟克拉西"之工具，而引为国家任务者，又一也。

（三）教育行政之来由　夫国家既认教育为立国之大计，而引为政府之任务；于是公共教育由此而兴。然执行此巨大任务之公共教育的方式，非研究精当，施行便利，不足以收大效。于是教育行政之研究，遂为国家教育中之重要问题，而教育行政之学，亦因此成立焉。质言之，教育行政始于公共教育。

（四）教育行政学之意义　何为教育行政？泛言之，国家对于教育之行政也。国家为求教育设施之便利，代价之经济，效果之圆满，所制定之计划、执行、督察、指导之制度也。

何为教育行政学？依据教育原理，应用科学方法，就一般教育制度、作用分析，或用综合，或用比较，或用试验，而研究其本质，探求其公例；以为设施之原则。举凡国家对于教育设施应取之政策，施行之程序，执行之方式，督察之办法，指导之标准，改良之途径，以及机关之组织，其互相间之关系，实施人员之事权，及其行使之方法等等皆在讨论之列。

第二节　教育行政之位置

教育事业渐为国家之任务，前既言之矣。然则教育行政在国家行政上之地位若何！按近世公法之通例，分国家统治权之作用为立法、司法、行政三项：立法者，制定法规之作用也。司法者，适用法规之作用也。行政者，制定法律，适用法律以外，国家行为全体之总称也。但国家行政复杂万端，约而别之，可分五项：曰外交行政，以处理国际交涉，维持国际地位及互相关系之圆满为目的之行政也。曰军事行政，以防卫国外之侵略，国内之变乱为目的之行政也。曰司法行政，以完成国家司法作用为目的，关于施行司法权之行政也。曰度支行政，关于国家一切收入支出理财之行政也。曰内务行政，以上四种行政以外之行政也。

内务行政，又可分为消极的与积极的二种：其消极的，以防止公共危害于未然为目的。盖维持安宁秩序之警察行政也。其积极的，以增进人民幸福为目的。盖造就公共幸福之助长行政也。助长行政中，关于健康医药者，为卫生行政。关于农林工商矿务者，为实业行政。关于交通运输者，为交通行政。关于救济贫困者，为救恤行政。关于教育学术宗教者，为礼教行政。故教育行政者，助长行政中之礼教行政的一部也。

第三节　教育行政政策中之主权问题

（一）教育行政政策之意义　所谓教育作用者，盖言教育本身之潜力可能作为之事也。教育宗旨，乃根据教育作用的认识，所拟定教育事业利用之原则，及所欲完成之目标也。兹本节所称之教育行政政策却另为一事。此为主管人员实现教育宗旨之一种最经济最有效的行政策略。譬如我们的教育宗旨要养成奉行三民主义，受有军事训练的爱国国民。于是我们第一先研究养成此等人的教育过程；第二解决这项教育事业，是由政府独办，抑与私立学校合办？假使独办，政府之经济人才有无困难？假使合办，能否保证教育宗旨必能实现？于研究调查的结果，主管者设决定办学主体是官厅，是谓之官办政策；主体在民，是谓之民办政策。此为行政上政策之一。至若施行教育事业之主权，应当集中于中央政府，抑分配于地方？为推行教育起见，何项方法比较有效？此亦为行政上之政策。总之，行政政策为实现教育宗旨之最便利最有效的行政策略也。

（二）关于教育主权之政策　办理教育主权谁属，此行政上首要问题也。查我国于办学之初，虽曾规定中央地方办学责权，并设官厅主理其事；但始终对于教育主权，并无明白规定。政府办学，人民亦办学。人民办学，非但未受干涉，且有种种奖励。及至最近始有收回教育权运动及取缔私校主张。且此项主张运动，乃由人民发动。由此可知，我国今日急应明白规定政策，俾一般人民了然于政府态度。兹为促进此项政策之发现，特述其大要及变迁之迹，以为学者讨论之根据。

（甲）民办政策　以一国之教育事业，任私人或团体自由经营之；国家决不过问。盖完全以放任其自然之发达为原则者也。

（乙）官办政策　以一国之教育事业，为国家所专有。所有设施之责任以政府当之；不许私人或任何团体过问。盖完全以干涉为原则者也。

（丙）折衷政策　以一国之教育事业，不为国家所专有，亦不全任私人或社会团体自由经营。教育为国家之任务，而私人于法律规定之范围内，亦得设施之。此种政策，既不极端的干涉，又不极端的放任；似在官办与民办之间。故谓为折衷政策。

（三）折衷政策之通用　以上所举三种政策，不过按其制度之倾向，聊以示其区别而已。要之，现代国家固无绝对采用单纯的政策者，此不可不知者也。盖国家以其生存之关系，既不能以教育完全委任私人；而其事业之巨大，又非私人财力所能胜任，必须凭藉国家权力，始能设施而无阻碍。且在今日民权发达时代，人民为求个人生活之工具及公共之福利，多根据其民权，要求一种最少限度之教育，以为义务之代价。故极端的自由政策，今日已无实行之余地矣。

然国家必藉口于此，垄断一切教育事业，而不许私人染指，不惟无此必要，且亦有碍于教育及文化之进步。盖国家事业多拘牵于形式，又因缺乏比较竞争之故，往往流为机械。此实弊之易见者也。设教育事业必归官办，则此例亦不能免。至于人材经济之不足尤其次焉者。此极端之官办政策，亦不适用于现代国家之故也。

故国家多采折衷政策。经营教育随其必要，或自行之，或委任私人或公共团体行之；庶教育之普及较易，而效果亦较大。英国固采用自由政策者，然近年以来，关于教育设施，国家屡有干涉计划。德国固采用官办政策者，大战之后，亦渐有放任行为。私人设施之教育事业，日益众多。故折衷政策，已为通例。但折衷之道，则以各国教育设施之成绩及其等级与实质为标准，不可强同也。

（四）折衷根诸国家财力　曷言乎以教育设施之成绩为折衷之标准？教育贵在质量并进。夫在素称发达之国，二者尚不易兼。且有时划分一定范围任私人自由设施，以补国家力量所不及。其在教育幼稚之国，更非并合国家与私人力量，分头设施不可。比如美国，其人才经济固莫与京。但除小学完全以国家力量经营外，其中等以上学校成绩最著者以私立为多。至若中国，当此教育亟待普及，而公家之人才经济又极枯窘之际，尤非采取折衷政策不可，一方竭公家力量之所至，求教育之推广与改善；一方厘定标准，奖励私人及团体之经营；俾在一定范围内，能自由推广改进。此以教育设施之程度，为折衷政策之标准之谓也。

（五）折衷根诸教育等级　曷言乎以教育之等级为折衷之标准？教育本有初、中、高三级。依表面言之，初等教育设备较简，施行较易，纵在私立学校或家庭之间行之，亦未尝不便。国家似应采取放任自由政策，亦不必施行强迫制度；然就国家方面言之，教育官办以初等为尤要。盖国家为求前途之统一，民族精神之发扬，非施行一种共同训练不能有效。不宁惟是，一国之内，贫寒居多，设国家不施行免费之自由教育，则一般无力求学者，将不克享受教育之机会。此国家之所以负法律上之义务，而必设小学之原因也。

由前言之，初等教育为国家之权利，故多采用官办政策，完全取缔私人之自由。

由后言之，初等教育为国家之义务，亦即国民应当享受之权利也。故国家为履行其义务，为教育机会之平等计，不得不从事初等教育之设施。其采初等教育之自由民办政策或折衷政策者，非限于人才经济之不及，即国家漠视教育之平等机会，而放任其义务也。故按教育行政之原理言之，折衷政策不适用于初等教育。

中等教育，虽为职业训练，但其主要目的，则为人才之预备。国家即放任之，未为不可。盖国家为养成社会领袖。固不可不经营中等教育，然其权利义务之限制也，究不若初等教育之甚。其所以不能不办者，一以为人才之预备，国家文化所攸关；一以为果任私人之经营，则学费昂贵，负担非易。贫寒者困于资斧，恐无享受之机会；而中等教育将为富家子弟所独占耳。故中等教育无论东西各邦，大抵主折衷政策。有时折衷政策中，仍以自由性质重，而官办性质轻也。

至于高等教育，宗旨既为研究学理造就人才，自应脱去国家之干涉。论其性质，尤宜采取自由政策。特其工程浩大，设备綦繁，恐非私人力量所能及。故国家不能不勉尽其责；但无绝对限制私人经营之规例也。不过拟定标准，以为承认及格之条件耳。目下各国大学，除国立外，仍多私立者。乃所以表示高等教育一段，虽采折衷政策，仍含自由性质也。

（六）折衷根诸教育实质　此外，尚有以课程中之实质，为折衷之标准。考国家之所以必取官办政策者，无非欲用教育，培养国民资格而已。然各级学校课程上的科目，除国语、历史、地理、公民、体育等项，真正以培养国民资格为目的外，若手工、图画、算术、自然、非纯粹为国民资格可知。此法系将各级学校课程中之直接培养国民资格的科目，一律提出，编为标准，以为私人团体办理学校者，必须遵守之最少限度。此法之优点，在不分学校之等级，一律限制私立学校，实现国家教育宗旨。民国六年〔1917〕，中央政府通令全国教会学校，于国文及本国历史、本国地理，必须依照政府标准，无论如何，不得增减。当时政府谅亦以此为最简单而便于实行之办法也。

由此吾人可结论之曰，大抵各国之教育行政政策不外官办、民办、折衷三种。三种之中，以折衷为近代之通例。然折衷之标准有三：（一）视国家教育设施之成绩而定。比如我国现制，小学以城、镇、乡、自治区设立为原则；换言之，小学官办也。然并不禁私立小学校。此以国家力量有限，非采折衷政策，藉私人之力量，不克求教育之普及与改进也。（二）视教育之等差而定。比如美国，初等教育为义务教育，不能不用官办政策。中等以上则主折衷是也。（三）视教育之实质而定。凡直接养成国民资格者，一律严限私立学校遵行。至于私立学校问题，另有专章讨论。

第四节　教育行政政策中之集权问题

（一）集权之趋势　东西各国教育行政为求行政能促进教育之效率起见，多采集权政策。即素主分权之美国，近亦有收回地方事权，而为国有之倾向。1850年以前，美国教育实权皆在地方，所有中央官厅不过搜罗学事编辑统计而已。其间尤以印第安那及马萨诸塞州两州，地方权势之大为诸州冠。所有检定教员，规定校历，编制课程，选举学务委员，选择学校课本，厘定学务特税等重要事权，皆非中央官厅所能过问。中央既少统辖之权，于是各地自成风气。教育系统之紊乱匪夷所思。更无所设教育计划。

（二）集权之理论　1875年至1880年之间，中央集权运动遍漫全国。及1890年大功始克告成。从此大权国有，所有地方教育行政机关，始俯首自认为下级官厅，而教育行政实权，遂渐收归中央。其运动最烈，鼓吹最有效者，为马萨诸塞州教育局黑尔（Hill）。其论国家无上主权在中央官厅云："按宪法所载，国家之无上主权，在国民之全体。所谓全体者，各地方人民集合之总称，非一地方或一部分人民所得而有也。中央为各地方之集合的中心，故无上主权在中央，而不在地方。"又论中央官厅与地方官厅之关系云："中央官厅根据国家主权，发布政令；并设置地方官厅，执行此项政令。故地方官厅本无事权之可言，其所有事权皆为中央所委任。中央可以增予或褫夺地方之事权不为强暴。地方官厅本由中央官厅产生，而执行其委任命令者也。"此论发布以后，大得社会同情。盖非此不足以整齐全国教育之系统，确定教育之计划也。

中央集权已为现今一般政策。我国新教育发轫之始适为君权时代。故教育行政制度，亦取集权主义。惟中央集权之利弊厥均。兹略言之，以为取舍之根据。

（三）集权之利

（1）教育贵有标准。有标准始有比较。有比较而后教育效果始有区别。于是促进改良始有着手处。教育行政之权非集中，不足以规定精密的标准，以为设施之目标。此集权之利一也。

（2）一国教育之进行，在统筹全局，确定计划而有进行之途径。然非有中枢不克当此巨任。设任地方各自为政，必致偏枯。其富厚之区，固多进步。贫瘠之乡，便无教育。假使中央集权，不但能统筹全局，按照国家需要，建设教育计划，更可利用国家权力，取有余以补不足，俾全国教育皆能平均发展。此集权之利二也。

（3）大抵地方事业，各有趋重。其趋重路政者，不惜以地方全力修路。趋重教育者，亦多以全力兴学。此种事实各地皆有。假使集权中央，则地方预算之编制，中央有干涉之权，而教育事业可免漠视。此集权之利三也。

（4）教育事业之需整齐者，非整齐之不足以昭公允。比如教师之资格，校历之限制，簿记之方式，卫生之设备，校舍之建筑，课程之编制，课本之使用，经费之标准，在在皆需整齐。但此事又非集权不克办理。此集权之利四也。

（四）集权之弊

（1）集权制度固可凑整齐一致之效，但富厚之区，本可尽量发展，有时为中央计划限制，不能自由进步。此集权之弊一也。

（2）权属地方，其进步之区，固可尽量进步。其不能进步者，亦只限于一区，与大局尚无妨碍。教育大权集于中央，则地方官厅皆为被动。万一中央办理不善，则全国教育感受其害。此集权之弊二也。

（3）教育设施当以地方需要为原则。中央集权每多忽略地方需要。此集权之弊三也。

（4）幅员辽阔之国家，采用集权制度，每以鞭长莫及，发生扞格。非特计划难切于用，即指挥监督，亦甚维艰。此集权之弊四也。

总之教育行政制度，无论集权分权利弊维均。有其利则有其弊。宜于此则不宜于彼。今日吾人所宜致力者，厥在取二者之长而融合之，庶免牺牲其各有之利益。我国教育行政固集权制度也，然命令中允许地方斟酌损益之余地甚多。比如课本一项，私人之编辑按法必经教育部审定。但地方官厅亦得斟酌地方情形，选择适用课本。由此可见，中央集权之弊，并非不可避免。设以我国今日时势言之，军事活动漫无止期，政治紊乱，似无清朗之日，即宜根据现状。重行组织行政系统，另定事权，分配标准，使得地方有尽量发展改良其教育之自由。且须奖励地方人民参与教育行政，以实现由地方人民，用地方款项，办地方教育之原则。

第五节　地方自治与教育事权

我国教育行政原取集权制度，但近来颇有分权倾向。然则将来地方自治一经成立，教育事权又将发生若何影响？查我国教育法令中之《地方办学通则》及《国民学校》令原系根地方自治而定。兹特论其大要，以为将来研究地方自治式教育之根据。

（一）地方事权　夫以地方自治团体之事务言之，原有"固有事务"与"委任事务"二种。固有事务者，地方自身本有之事务也。以增进地方居民精神上、身体上、经济上之利益为目的者也。此种事务，无庸法令上之委任，而地方视为当然之职权，可以任意施行之。委任事务者，为国家特以法令之规定，委任于地方自治团体，或其团体中之特设机关，执行之事务也。然则地方自治团体设立学校，以及其他之教育事业，究为其固有事务，抑委任事务乎？再如县知事所管之教育事务，究以其地方官署之资格，执行之地方事务欤？抑以其国家官署之资格，执行之国家事务乎？兹根据普通教育行政学理及我国教育法令，略论于后。

（二）教育事业为国家事务　按据通例，地方团体之设置，既以增进居民幸福为原则，而教育事业，又以直接增进人民生活为目的；则教育事业之为地方固有事务，可无疑义。但地方居民之生活程度，关系国家全局至巨。教育之作用，既为开发知能，涵养道德，以求学者生活之健全，则教育事业实为国家一般之公益问题，非各个地方之问题也。故教育事业就其本来性质言之，实为国家任务之一种。不过以其设备之程度，需要之缓急，除国家自己所能担任之事业外，为求教育可以适应地方之需要起见，故其事业之一部，委任地方行之。此地方事务中，所以有教育事务之存在，然究非地方之固有事务也。

我国现在教育法规，亦以教育为国家事业。学校图书馆等类国家之营造物也。比如区立国民学校校长之任用，由区董陈由县知事委任之（见《国民学校令》第三十三条）。又区立国民学校教员之俸给及他种费用，支给方法，别以教令定之（见《国民学校令》第三十三条）。又公立图书馆馆长及其他馆员关于任职服务俸给等事项，准照各公署所属教育职员之规定（见《图书馆规程》第六条）。由此可知学校图书馆国家之事业，非地方之事业也。学校图书馆国家之营造物，非地方之营造物也。故地方自治团体中之教育事务，非其固有事务，乃其委任事务也。凡地方设置学校图书馆,皆非地方自己事权,必需国家特别委任,而后始可从事。依国民学校令,城、镇、乡、自治区始可设立国民学校。依高等小学校令,县自治区始可设立高等小学校。依中学校及师范学校令,省自治区始可设立中学校及师范学校。其他各种实业学校、图书馆等教育机关,皆需特别委任令,各自治区始可设立。此皆地方委任事务性质上当然之结果也。

教育事务既为国家事务,而非地方自治固有事务,则政策上关于教育事务之范围有不可不解释者。其教育事业包括极广,性质各殊,假使所有教育事业皆为国家事务,又使地方不得国家之特别委任皆不得施行,则地方自治团体,将无活动之余地。对于居民生活之进步,几不能有所致力。如是自治将流为不治,恐非立法之精神也。因此欧美诸国对于国家事务之教育,特别列举,或只限于学校图书馆等营造物事项。此外之一切教育,一切设备,如无法令特别加以限制,则地方团体可以视为自治事务,依其情况,计其缓急,作适当的处理。

研究问题

(一)下列事项有为国家主义运动之结果,有源于近来之民治主义,学者各指明之。

1. 强迫教育运动 2. 设施儿童本位的教育 3. 收回教育权运动 4. 选课的主张 5. 学生自治运动 6. 取缔私立学校 7. 普及地方教育运动 8. 职业指导运动 9. 三民主义的教育宗旨运动 10. 省立大学的运动

(二)教育行政因有这两大趋势——国家主义与民治主义,每每发生许多冲突。试各举二事表证之。

(三)我们教育行政于上举二种主义,最近何项色彩最浓?

(四)我国教育行政上对于办学主体,现取何项政策?此时取用这样政策是否正当？

（五）全国教育一律由国家独办，有何利弊？我们对于国家主义的教育运动应抱何种态度？理由何在？

（六）本书所举折衷政策之三种办法，何者较适于我国现情？其故为何？

（七）我国教育行政上对于办学事权，本取何种政策？现在有何倾向？比较集权的利弊，条陈今日所取之政策。

（八）我国教育法令，对于地方自治应有事务之支配是否适当？条陈施行自治地方，应有之教育事务。

第二章

我国教育行政之历史的背景

第一节 我国古代教育行政之沿革

（一）公共教育之创始　我国公共教育发轫最早。唐、虞之际，已有规模。子与氏曰："后稷教民稼穑，树艺五谷。五谷熟，而民人育。饱食暖衣，逸居而无教；圣人忧之，使契为'司徒'，教以人伦。"是西历纪元2200年以前已设教育专官也。虽其时行政机关与系统尚未全备，但中央行政确已成立。夏、商两代，复有建设。非独建都之地设有学官，即诸侯封域且亦有之。周代开始学制渐备。"国学"设于国都，分东南西北及中央诸部。中央之部时称"辟雍"，实当时之最高学府也。诸侯之学则称"泮宫"。"乡学"设于地方。在里曰"塾"。在党曰"庠"。在州曰"序"。学校课程有礼、乐、书、数、射、御六门。上以是教，下以是学。道一风同，略可想见。至于入学资格，学业试验，以及升学选举等制，亦渐完备。教育行政之官，在中央曰"地官"，称"大司徒"，统辖全国教育政务。在地方曰"州长"、"党正"，以时各属其民而读法；并考其德行道艺，选其民之秀者而升学焉。由此观之，我国古代教育，是国家办理之教育，即今日所谓"公共教育"是也。乡学宗旨在养成一般国民，诸侯之学在训练地方领袖，国学则造就治国贤才；盖国民与人才并行之教育也。是数千年前已施行今日最新之教育矣。

（二）私立学校之开端　东迁之后，王室式微。中央权力既衰，学校制度因之荡然。然国家教育，虽受挫折，私人办学则接踵而兴。贤才与民众兼施的教育，至此仅存贤才教育之硕果而已。故孔子晚年归而讲学于洙泗，弟子三千人；身通六艺者七十二人。迨及战国，此风尤甚。由此，私立学校日益增多。二千年来，一线教育赖以维持。

（三）科举之滥觞　秦、汉之后，国家教育代有盛衰。因此行政制度，亦有变迁。汉无专长教育之官，虽举明于经传，通达国体者充"太常"，使统"五经博士"；但教育方面则渐趋于科举制度。行政机关所司之学校教育，已变为选举机关之考试事业矣。至唐而有"举士"、"举官"之分，因起礼部吏部之争。从此教育行政性质大变。各府州县虽有督学之官，但非为施行所谓"教育"而设。

总之，我国教育虽未中绝，然至是已为准备科举的性质矣。教育行政则为选举官吏，督率士子的性质矣。所有学校除京师少数外，多为私人团体之事业。至于国家统辖之教育机关，如各省之"书院"，各府之"府学"，各州之"州学"，各县之"县学"，虽有学校之名，已无学校之实。只有考试，而无学业。意在选举，非为教育。数百年来，大抵如是也。

第二节　科举时代之教育与其制度

科举之制原在选举，非为教育，前既言之矣。然我国数百年来之教育赖以维持不绝者，亦此科举制度耳。盖科举之意，虽不在教育，而士子为准备科举计，亦不得不从事教育也。且此制历时之久，影响于我国民心理及新教育之发展者，至今未已。爰述其情形，以为留心教育行政史者鉴焉。

（一）考试内容及八股文试帖诗之分析　汉、唐以后，学校之制不复。人自为学，家自为教，而考试以兴。于是科举之制，滥觞于此。其间或"策论"，或"词赋"，或"经义"，代有沿革。自明迄清，乃专用"帖括"。帖括者，即"八股"文与"试帖"诗是也。八股一名"八比"。于《四书》、《五经》中，随意摘其一二句，或一二章以为题。作者照题作文，有一定之程式。前二句为"破题"，须将题目字分开。下四五句为"领题"，将题中之义，提纲挈领，略说大概。下一段为"起讲"。再下分八段。两两相对，即四个对偶，是名八股。亦有用两大股，或四股、六股者；亦有用十股，及数小股，或几股者。但以八股为正轨。其中体例极繁。清之末叶，繁难更甚。或以一字命题，或以上文之一字一句合下文之一字一句为一题。所以防抄袭也。试帖诗为五言八韵。府县试则为五言六韵。由主试命题，于题字中得一字，即为"限韵"。由县试以至廷试，不外乎此。科目极其简单，而士子尽毕生之力，有不能臻精妙得，实属大多数。或以专制时代，以功名牢笼天下人才。使天下人之心思才力，趋于一途，不得出乎范围。其目的固不在教育也。然以教育眼光评论之，此种八股训练，亦自有其价值。我国教育方法，素主训练心思，八股其训练之资料也。八股程式乃按论理学之原则，严密组织而成。学者经此种严格训练之后，思想上不致扞格紊乱，记忆上可以增加能力。不过此种方法，殊非今日教育上之经济效率之道耳。所以至光绪末年，因鉴于外患迭侵，人才消乏，康有为等召号变法，不久改为"经义"、"史论"、"时务"，而八股废矣。此后行之一二次，科举亦停。至于停办情形容后专论之。

（二）教育程序及考试后奖励的功名　科举制度，若以普通眼光观之，固不必有若何研究之价值；但自国家之教育行政，以及士子进身之阶级言之，却又不能忽视。兹就吾人耳闻目睹，述其梗概于此，以为我教育行政史之楔子开场；学者读之，或亦颇饶兴趣焉。士子就家塾读书，最初入学曰"开蒙"。至《四书》读毕，《五经》已读过若干时，"先生"遂以《论语》讲授，曰"开讲"。开讲后历若干时，始教以作八股文，曰"开笔"。开笔之始，仅作"破题"二句，逐渐加增，至成一篇，曰"满篇"。满篇后，应县试，曰"县考"，由县官主之；应府试，曰"府考"，由知府主之，是为"出考"。知府知县有系捐班出身，不识文字者，则延幕僚代为阅卷。最后，应院试，曰"院考"。院试者，每省放一"学使"，按府县考试也。各府县皆有定额若干名。院试中式曰"进学"，亦名"秀才"，亦称"生员"。其不取者，虽年已五六十，犹曰"童生"。进学后即归"教官"管理。除大逆不道外，县令不得责罚之。自此即与齐民异法，而为特殊阶级之士子。每府县设教官2人——正曰"教谕"，副曰"训导"。初意固在教训士子。嗣后则专司孔庙祭祀，以及送考，管理秀才，等于庙祝而已。进学后，学使每岁按试分别等第。考列一二等者，得"补廪"，名曰"廪生"，亦曰"廪膳生"。每年国家有廪粮，大率为教官所中饱。其次"增生"。廪增皆有额，非前首廪增病故或丁忧，虽列前茅，不能补也。

学使将文生考后，复考武生。武生专试射骑，亦由县考府考以至院考。院考取后，亦曰"进学"，名曰"武秀才"。其不取者曰"武童"。

以上统名曰"小考"。国家于子午卯酉年，就一省或二省，放"正主考"、"副主考"各1人。又考试"帘官"18人，亦曰"房师"。于秋季举行，名曰"乡试"，各省廪增附诸生，咸来应试。其中式者，名曰"举人"，亦称"孝廉"，额外复取数人曰"副榜"，亦曰"副贡"。考竣后，并考武生武秀才。中式者，称"武举人"。

次年春，各省举人亦名"举子"，咸赴京应"礼部试"，名曰"会试"，亦曰"春闱"。其制由君主派"大总裁"、"副总裁"各1人，同考官若干人，即房师也。考试中式曰"进士"，亦曰"贡士"。复后，更试所取进士于保和殿，由君主派王大臣监试。又派"阅卷大臣"，分阅考卷。阅后，进呈御览，由君主点定。一甲一名曰"状元"，又名"鼎甲"。二名曰"榜眼"，三名曰"探花"。以状元为最荣。全国欣慕。小儿生时，皆取此兆。此外为"翰林"。其取列下等者，或任"主事"或放"知县"。此为最高级之考试。各级考试皆重文，惟殿试则专重字。"优拔朝考"亦然。大概中进士后，皆有官职矣。士子由此出身者，是名"正途"。武举人会试殿试中式，亦有状榜探进士名目。但无翰林。其用途大半充宫殿"侍裔"，或放外省武官。

此外，复有"优贡"、"拔贡"。逢子午卯酉年，由学使就各廪生中考取前列者，再合全省考取1次。其中式者名曰"优贡"。又逢酉年，于各县生员中，拔取1人，名曰"拔贡"。录取后，次年赴京"朝考"。朝考亦试于保和殿。派阅卷大臣阅后，恭呈御览。其取列一二等者，由君主点定。或用为"小京官"或用为"知县"。其取列下等者，或就各部"录士"，及外省"通判"、"州判"或"教谕"、"训导"，亦皆授职。盖国家恐举人进士一途不能拔尽人才，遂又分设此科，以免士子沉沦之患。此科举制度之大纲也。

（三）学堂与科举并行　庚子以后，武科举停止，各省设立武备学堂。废弓箭，习枪炮。文科举至光绪末年方停。宣统间复举行优拔，以免士子向隅。是时科举与学堂并行。凡学堂毕业生，皆以优拔贡举人、翰林等名目奖励之。其出洋留学毕业回国者，由国家复试，亦得翰林、进士头衔，即所谓"洋翰林"、"洋进士"也。此时政府久已宣布采用学校制度，名义上科举已经废止；但科举之制历时既久，社会人心中毒已深；故实际上仍有此学校与科举并行之怪制也。

第三节　新式教育之动机

举数百年沿用不衰之科举制度，一旦打倒之；同时又移植西洋最新之学校制度，于素号守旧古国，诚非易事矣。然我国竟能于最短时间，成功此极大破坏建设二事者，亦非偶然。兹特条举我国采用新教育之动机及促成之势力；俾学者得以了然于我国新式教育机关及行政建设之过程焉。

（甲）西方教育制度东渐之动机

（一）《江宁条约》　我国正式采用新式教育之动机，实始于前清道光二十二年〔1842〕之《江宁条约》[①]。查缔结此约之故，乃以西国商人及教士之急于到华通商传教。盖即帝国主义侵略之开端也。约成，西教士大批东渡，以设立学校为传教手段。西方学术与教育制度，亦于以东渐。国人之仰慕西化，亦由此开始。今日教会学校在我国教育行政上固成重大问题，但其最初开办学

[①]〔特编注〕即《南京条约》。

校，而予吾人以仿效之资，则其功未可没也。

（二）《天津条约》　此约成于咸丰十年〔1860〕。约中载明交涉公文虽用中西文字，但须以西文为正本。政府顿觉翻译人才之需要。于是同治元年〔1862〕"总理衙门"奏请在京设立同文馆。未几又在上海、广州各设同文馆之预备学校。既而震于西洋物质之文明及科学之利用；于是六年〔1867〕曾国藩从容闳之请，建设机器学堂，附属于上海江南制造局内。同年，又在福州设立海军学堂。光绪五年〔1879〕，设天津电报学堂。十五年〔1889〕李鸿章议设天津北洋大学。十六年〔1890〕设南京水师学堂。二年后湖北矿务局设矿业工程学堂。又一年天津设军医学堂。及张之洞著《劝学篇》，倡设学堂，输入西方教育。由是，一方遣送聪颖青年至西洋游学；一方广设实业、语言、工程、军事各种学堂。故《江宁条约》为国人羡慕西方文化之开始，而《天津条约》则为我国实行西方教育之初期。质言之，帝国主义在我国开始侵略之时，即新式教育滥觞之日。盖不幸中万一之幸也。至于促成采用新教育动力更有以下数事。

（乙）促成采用新式教育制度之动力

（一）中日之战　甲午之败，虽为我国之大耻，但其促进吾国采用西方教育之功，不可没也。国人经此奇创，朝野上下始知非施行教育不足以图存。西学狂热，于斯为甚。北洋大学、南洋公学于以告成。

（二）义和团运动　光绪二十四年〔1898〕，德宗亲政，立意维新。兴学校，废八股，遣满洲子弟出洋留学，变更科举制度，翻译外国书籍，广设报馆，几尽举旧制而维新之。后以慈禧夺政，诏除新政。教育改革之机几绝。迨义和团运动，慈禧蒙尘，痛定思痛，毅然决然复下兴学之诏。于是新式教育一日千里。山西大学亦因是成立。

(三）日俄之战　日既胜俄，归功学校。我国亦震于日本之成功，以兴学为富强之张本。一时留学岛国者多至15000人。其卒业归国者，遍布国中，运动革新。留日学生亦多印发杂志，翻译图书。教育革新，于以成功。

(丙）正式采取新式教育之宣言

我国新教育之动机及促成之动力，既如上述；于是光绪二十七年〔1901〕八月初二日，由政府谕各省督抚学政，切实开办学堂。是为我国政府正式采用新教育之第一次宣言，我国新式教育史，亦以此为开场；实吾人最可纪念之公文也。其谕旨云：

> 上谕：人才为庶政之本，作育人才端在修明学术。三代以来，学校之隆，皆以德行道义为重，故其时体用兼备，贤才众多。近日士子或空疏无用，或浮薄寡实。今欲痛除此弊，自非敬教劝学，无由感发兴起。除京师已设大学堂，应行切实整顿外，着将各省所有书院，于省城，均改设大学堂；各府厅直隶州，均改设中学堂；各州县，均改设小学堂。并多设蒙养学堂。其教法当以《四书》、《五经》，纲常大义为主；以历代史鉴及中外政治艺学为辅。务使心术端正，文行交修，博通时务，讲求实用；庶几植基立本，成德达材，方副朕图治作人之至意。着各该督抚学政切实通筹，认真举办。所有慎延师长，妥定教规，及学生卒业应如何选举鼓励。一切详细章程，着政务处咨行各省，悉心酌议，会同礼部复核，具奏。将此通谕知之，钦此。

光绪二十九年〔1904〕十一月二十六日，颁发《奏定学堂章程》。是为我国新教育制度及第一次学校系统成立之日。并一面自丙午科为始，将乡会试中额及各省学额逐科递减；一面催促各省督抚，赶紧督饬各府厅州县建设学堂，并劝导地方逐渐推广。是为我国政府采纳"新教育之第二次宣言"。自此以后，朝野士流齐作兴学运动，而新教育亦蓬蓬勃勃滋生发长矣。此我国新式教育发动之情形也。

第四节　新式教育行政机关之建设

（一）科举制度之末日　新式教育既经发动，举国官民靡不以经营学校，为国家自强要图。数年之间，公私学校遍于全国。但科举与学校虽性质不同，然以数百年来，国人心理咸以科举为教育之归宿，故科举不停，民间相率观望。于是光绪二十九年〔1904〕，政务处管学大臣张伯熙、荣庆、张之洞奏请："试办递减科举，注重学堂；俾经费易筹，学堂早设，以造真才而济时艰。"同时，又有袁世凯等奏请："立停科举，以广学校。"结果遂有是年八月四日之"停止科举"的谕旨。兹以其关系教育历史之价值甚大，故显其全豹于下以便参考。

上谕：袁世凯等奏请"立停科举，以广学校；并妥筹办法"一折。三代以前，选士皆有学校，而得人极盛；实我中国兴贤育才之隆轨。即东西洋各国富强之效，亦无不本于学堂。方今时局多艰，储才为急。朝廷以日倡科学为急务，屡降明谕。饬令各省督抚，广设学堂；俾全国之人咸趋实学，以备任使。用意至为深厚。前因管学大臣等议奏，当准将乡会试中式分三科递减。兹据该督等奏称："科举不停，民间相率观望。推广学堂，必先停科举"等语。所陈不为无见，即自丙午科为始，所有乡会试一律停止。各省岁科考试，亦即停止。其以前之举贡生员，分别量予出路。及其余各条，均着照所请办理。总之，学堂本因学校之制，其奖励出身亦与科举无异。历次定章，原以修身读经为本，各门科学又皆切于实用；是在官绅申明宗旨，闻风兴起，多建学堂，普及教育，国家既获树人之益；即地方亦与有光荣。经此次谕旨，着学务大臣，迅速颁发各种教科书，以定指归，而宏造就。并着责成各该督抚，实力通筹，严饬府厅州县，赶紧于城乡各处,遍设蒙小学堂。慎选师资,广开民智。其各认真研究,随时考察,不得少行瞻徇,致滋流弊。务期进德修业,体用益赅,以副朝廷劝学作人之至意。钦此。

(二)临时行政机关之建设 科举停矣,其主管机关亦不能不停。新教育设施矣,其行政机关亦应随之建设。故次日上谕各省学政,专司学堂事务。

> 上谕昨日有旨停止岁科考试,专办学堂。所有各省学政,均着专司考校学堂事务,会同督抚经理,钦此。

同年八月十三日,又谕:各省学政,改隶学务大臣。

> 上谕:前已有旨,停止科举及岁科考试。饬令各省学政,专司考校学堂事务。嗣后,各该学政事宜,着即归学务大臣考核;毋庸直隶礼部,以明划一。钦此。

以上"圣旨"既下,于是千余年根深蒂固之科举制度,立地推翻。此数道圣旨真无异催命之符。实我国教育史上要案也。科举既停,学校日兴,教育事务,日即繁重。况当兴学伊始,计划督察在在需人。非有专管机关,不能应付周详。查当时之教育行政首领,乃光绪二十九年〔1904〕特派之政务处"管学大臣"。既为京师大学校长,管理校务,又为行政机关长官,管理外省教育。光绪三十一年〔1905〕,由管学大臣奏请,专设"总理学务大臣",统辖全国学务。京师大学堂则另设总监督,简派三四品京堂充选,俾专管大学堂事务,不另兼差,仍受总理学务大臣节制。

(三)学部之成立 以上所陈乃过渡时期之临时办法。及山西学政宝熙根据日本文部省制度，奏请设立学部。当即依奏，设立学部，调荣庆为尚书。是为中国正式之教育行政总机关设立之始。兹录其原文，以为参证。

> 上谕：本日政务处学务大臣会奏，议复宝熙等条陈一折。前经降旨，停止科举，亟应振兴学务，广育人才。现在各省学堂已次第兴办，必须有总汇之区，以资董率，而专责成。即设立学部。荣庆著调补学部尚书。学部左侍郎著熙瑛补授。翰林院编修严修著以三品京堂候补署理学部右侍郎。"国子监"即古之"成均"。本系大学。所有该监事务，著即归并学部。其余未尽事宜，著该尚书等即行妥议具奏。该部创设伊始，兴学育才，责任綦重。务当悉心考核，加意培养。期于敦崇正学，造就通才，用副朝廷建学明伦，化民成俗之至意。余著照所议办理。钦此。

由此中央教育行政制度大致成立。次年闰二月，由学部奏"酌拟学部官制职守，并归并国子监事宜"。四月，学礼二部会奏"划定两部办事界限"。同月，奏"定学部养廉章程"。由是中央教育行政机关之组织及事权之分配，于以大定。同时，学部政务处又奏"议请裁撤学政，设立省提学使司"，并奏"陈各省学务官制"。颁行《劝学所章程》、《教育会章程》。由是地方教育行政机关之组织及事权之分配，亦以确定。宣统元年〔1909〕，复由学部奏订《视学官章程》。由是中央官厅对于地方官厅及学术机关之指导督察之关系，于是成立。

（四）制度之变化　革命军起，满清推翻，民国创立，所有君主制度，自不适用。于是中央教育行政机关之组织，遂有第一次之改革。元年之后，行政系统几经改订——民国元年〔1912〕八月三日公布，二年〔1913〕十二月二十三日修正，三年〔1914〕七月十一日《教令》第九十七号再修正。——遂有最后之"教育部"制度。迨夫广东国民政府成立，教育部又不适用；而"教育行政委员会"兴焉。此为中央教育行政制度第二次之改革。南京国民政府建设之后，当以财政交通皆设部，教育未便独异。又为打倒教育行政之官僚化，并促成学术化与专业化起见，设"中华民国大学院"，并行政学术为一机关。此为中央教育行政制度第三次之改革。故我国中央教育行政制度成立以来，二十余年尔。于此短期之间，已有三次之改革。惟改革之事，是否根据必要，而为时代进步之产物，是为吾人必须研究之问题耳。

研究问题

（一）问我国东周以前与以后之教育目的有无不同？请证明其所以变易之原因何在？国民教育与人才教育之办法，有何特异之点？

（二）略举周初之教育行政与学校系统。此项制度何时破坏，其故为何？

（三）详论科举制度与教育之关系，并以科举眼光估计科举时代教育的价值。

（四）考虑科举制度何以历经数百年之久？其间维持的价值为何？

（五）何以兴学校必停科举？当吾人采纳新教育时，以为教育之功用如何？

（六）批评当时政府所拟之教育宗旨。

（七）研究学部未成立前之教育行政机关与办学人员。

（八）考究光绪三十一年〔1905〕间之京师大学堂制度之利弊及与今日国民政府采用之大学院制之异同。

（九）参考《奏定学堂章程》、《大清教育新法令》及《中国教育制度沿革史》，俾得彻底明了新教育在我国运动开始情形。

第二段

教育行政之机关

第一章

教育行政机关研究之方法

　　教育行政机关之研究，素无一定之系统。有就内务行政之通则，而以官治与自治分别研究者；有就行使职权之性质，而以执行与审议分别研究者；有就行使职权之范围，而以中央与地方分别研究者；但皆非完善方法。兹先略论三项分类方法，然后再及本书研究之计划。

第一节　官治与自治之分类法

　　教育行政机关，何以从内务行政之例，而分官治与自治乎？教育既为国家命脉，而行政机关又为全国教育计划、行政、监督、指挥之总枢；故其关系国家行政，至为密切。且问题非常复杂，责任非常重大，似非以国家全力赴之不克有效。况教育上之国家主义运动日益普遍，爱国之士多以此为统一国家，巩固民族之唯一救药乎？此官治机关所由来也。

　　然国家设立学校，所有课程设备，又不能不依地方情况。否则，缓急未必得宜，措施难于适当。故国家办理教育，为求适合地方需要起见，不能不委任其事业之一部于地方团体，使于国家监督之下酌量行之。加之近年以来我国教育上之民治主义之趋势,进步显著。吾人不容于地方方面加以注意。此又自治机关所由来也。

按此项编制,所有中央及地方官厅,以及其他督率指挥之机关,无论其为执行抑为咨询,皆应认为官治机关。至于地方自治团体,在一定范围内,为办理教育事宜所设立之管理机关,则谓之自治机关。例如各国之地方教育委员会之制,凡地方小学之管理监督,预算之编制,会计之稽核,就学义务之强制,学校之监察以及教员之任用等事,悉为地方教育委员会之事权。我国亦按照《地方学事通则》第三条之规定,组织自治区学务委员会。由此种编制方法言之,举凡官治机关以外之地方机关,无论其为固有事务,或委任事务所组织之教育行政机关,悉为自治机关。故教育行政机关之以官治自治分者,从内务行政之通例也。

第二节　执行与审议之分类法

执行机关者,执行计划,掌管行政事务之官厅也。教育行政之官厅,有中央官厅,有地方官厅,以及管理特殊教育事业,或教育营造物之特殊官厅。故凡总理全国教育事宜之教育部,掌管一省事宜之教育厅,以及管理国家所设施之特别教育事业,而有统辖其所属职员之国立大学、中央观象台、国立图书馆、外国留学生监督等特殊官厅,皆为执行之机关。

然教育事业本为国家根本大计,一切实施,非根据法令,容纳众议,慎重研究,周密计划,不足以收大效。故东西各国关于教育行政多设有审议机关或立法机关。如法之高等教育参事会、大学区参事会、县教育参事会是也。美国教育行政系统,省各不同。但各省各县各市皆有教育董事部之设立。其性质类似教育立法机关，而有监督指挥之权。教育局长亦多由董事会推荐，而为其执行长官。故其权限实为东西各国所不及。我国近来，地方教育行政机关改革之后，省区教育行政机关已有设立省教育参事会者；县及特别市教育行政机关大多设有董事会。其重要职权有三：

（一）讨议本区教育行政之方针及计划。

（二）审议本区教育之预算及决算。

（三）讨论行政长官交议事件及其他关于教育之重要事项。

此种机关实中国教育行政之审议机关。依我国今日情形，前者为执行后者议决之机关；后者为前者之审议机关。一则代表官厅，一则代表民意。所以表示官民合作也。此教育行政机关之以执行审议分者，从行使职权之性质也。

第三节　中央与地方之分类法

教育行政机关，有时既不以内务行政之惯例，而分官治与自治；有时亦不以其事权之性质，而分执行与参议；而以机关所在之区域，及其事权之范围，分为中央与地方两项。居于中央政府所在之地，而职在指导督率全国教育之进行，支配全国教育之计划者，曰中央教育行政机关。中央政府为全国教育事务特设之上级官厅也。如教育部，或国民政府设立之中华民国大学院，以及其附属之各种咨询、研究、调查以及执行一部分事务，管理特定事业之特殊机关皆是。中央行政机关，为施行地方教育之便利起见，于各个行政区域，特设官厅，管理各该地方之教育事务者，曰地方教育行政机关。

惟此项制度各国不一。有以一般普通地方官厅兼掌其事务者，如日本之府县知事与郡长是也。其特设官厅专掌其事务者，如我国之各省教育厅,及法国之17大学区之17大学校长是也。法国划全国为17大学区,各设大学校长1人,为地方官厅,承中央教育总长之指挥监督,掌管区内之高中两级教育事务,并监督初级教育。巴黎大学校长兼任教育总长,别置次长1人辅佐之。其初等教育,略与他国相同,归地方行政长官管理。南方政府已试行大学院及江浙之大学区办法,详论于后。

我国现制,各省设有教育厅,为地方专管教育机关,直隶教育部。(国民政府时期之省务委员兼教育厅长,及江浙两省试行大学区办法,容后讨论。)但省长负有全省教育实业财政治安等职,故教育厅一方对省长负一省教育之责,而受其指挥。各县及特别市,除普通官厅外,又设教育局。各自治区设教育委员。此中央与地方机关之大较也。

研究教育行政机关的系统之三种编类方法,前已约略言之。然则吾人对于中国教育行政系统之研究,将采用何种方法乎?将取官治与自治之编类乎?则机关之中,孰为官治?孰为自治?当此自治未即举行之时,颇难分划。同一机关,有时其事权之属于官治与自治者各半。况自治事业,虽有法令之规定,事实上仍未举行乎?故此种编类法颇难应用。将取执行与审议之法乎?则吾国参议机关初具形式,事权亦极有限。所有省区教育行政机关之参议会及县区之董事会之制度颁布虽已数年,各省且有未曾设立者。目前未便多所讨论。故此种编类办法,一时亦未便采用。兹为便利起见,就教育行政中之计划、设施、视察、指导四项作用,分别述其机关之沿革,现在之组织及其应兴应革问题,而于四者之中采用中央与地方分类方法。

惟我国情形略与欧美不同。欧美自治诸国多以计划或议决机关代表地方人民,为行政发令之中枢。设施机关执行计划,而受其监督。我国不然,行政中心素在设施机关;故研究方法亦不能不与他国稍异。兹特依照现情,于本段分章作以下之讨论。

（一）教育行政之机关。

（二）教育审议之机关。

（三）教育视察之机关。

（四）教育指导之办法。

于以上四项之中,并酌用第三法。比如讨论教育行政或设施机关,则分全国教育行政系统,为中央与地方两部。其地方一部,又分省区行政机关,与县区及特别市行政机关。至于学区则附属于县区及特别市范围之内。兹以此法先论教育行政机关。

第二章

中央教育行政机关

第一节 满清时代之中央教育行政机关

（一）创始情形　我国之有中央教育行政机关，实始于光绪三十一年〔1905〕十一月设立学部之"上谕"。先是学校初兴，事务本不繁重；所有教育责务集于管学大臣，既管京师大学堂，又管外省学堂事务，略似今日国民政府采用之"中国大学院"制度。及《奏定学堂章程》颁布之后，经营计划，条绪万端；专任犹虞不及，兼综更恐难周。非别设专司，为全国学务之总汇，不足收兴学育才之大效。故山西学政宝熙，江苏学政唐景崇等，先后请仿日本文部省办法，于京师设管理学务大臣，统辖全国学校。奉旨交政务处议奏。三十一年〔1905〕，由政务处奏请：设立"学部"以为监督、管理及推广全国学校总汇之枢。其京师大学堂一缺则另设总监督一员，受总理学务大臣节制。当于十一月初十日奉旨依议，设立学部，为 11 行政部之一。序位在礼部之前。次年闰二月二十日，颁发《学部官制职守清单》。其组织状况，略如下图：

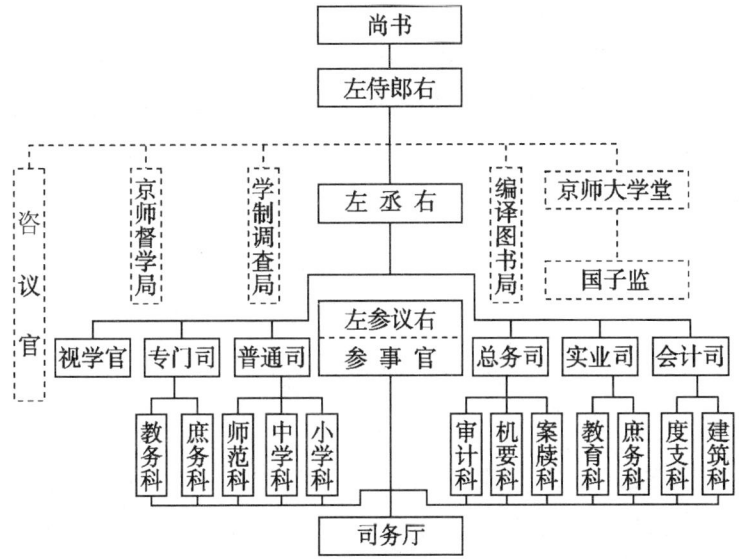

注：（一）上图系表示各部分组织之系统，及在系统上之地位等级。至于各部分详情及其互相关系略之。

（二）断线为非实缺之机关。

（三）其他附属机关及直辖学校甚多，但与行政系统之关系甚少，故不加入。

（二）组织根据　机关组织之原理，关系行政机关之效率，最为重要。组织而善则施行便利，运用自然；非但可以节省时间精力，更可利用时机，增大行政效率。否则，手续麻烦，转动需力，进行滞缓，收效少而误事多。现在商业之所以注意组织，甚至在研究上视为独立专科者，亦由于此。欧美诸国近年，因鉴于商业发达，乃由于组织完全之故，现已先后应用商业机关组织之原则，从事改组行政之官厅矣。改组方面尤注意于简单敏捷之原则。盖组织简单，则阻力少；运动敏捷，则精力省；于是效率自然增大。方之我国官厅组织，一味求其威武堂皇者，真有天渊之别矣。

查前清学部之组织，据当时奏称：系依照新设衙门——外务警察等部之成例。良以学部地位，不在外务警察等部之下；故组织方面，至少应照样办理；否则，无以明其机关之等级也。其实，各部性质不同，事业各殊，机关组织当然不能一致。可惜，当时不问事业之需要，只求机关之堂皇，以致用力多而成效少，良可慨也。

第二节 学部组织概况

兹将当时组织大纲详述于次，学者可以推想我国第一次组织之中央教育行政机关，并可比较今日情况。查学部组织分：（一）政务，（二）管部，（三）立法，（四）事务，（五）视察，（六）咨议等部分。此外为附属机关。兹挨次述其大要。学者果能切实了解，则对于现在之教育部及试行之大学院，不难理会。

（一）政务与管部 按目下中央各部，除事务繁重，必须设置两个次长外，大抵皆设总长1人，次长1人。

学部初创，乃设"尚书"1员，"侍郎"1员，综理教育行政事务。尚书侍郎皆为政务之官。管部者另设正三品之"左丞"、"右丞"，各1员，佐理尚书侍郎"整理全部事宜，监督各司事务，稽核五品以下各职员功过"。较之现在总长1人，次长1人；总长主持政务，次长管部；学部多设一个侍郎，两个左右丞。此种组织只为官厅排场，并非事实需要，可知革命之起非无故也。

（二）拟定法规机关 兴学之初，各项法令章程急须分别审核规定，故设"左参议"、"右参议"各1员，秩正四品，佐尚书侍郎核订法令规程，审议各司重要事宜。参议之下，更设正五品之参事 4 员，襄理一切。此为部中订定法规机关。

（三）事务机关　事务机关为部中主要办事部分。计分五司：总务司、专门司、普通司、实业司、会计司，是也。各司更分科职掌部务，兹将各司各科隶事情形，略述梗概。

（1）总务司职掌庶务，内分机要、案牍、审计三科。所有撰拟奏章，掌管文件，审定图书，及不涉及他司等事，皆为其职务。司设"郎中"1 员，总理司务。科设"员外郎"1 员，"主事"一二员，办理所属一切事务。

（2）专门司分教务、庶务二科。教务科职掌大学堂、专门学堂、私立学堂及与以上各学堂有关事物。庶务科职掌各种学会、国内外游学、图书馆、博学馆、天文台，以及地方教育行政等事。司设郎中 1 员，科设员外郎 1 员，主事 1 员。

（3）普通司分三科：（甲）为师范教育科，所有各级师范学堂及与地方关系事务属之；（乙）为中学教育科，所有男女中学堂及相类学堂事务属之；（丙）为小学教育科，所有小学堂、蒙养院及相类学堂事务属之。设郎中 1 员为司长，员外郎 3 员为科长，主事 6 员为科员。

（4）实业司职掌全国实业教育事宜。前清普通与实业两种学堂并行。除普通学堂隶属普通科外，所有实业小学堂、实业中学堂、实业大学堂，概属本科范围。内设实业教务与实业庶务两科。教务科掌管农工商等各实业学堂、实业讲习所、艺徒学堂等事项。庶务科掌管实业调查等事宜。设司长 1 人，科长各 1 人，科员各 1 人。

（5）会计司分度支、建筑两科。度支掌管部中经费与岁出岁入之预算决算，及所有财产器物，核算各省教育经费。建筑科掌管直辖学校校舍、图书馆及其他营造物。设司长 1 人，科长科员各 1 人。

(6) 此外更设司务厅管理印信,收发文件传抄折件,督率夫役等事。设司务1员。

(四) 视察机关　视察一职本为教育行政上要务;但在教育开创之始,一般见解俱以为巡视办学结果,考核教育成绩而已;至于指导教育计划,督率学务进行方面,则多视为视学范围以外事务。因此视察一事,遂认为不足轻重。《学部官制职守清单》亦仅规定"视学官暂无定员,约十二人以内,秩正五品视郎中,专任巡视京外学务。其巡视地方及详细规则,当另定专章奏明办理"。迨至宣统元年〔1909〕视学制度始有确实规定。

(五) 咨议机关　依教育行政史上民治发展情形而论,略分三个时期:(1) 为教育民办,即完全自治时代。此制以董事会代表人民,而为教育行政主体,所有执政机关,由董事会产生。其行政事权,亦由董事会委任。(2) 为教育官办时代。此制仅设顾问咨议代表教育界,为供给官厅意见的机关,职在建议,采纳与否仍在官厅。(3) 为教育官民合办时代。我国目下制度即在此时代。此制设参议机关,代表人民参与教育行政,与官厅合作。较之第一项之董事会则不足,较之第二项之顾问咨议则有余;盖在二者之间也。我国兴学之初,为教育官办时期,故有"咨议官"之设。

查当时之规定,"咨议官无定员,不作为实缺,不限定常川在部。仿商部顾问官之列,分为四等。一等视丞,二等视参议,均由学部奏派。三等视郎中员外,四等视主事,均由学部委派。凡学部有重要筹议之件,随时咨询。该员于教育有所建议,均得随时分别函呈,以备采择"。宣统二年〔1910〕,学部对于此项咨议官之职权,严加限制。并谓:咨议官"以建言为职,只能为补助行政之机关,而非独立议决之机关。"总之,学部设立咨议官之原意,不过在学务初创之际,借重教育者"随时建议,以资擘画"。此项机关之设,乃为官厅之利益,且其身份略似官厅雇用的属员,并非代表民意,参与教育行政之机关也(详情参看第八章教育行政之参议机关)。

(六)其他机关 以上机关可称为教育行政机关组织上之干部,亦即学部之主体也。此外尚有:(1)编译图书局,(2)京师督学局,(3)学制调查局,(4)高等教育会议,(5)教育研究所,(6)国子监,以及其他附属机关及直辖学校。兹依次分述其作用及组织情形于后。

(1)编译图书馆 学务初兴,所有学校应用课本及参考图书,需用甚急。学部未成立以前,京师学务局曾设"编书局"。此局系以从前学务处原设之编书局改办。其局长由学部奏派。局员均由局长酌量聘用,并无特别设置之实官。局中并附设研究所,专门研究学校课本之编纂事宜。

(2)京师督学局 此局作用乃在督率指挥京师各级学校,以为推广之模范。内设师范教育、中等教育及小学教育三科。每科设科长1人。其局长由学部奏派。科长多派部中司员兼任。科员则以雇员充之。

(3)学制调查局 此局专以研究各国学制,以资逐渐改良学务章程。内设局长1人,由学部奏派。其局员无定额,由视学官派充。别设译官数人,担任翻译责任。

(4)高等教育会议 此项会议之设,乃为讨论国家教育上重大问题起见,其性质略似中央常设教育委员会。组织方法,是由尚书、侍郎选择部中职官,直辖各学堂监督,各省中等以上学堂监督,及京外官绅之学识宏通,于教育事业有阅历者,奏请派充议员。定期每年会议一次,以学部堂官为监督。遇有重要事件发生,亦得由监督召集临时议会。议长由议员公推。其应议事项、议员资格及会议规则,另有特定章程。会中常设庶务员2人,掌管一切事务。此项庶务员由部派司员兼理。

(5) 教育研究所　目的在延聘精通教育人员，讲演教育原理及教育行政学；盖一补充教育行政人员教育知识之机关也。所有部中人员均须按时到所听讲。所中设庶务1人，编辑员1人，由部派司员兼理。

(6) 国子监　学部成立之后，国子监即拨归学部统辖。设置"国子丞"1员，秩正四品，总司文庙、辟雍殿一切礼仪事务。其体制视参议，由学部奏请简任；盖一教育上之宗教机关也。

第三节　民国时代修正之教育行政机关

(一) 改革经过　光复之后，共和政府遂于正月九日〔1912〕在南京成立。惟变更仓卒，建设事宜俱属临时性质，及参议院成立，中央官制次第议决；教育行政制度遂于八月三日，由临时大总统，以命令公布，改学部为教育部，直隶大总统，管理全国教育学艺历象事务。改学部之五司为三司，并置总务厅。及南北统一，政府北迁，各部官制，多所修正。教育部制度亦于二年〔1913〕十二月二十三日修正。三年〔1914〕七月十一日，复由国会通过，以《教令》第九十七号再修正，而成今日情形。

(二) 主管人员及其事权　按照官制，教育部置总长1人，"承大总统之命，管理本部事务，监督所属职员，并所辖各官署。"总长对于"地方最高行政长官之执行教育事务，有监察指示之责。其违背法令或逾越权限者，得呈请大总统处分之"。总长列席国务会议，为阁员之一。所办事宜，多为政务。部中事务，由次长督率之。盖总长为政务官，次长为事务官，责在管部。是新制并左右侍郎、左右丞4人于次长1人。至于拟定法律命令，有参事4人。是并左右参议及参事官6人为参事4人。掌管各部分事务，有司长3人。较之清制少二司长，增一厅长也。科长之下有科员。此外，并有技正1人，技士2人，掌管技术事务。关于学务视察，有视学。大概内部组织较之前清似略简单。所有铺张情形，及吃饭无事可做之闲人，较前清固少，较之现在尤少。至于部中分科规程，始由元年〔1912〕十二月《部令》第三十三号公布，二年〔1913〕十一月《部令》第五十三号修正；其最后修正则为七年〔1918〕十二月七日之第八十号《部令》（详情见《教育法规汇编》）。其组织情形略如下图。

民国时修正之中央教育行政机关组织图

（附属机关省略）

```
                        ┌─────────┐
                        │  大总统  │
                        └────┬────┘
                             │
                        ┌────┴────┐
                        │ 教育总长 │
                        └────┬────┘
                             │
                        ┌────┴────┐
                        │ 教育次长 │
                        └────┬────┘
     ┌──────────┬─────────┼──────────┬──────────┐
  ┌──┴──┐   ┌──┴──┐  ┌──┴──┐   ┌──┴──┐   ┌──┴──┐
  │普通司│   │视学处│  │参事室│   │社会司│   │专门司│
  └─────┘   └─────┘  └─────┘   └─────┘   └─────┘
                        ┌─────┐
                        │总务厅│
                        └─────┘
                    ┌─────┬─────┐
                  秘书处    编审处
```

四 实业科　三 小学科　二 中学科　一 师范科
庶务科　文书科　会计科　统计科
二 通俗科　一 图书博物科
二 留学科　一 专门科　大学科

（此外尚有各种委员会图书馆直辖学校以及其他附属机关）

第四节　国民政府时期之中国大学院

大凡制度之变更，有时为革命式的；有时为进步式的。所谓革命式者，因主义变更，故不得不随之变更；而其变更之程度，则以新主义为转移。此项变更先有破坏，然后加以建设；故系彻底的。而后者则不然。其变更之动机乃由于试验之结果；故所依据为经验。其变更之程度系部分的，系有计划的；故其结果为进步。民国十六年〔1927〕十一月国民政府颁布之中国大学院制度，是革命式的；而次年四月修正之组织令，则为进步式的。至于教育行政委员会，则为彻底变更前之过渡办法。

（一）中央教育行政委员会之经过情形　自广东"国民政府"成立之后，各部行政机关颇能根据革命精神，彻底改革。依国民党政纲，以党治国，于国民政府之上，设置"中央党部"，以执行委员会，为监督指导之最高机关。各部组织取委员制。故中央教育行政机关亦设委员会，名"国民政府教育行政委员会"。

北伐开始，步步胜利；曾几何时，会师武汉。国民政府乃由广东移至武汉。惟教育行政委员会则仍留广东。委员会既不能与政府同时迁移，而留守粤省亦无可办之事；故此委员星散，几至无形解散。嗣以武汉政府鉴于教育事业颇能宣传革命宗旨，促进革命事业，拟设教育部；后以种种阻碍，未及组织而金陵光复，另行组织南京政府。此时留守广东之生机毫无的教育行政委员会，忽承南京之命，北移至沪，并扩大组织，增加江南人士，设机关于上海，另在南京设办事处焉。于是委员会遂恢复其原有地位，俨为全国教育行政之最高机关矣。

（二）改制之动机　大学院制度在英美等国已有长久时期之试验。英之伦敦大学和美之纽约大学，近年来之成绩颇为留心教育行政者所注意。但最完密而成绩更比较显著者厥为法国制度。此制之要点在使专门学者主持教育行政事宜，造成教育行政之学术化。我国教育行政机关，始而为完全政客所把持，做教育长官者完全与做财政长官、实业长官无异。今日为县知事，明日可升为教育厅长；质言之，做官而已。近年以来，虽稍有专家化的趋势，但至多不过曾充一般学校教职人员而已，非专门教育家也。此次改革乃所以表示当局者羡慕法制之能学术化与专业化也。盖以我国教育事业既已堕落于普通政治之中，则一般政客官僚设有行政资格，皆得充任教育长官；于是教育长官，乃与普通长官相等。普通官厅人人得而充之，无所谓专业也。民国六年〔1917〕教育部视学叙官时，虽有官阶官等与专门资格之争，但其结果仍以行政资格为重。教育官吏既不注重教育学术资格，而寻常官僚又皆得以充任，其自然结果为官僚化，为腐化。

新制既以学者为主管之人，必能以学术贯彻于教育行政事业之中，而教育行政必能超脱于普通行政之外，而为教育学术者之专业矣。（关于地方教育行政人员之专家化，请参看本书教育行政人员章。）惟将来如何使学理事实兼顾，不致偏重学理，犹如今日之偏重行政之病是为要着。

（三）初次组织之大学院　今日之大学院，已非民国十六年〔1927〕革命时之大学院制度；盖已经次年之修正也。初该院制度系由"中央政治会议"第一百零五次议决；并派蔡元培为院长。组织大纲已经"法制委员会"拟定。其名称为"中华民国大学院"，简称为"中国大学院"。大学院设"大学委员会"，为最高评议及管理机关。内设委员长1人为院长之当然职；以各部主任与各省"中山大学"校长为当然委员，另物色学者若干人为延聘委员。此二种人员一则代表事实，一则代表学理；所以表示双方兼顾也。委员会下设院长办事处，称"秘书处"，总司全院事宜，以院长及秘书若干组织之。院长为国民政府委员之一。办事方面分（1）教育行政部，（2）学术研究院及其他国立学术机关，（3）各种专门委员会。教育行政部即并入之教育部，作用在"处理教育行政事宜之不属于各大学区及各大学区互相关联者"。研究院为学术机关,图书馆、观象台等属之。以上二部各设主任1人,为大学委员会之当然委员。另设办事员若干人。专门委员会乃为解决全国教育问题,研究及办理特殊事宜之机关,如学术基金委员会、教育经费委员会、华侨教育委员会等是也。

(四)修正之大学院组织　大学院组织于十六年〔1927〕冬宣布成立。试行数月,乃于十七年〔1928〕四月公布修正条例。此次修改之处,实为数月试行经验之结果,谓为教育行政上之进步可也。以原则言之,大学院之制,在欧美施行,既得良好结果,移植中国未必不收效验,况旧有制度之所需,适在教育学术化乎？然则施行数月,即需修改,岂大学院制度,果不适用于中国乎？非也。诚以主见过偏,而内部又未能适应事务上之需要也。

试就其最初组织论之,大学院大部分力量几乎集中于教育学术研究方面,其实际应付全国行政事务者,只教育行政处一个组织不良之小小部分而已。考当时教育当局之心理,乃以一向教育行政之病,在官僚习气太重,只重行政经验,毫无学术研究之兴趣。欲振救之,惟在力求学术化,故不惜努力为之。其结果遂发生矫枉过甚之病。此次修正之焦点,在扩大行政方面之组织,以应全国教育行政上实际之需要。盖学术研究固应加意提倡,而全国各级教育之设施上计划、施行、视察、指导等事,亦未能置之不顾。爰将"教育行政处"扩充,而分组"高等教育处"、"普通教育处"、"社会教育处"、"文化事业处"四个机关。此就大学院全部组织,趋重学术研究,忽于应付实际行政问题,以致不能不修改者也。

附修正中华民国大学院组织系统图（十七年〔1928〕一月三十日修正）

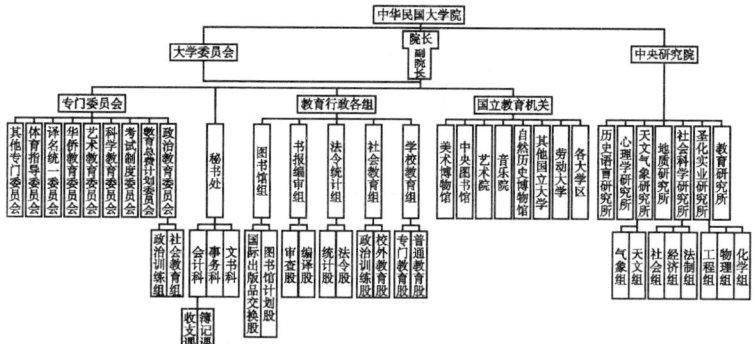

矫枉过甚，固系人之恒情；但行政事务，苟无切实经验，亦不知其繁简难易。试就该院之教育行政处之内部组织言之，似于事业之轻重，范围之大小，颇欠斟酌。查全处计分六组：学校教育组、社会教育组、法令统计组、图书馆组、国际出版品交换组、书报审查组。各组下大抵另分两股。夫国际出版品之交换，及图书馆事业皆为官厅所不可不提倡者也。但依今日我国情形论之，教育界，公私出版物品，有与各国交换之价值者，究有几何？试问此项事业果有独设一组之必要否？再以图书馆言之，果欲提倡，必于经费方面先有把握，而经营程序必有计划，试问现在经费与计划果有独设一组经营此项设计之必要否？此为该处必须重行修改之原因一也。

教育行政，以学校教育为中心，此稍有经验者，类能言之。教育行政处，以6组中之学校教育组及所分之专门教育与普通教育两股，应付全国学校之行政事务，安得不亟亟修改？且学校教育组，范围既广，事业又繁，乃与国际出版品交换组并列，而同为6组之平等份子，组内所分又皆为两股，此种不平之平无怪事实行不下去。今日新制所以提高其地位，而扩充为高等教育与普通教育两处者，实事实上所必需也。此为该处必须修改之原因二也。

总而言之，此次修正之大学院组织法二十二条，为吾人数月实验所得之宝贵结果。其修正之点有三：（1）根据事实，纠正理想，扩充教育行政方面，以示双方并重；（2）根据实际要求，提高学校教育组地位，而扩大其组织，分配其职权于高等教育处与普通教育处，而列为行政方面五处之二，并设参事专司法令规程；（3）提高社会教育组，而设社会教育处。至于添设副院长，则表示次长管部之意。其他与旧制相同，而地位提高者，如中央研究院为全国最高之学术研究机关；为实行计划，得设学校及其他教育学术机关。行政方面，为应付事务，得设专门委员会。其主要部分之组织略如下图。

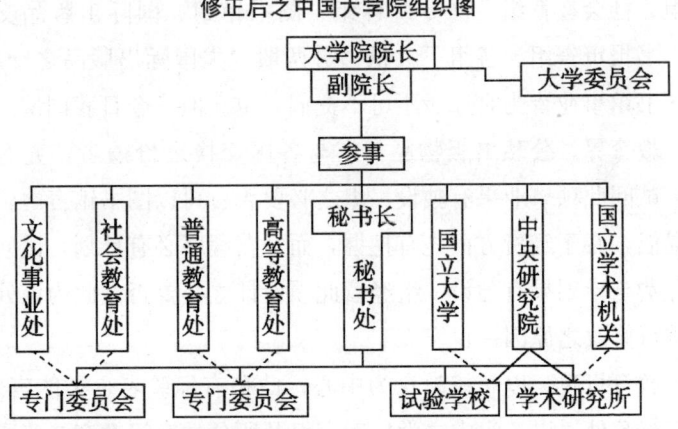

修正后之中国大学院组织图

说明：（一）以上系主要部分，各机关内尚分有科股，兹略之。

（二）专门委员会及学术研究所等部已先后组织成立。兹以其名目甚多，故概括称之。

（三）上图系表示行政地位关系，非等差也。

研究问题

（1）试评学部最初组织时根据之原则。

（2）就事实而言，教育应如何改组，庶消极方面，不致阻碍教育之进展；积极方面，得促进全国教育之普及。今日之中国大学院可否达此目的？

（3）列举教育部应有事权。现有事权中何项应委任地方行之？

（4）研究教育学理，编审教育材料，调查教育事实，编辑教育统计，试验教育方法，拟定教育标准，指导教育进行，规定教育计划，宣传教育新闻，订定教育法令，指导地方教育行政，励行教育普及，各归部中何项机关主管？现今成绩如何？

（5）各就教育先进国家，无论其主张是中央集权，或地方分权；列举其可为我国中央教育行政机关组织上革新之参考者数事。

（6）今日国民政府设立之中国大学院与前清时之京师大学堂有何异同？

（7）改教育部为大学院之目的为何？此项目的能否实现？

（8）大学院之组织有何独优之点？

（9）试就大学院制度批评之。

（10）各拟理想上最良之中央教育行政机关及其组织。

第三章

省区教育行政机关

第一节 成立之经过

（一）创设情形　中央学部既于光绪三十一年〔1905〕成立，次年四月，由该部奏请撤各省"学政"设直省"提学使司"，统辖全省学务。先是，清初沿明代旧制，各省设"提学道"，办理全省科举事宜。雍正年间，改为"提督学政"，位分颇尊，于督抚为敌体。及停止科举，专办学堂，学政事权，已无行使余地。而地方一切教育行政，如劝导儿童入学，筹措教育经费，督率学务进行，在在皆须积极办理；非另设专员，且与督抚发生关系，恐难进行无阻。适直隶总督袁世凯与云南政学吴鲁，亦先后有所主和，袁主规复各地"提学道之制"。惟当时地方有司办理新政，恒视上司督促力量为进退。且藩臬两司统率全省道员，诚恐提学道范围太狭，权柄过轻，于督饬进行方面，难于见效。吴则主张责成督抚办理。惟当时封疆大吏，一切吏治、兵事、财政，皆由其统筹兼顾，在势不能专心办理教育。故由学部折衷二说。裁撤学政，各省改设"提学使司"。提学使资格以京外服官人员，而资望素著，深通学务者充之，或以各省学务处总办，资劳久著，曾经出洋考察者为标准。其未尝出洋者，须先派赴日本考察学校制度及教育行政五个月。归国后，再行赴任。提学使秩三品，位在藩臬之间，统辖全省地方学务，归督抚节制。于省会地方，置"学务公所"。所中组织总务、普通、专门、实业、会计、图书6课（后改课为科）。每课设课长1人，副课长1人，课员若干人，分曹隶事；于是省区行政机关于以成立。

（二）咨询机关　当又仿照汉代"辟召"之例，选官绅之有学行者，由提学使详请督抚札派。此项机关表面视之，似乎不甚重要，实则教育行政上民治倾向之开端，而为人民参加教育事业，监督指挥教育行政之第一步。当时设"学务议绅"四人，由提学使延访本省学望较崇之绅士充选。并设议长1人，由学部慎选奏派，以佐提学使参画学务，并备督抚咨询。此为省区设立教育咨询机关之始。此后逐渐变化而为人民参与教育之机关。

（三）学务公所之组织　先是各省于学部未成立之前，因办理新式教育，曾于省会设立学务处，以为临时教育行政机关。迨提学使司令下，遂即裁撤。另设学务公所。组织情形，略如下图。

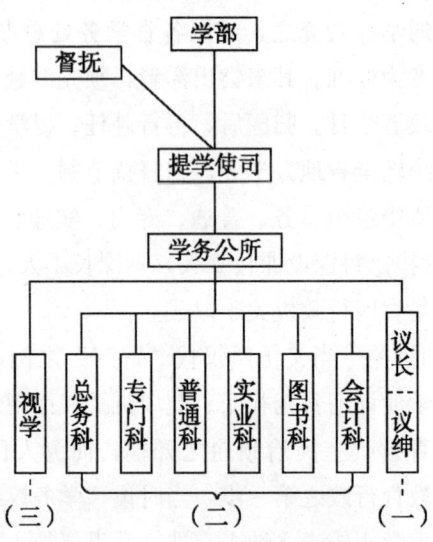

学务公所组织图

附注：（一）设议长 1 人，由督抚咨明学部奏派。议绅 4 人，由提学使延聘。

（二）各科设科长 1 人，副科长 1 人；至于科员则以事之繁简，设 1 人至 3 人。科长职衔五品，副科长六品。科长以下，由提学使札委。

（三）设视学 6 人，职衔视副科长。

第二节　沿革之情形

（一）江苏情形　省之有教育行政之独立的及专管的机关，自前清光绪三十二年〔1906〕始，已于前节言之矣。革命成功，所有前清君主制度，自不适用；于是统辖各省学务之独立与专管的行政机关，亦由此推翻。及六年〔1917〕九月六日，颁布《教育厅暂行条例》之第十四号《教令》，始恢复其旧有独立性质。此中沿革情形，各省不同。兹举江苏一省，以为例。

前清之设提学使司，系仿布政使司例。江苏一省设提学使司二：江宁提学使司，管辖今江宁、句容等35县；江苏提学使司，管辖今吴县、常熟等25县，辛亥九月，苏垣光复。十月，由都督召集临时省议会，议决《都督府暂行官制大纲》。都督府设参谋、军政2厅；民政、财政、提法、外交4司。其民政司内分总务、警务、教育、实业、交通5科。每科设科长1人，别设助理员，不分科，无定额。最多时设12人。此时教育行政机关，既非独立，又非专管矣。

宁垣光复亦设都督府，分内务、外务、财政、通阜、军务等司。纪元〔1912〕三月，临时省议会议决《都督府暂行官制十三条》。设民政、财政、提法、外交、教育、实业6司。嗣以教育实业事简，仍隶于民政司；与总务、警务、统计、选举、交通，并称科。于"教育科"设科员1人，四月，设省视学6人。六月，宁、苏两机关合并，重行组织。教育科设科长1人，科员2人，助理员1人。十二月军民分治，议决教育设司，司长1人，简任。司设第一、第二、第三、第四，4科。各设科长1人，科员2人，别设助理员3人，不分科。二年〔1913〕四月，民政长依照划一现行官厅组织令，分设荐请任命"教育司长"。至是组织略为完备。至民国六年〔1917〕，始照中央命令，改组教育厅，恢复前清独立专管官厅。其变迁情形，略如下图。

江苏省教育行政机关沿革图

（其一）（民国元年〔1912〕二月以前之地位）

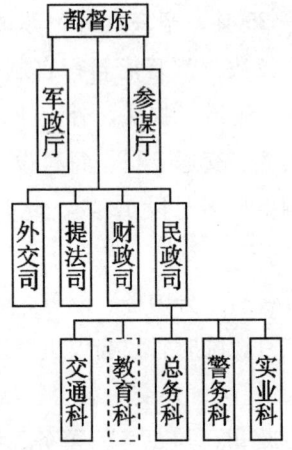

（其二）（民国元年〔1912〕三月至十一月之地位）

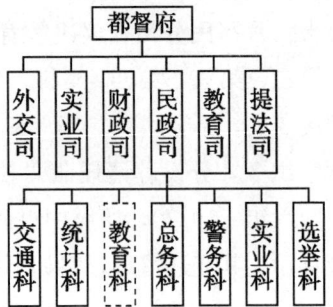

(其三)(民国元年〔1912〕十二月以后之地位)

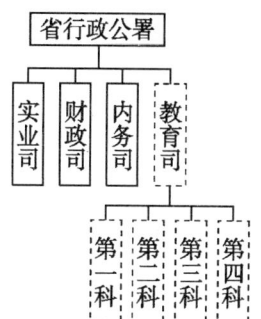

第三节 现在机关之组织

(一)教育厅成立 民国六年〔1917〕,政府以教育实业为立国之本,非设专管官厅,并加崇其体制,不足以表示国家励行之至意。于是由《教令》第十八号公布《教育厅暂行条例》。各省设教育厅直隶于教育部。设厅长1人,由大总统简任。"秉承省长执行全省教育行政事务,监督所属职员,暨办理地方教育之各县知事。"同年十一月五日,由教育部通咨各省划分教育厅长办理教育行政事权。咨云:

> 各省教育行政事项,自各该厅长到任之日起,一律划归教育厅主管。惟关于行政事项,应由该厅长视其性质之轻重大小,分别呈明省署及本部核准,或迳行处理,呈报备案。其单纯教育事项与行政上无甚关联者,应即由各该厅长分别办理,迳呈本部。各该管县知事关于教育行政事项,迳呈教育厅外,应分呈上级官署,以备查核。

(二)组织大纲 厅署组织大纲系于六年〔1917〕十一月核准。内设第一、第二、第三,3科。第一科即总务科,掌管印信,收发文件,办理机要文牍,整理案卷,综核会计庶务,编制统计报告及不属于他科事项。第二科主管普通教育及社会教育。第三科主管专门教育及外国留学事项。各科置科长1人,由厅长委任;承厅长之命,掌理各该科事务,并置科员1人至2人以为助理。另设省视学4人至6人,视察全省教育事宜。近来各省又先后依照部令,组织"省区教育行政参议会"。聘任教育专家7人至9人。以为教育之参议机关(详情见第九章)。

全国省区分三等。大省有九:如直隶、奉天、江苏等省。中省有八:如江西、湖南、陕西、山西、吉林、福建、安徽、云南。小省有五:如黑龙江、甘肃、贵州、新疆等,是也。所有厅署经费,因等级而差。大省年40,000元,中省35,000元,小省30,000元。

吾人于上述之沿革中,可知二事。一教育行政机关原系独立官厅,但在革命时期,则附属普通官厅之内;二原系由专管人员主管,后则变为普通官吏兼管。至教育厅设立后,始恢复其独立与专管之资格。

(三)教育厅与省公署之关系 吾于第二节中,曾述政府所以设置教育厅之故,实以政府鉴于人民之公意,以为非设独立主管之官厅,无以表示重视教育之意。及《教育厅暂行条例》公布之后,各省先后成立。教育既有主管官厅,则省公署之教育科当无存在之必要。故六年〔1917〕九月八日,由大总统公布"所有省长公署政务厅,依据省官制十四条,所设教育科,著即废止"之令。然省公署为一省行政之中心。所有省区之内务、财政、教育、实业,皆以省公署为总汇之枢。教育厅虽为独立主管官厅,但仍须受省长节制。关于教育行政事项,仍须视其性质之轻重大小,分别呈明省署核准备案;而各县知事关于教育行政事项,除迳呈教育厅外,仍应分呈省署,以备查核。省署之教育科虽奉命废止，但为监督备案之故，仍须有相当办事机关。故同年十一月十三日，由第三十三号《教令》公布省官制第十四条"总务、内务、教育、实业各科，修正为第一、第二、第三、第四各科"。盖教育厅为一省教育之主管官厅，而省公署则为监督指挥之官厅也。

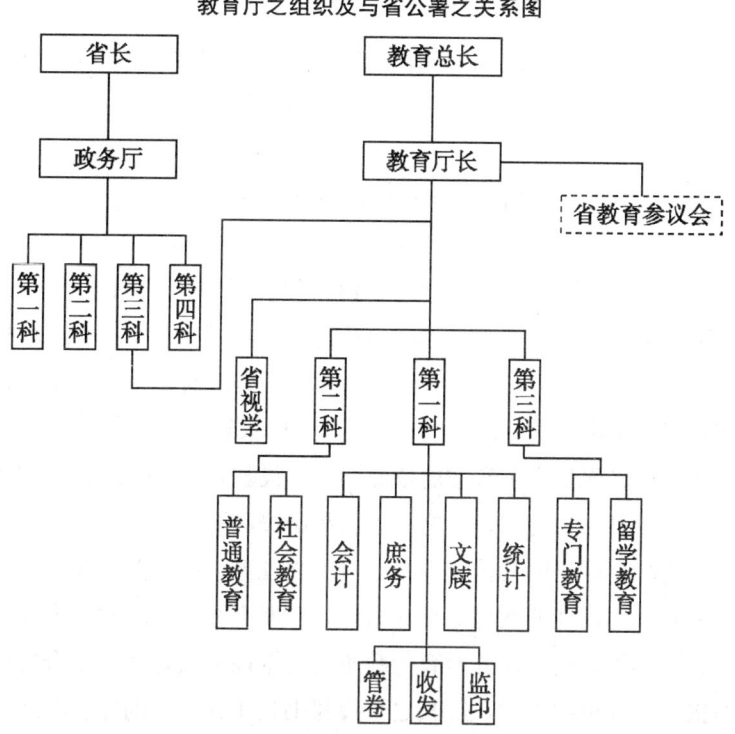

教育厅之组织及与省公署之关系图

（此外尚有教员检定委员会，国语统一会，教育公报等附属机关。）

第三科为办理教育公文，设科长1人，主任科员数人，科员无定额。惟此时之第三科，依律，其主要事权，只在办理"呈悉——此令"之公文，所有行政事权应在教育厅。但亦有不然者，比如，在国民革命之前，素称教育发达之某省，其教育行政事权之中心，不在教育厅，而在省公署之第三科。其故，或因历史关系，或因省署揽权，或因教厅颟顸，以致造成此局。夫教育既设专厅，而行政事权仍属省署，非特无以副中央设立教育厅之原意，且于教育之推行，实有极大妨碍。好在国民政府成立之后，国民政府时期之省政府组织已经更张，教育厅为省政府之一部。其试行大学区者更不成问题矣。

兹依旧制将《教育厅之组织大纲》及与省公署之关系，列图表之。

第四节 国民政府时期之新制度

（一）过渡之教育厅　中央教育行政既归并于学术机关，而中国大学院又经中央政治委员会议决，为全国最高学术教育机关。于是更进一步，采用大学区制度，各省政府设立之教育厅亦并入省区中山大学（现用省名）。大学校长兼理全省行政及教育学术大权。先是广东省政府依照旧制，设教育厅，办理全省教育事宜。教育厅长为省务员之一。武昌国民政府成立，两湖、江西等省之教育厅仍旧其贯。南京政府下之江苏、浙江两省亦设教育厅。其间尤以江苏教育厅扩充组织，广罗人才，一时教育人才颇有集中之势。实为江苏教育行政史上之空前的教育专家结合之机关也。查其组织大纲，厅长之下设秘书长1人，襄助厅长办理一切行政文件事宜；另设高等教育、中等教育、初等教育、扩充教育4科。各设科长1人，科员若干人。并改省视学为督学，而提高其官阶官俸，与各科科长平等待遇。厅中人选皆为教育界一时名流。成立之后，颇以革命精神和科学方法，积极改造全省教育。一面以各县教育行政机关大受军事影响，多半残破不堪，故特订定《督学条例》十二条,《县教育局条例》九条,《县督学条例》十一条,以为建设之根据。一面改组省立教育机关,将同一地方之省立中师学校,酌量合并为规模宏大之中学校,并提高校长资格,而加以优隆之待遇。又为免除滥竽教职起见,规定严格之任用标准。对于初等教育之改造方法,其第一步特订调查表格,附以详细说明二十一条,从事调查各县设施状况及设校地点,军事后之经济情形,学校概况及义务教育办理之程度。可惜正在积极进行之时,而改制之命令骤然公布,所有计划因以搁置。

（二）大学区之组织　查革命化之新政策,为求教育行政之学术化起见,废止教育厅,设立大学区,以省为单位；始以广东为第一区,湖北为第二区,浙江为第三区,江苏为第四区,河南为第五区。区设中山大学,以大学校长管辖全区教育行政及大学之学术事宜。而实在成立者,有浙江第三中山大学与江苏第四中山大学而已。广东虽设有中山大学,但未行大学区制度。大学区组织条例已经中央教育行政委员会制定。其大要如下：

江苏第四中山大学区组织图

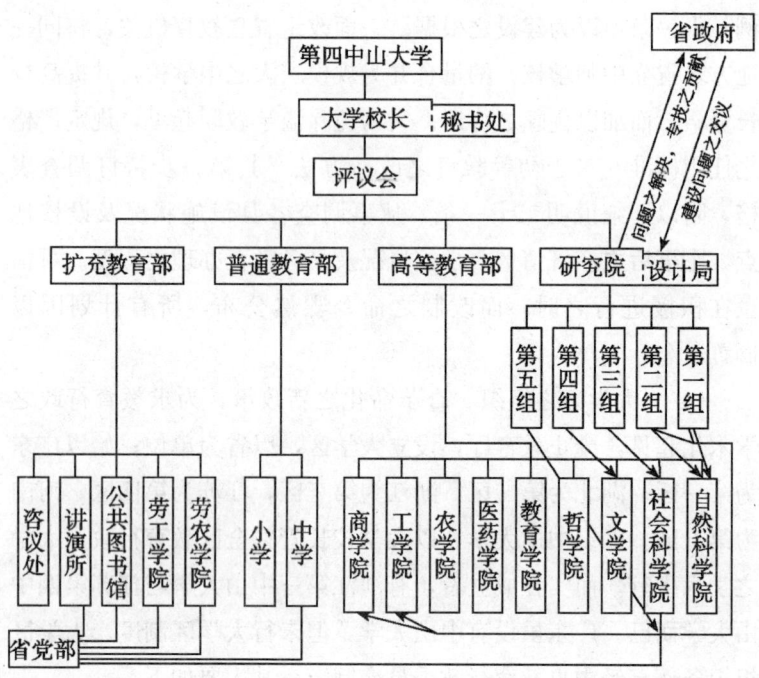

中山大学依照现有之省份及特别区设立之，而以所在地方名之。大学校长综理区内一切学术与教育行政事宜。大学区内部之最高立法机关，为评议会。设秘书处，补助校长办理本区行政事务。设研究院，为研专门学术之最高机关，内设设计部。此外为行政方面：（1）设高等教育部，管理本部各学院及区内大学、专门学校及留学事宜；（2）设普通教育部，管理公立中小学校，监督私立中小学校；设扩充教育部，管理区内劳农学院、劳工学院及关于社会教育之一切事项。

至于江苏第四中山大学本部系就东大校址设立。大学分九院：美术学院、师范学院、自然科学院、社会科学院、文学院、哲学院、工学院、商学院、农学院是也。

大学本部宗旨为"遵依总理《三民主义》，及国民政府颁行《大学条例》，阐扬文化，讲求学理，达之实用，以造成新中国之学者及建设人才"云。大学区机关之组织情形如图（图见60页。）

（三）教育行政原则　大学区成立之后，即由中央教育行政委员会令行各区，改其行政部名称，为"教育行政院"。譬如江苏为第四中山大学区，即改称"江苏第四中山大学区教育行政院"（按江苏第四中山大学，于民国十六年〔1927〕底，改为"江苏大学"，次年春，由该校学生要求，经中国大学院许改"中央大学"）。名称改定之后，江苏行政人员颇能积极精神，处理行政问题；并规定《教育行政原则》十条，以为励行教育行政革命化标准。

（1）根据中国国民党党义，施行公民训练。

（2）依平民的精神，努力于县市乡教育之推广与改良，注意职业教育与农工补习教育，并奖励优良贫寒生之升学。

（3）从学校生活与社会生活之全体，力谋增高省民之健康，促进其对于自然之兴趣，与艺术之欣赏，并指导其对于群体生活之了解与参加。

（4）学校教学，对于知识，务期透彻，对于技能，务期熟练，严格考试，以增效率。

（5）保障及扩充教育经费。

（6）奖励学术，鼓励研究。

（7）依客观标准，决定教育行政人员之任免。

（8）改良教育界服务人员之待遇，增加其进修之机会，并予以专门的指导，以鼓励教育上专业之精神。

（9）严格考核私立学校，为辅助及取缔之标准，并严定注册条例，积极收回教育权。

（10）以科学的精神，本事实之调查，为改造教育之根据。

研究问题

（一）就前清设立提学使司之动机及其制度批评之。

（二）教育厅与教育部省公署之法定关系如何？为教育行政上便利及教育进展起见，此制有无不当之处？应如何改制？大学区制度是否可以达此目的？各抒己见条陈之。

（三）各选一省，彻底研究其行政组织，并列举其利弊。

（四）批评"教育厅长应回避本籍"之政策。

（五）教育厅之组织及经常费用皆有法令规定，使有必须改革之处，非但违碍组织令，经费方面亦难如愿。试问有何办法，始能如愿以偿？教部之三级经费之规定，是否合理？并一方面调查各国省教育行政经费与全省教育经费之比例，以其结果，建议我国教育厅每年应用经费之标准。

（六）试各就学理事实，将教育厅应行改组计划，拟为"省区教育行政机关革新建议案"。

（七）批评大学区制度，并与教育厅比较。

（八）大学区制度可否消极免除教育行政之官僚化，积极促进学术化？何为官僚化？教育行政设经学术化，能否求得办事上之效用与经济两大原则？

第四章

地方教育行政机关——县区教育行政机关

第一节 机关之成立及沿革

（一）成立之经过　依我国教育行政系统，县区为教育行政之单位。设教育局，为全县教育行政之主管机关。一县之中，虽更分置学区，亦有专管委员；但在系统上，仅为县区之分划，并非独立之性质。故县教育局实为教育行政之下级官厅。

查县教育局名称虽新，但县区教育行政机关之设置，实远在光绪三十二年〔1906〕四月二十日之学部奏定《劝学所章程》公布之际。当时以"教育之兴，贵在普及。兴办之责，则在各级官厅。初等教育，尤赖于府厅州县地方官厅"。因由学部一面札行各省提学使司通饬地方调查境内一切有关教育事宜，以便分区办理；一面颁行《劝学所章程》十条，限期设置，以为全境学务总汇之处，俾各地方，自筹经费，自办学校。

至于内部组织，则以总董1员，综合各区事务，而以本地方官为监督。"每区设劝学员1人，任一学区内劝学之责。总董由县视学兼充。劝学员由总董选择土著之绅衿，品行端正，夙能留心学务者，禀请地方官札派"。薪水公费多寡，各就本地情形酌定。当时重要责务，则为筹措经费，劝导入学，调查学务，宣讲教育宗旨等事。此创始时之情形也。

（二）清末之变更　劝学所最初成立之际，本为地方教育专管机关，所有教育事宜，均归办理。及宣统二年〔1910〕颁布《地方自治章程》之际，劝学所之地位及事权，渐与自治事务发生冲突；因有宣统二年〔1910〕十二月二十六日《劝学所章程》四章二十二条之修正。专管官厅之劝学所，于是变为府厅县州教育行政之辅助机关。"其于佐理官办学务之外，在自治职未成立地方，对于自治学务有代其执行之职。其在自治职已成立地方，对于自治学务有赞助监督之权。"

劝学所之总董，改称劝学员长。劝学员名称仍如旧制。所中办事得量其繁简，设书记1人至3人。劝学员长及劝学员之任用，系由该管长官，就本籍合格士绅，保选若干人，申请提学使派充，并报部立案。所谓合格者，如奏定《学务纲要》所载，办学员绅，及《检定中学小学章程》所载，受检定者资格之类。并明定劝学所职权20项。此清末劝学所变迁之情况也。

（三）民初之紊乱　按地方教育之兴办，本应由地方自治机关负其责任；但在自治机关未成立之地方，不能不有负其责者。前清旧制劝学所之设，如分定学区，设置劝学人员，任本管区内调查筹款兴学等责，而以劝学员长综核之，即为地方自治未办前之权宜办法。迨资政院议决《地方学务章程》，甫经颁布，实效未彰，而民国成立。当时各省地方自治机关确已成立，并能按照小学校令，设有学务委员者为数不多。依民国二年〔1913〕教育部，咨第三百九十九号所称各县情形不外以下诸种：有劝学所仍其旧制，并未变更者；有裁劝学所合并于县行政公署者；有裁劝学所并入县行政公署，而专设县视学者；有裁劝学所因无学务机关，而另设教育公所者；有裁劝学所而暂照旧日学区，先设学务委员，受县知事之监督者；并有劝学所业已裁撤，而县行政公署之教育专管机关尚未成立，一县学务无人过问者。当时紊乱情形，影响地方教育之废弛甚大。

试以江苏一省而论，其变迁情形已甚复杂。自辛亥十月，本省颁布临时省议会议决《暂行地方制度》，当通令各县依本制第三条第三项之规定，取消旧有劝学所。于县民政长下设"学务课"，掌理县教育事宜。与总务、警务、实业、监务、典狱，主计各课同署办公。课设员无定额。大抵课长1人，课员2人或3人。由县民政长委任。对于省行政长官，只行其呈报手续而已。

二月一日，临时大总统公布《划一现行各县地方行政官厅组织令》，第四条定县知事公署佐治员之名称曰科长科员。第五条定分科方法，量事务之繁简，设二科至四科。第七条定科长科员，由省行政长官委任。其设四科之县，掌理县区教育行政及省行政公署委任之教育行政者为第三科。设科长1人，科员1人。设三科之县，以第三科兼长第四科。设两科者，以第三科、第四科并入第一科。虽按照组织令，归并之科得增设科员1人，然无专管之科，而并入之科长，且非熟悉教育之人，以之专管教育，成效可以想见矣。

至县视学一职，当元年〔1912〕三月间，省行政机关，曾订暂行规则，由县民政长任免，并得以县署学务课长兼任。二年〔1913〕四月，各县公署佐治职员既改组，乃复改订规程，由县知事呈请省行政长官任用。废除课长兼任条文。论其职务，亦与原订规程无甚差别，惟责任略专，办事或较切实耳！（参见民二〔1913〕《江苏省教育行政报告书》之《县教育行政机关》）

（四）民二〔1913〕之补救 各省地方教育行政机关，紊乱情形，既如上述，自不能不筹补救方法。夫裁撤劝学所，并入县行政公署，是否可以增加教育行政之便利，姑不具论，即以县公署掌管教育之科长科员资格而言，设于教育上较有学识经验，或可收一部分之效率。惟县公署之教育科员额，既属有限，且分科较少者，更须兼长他科事务，或竟并教育于他科；其不能如劝学员或学务委员之分任各区劝导调查规划等事，尤可想见。总之，教育行政必须有独立机关，必须由专管官署主持之。教育部有鉴于兹，故于民国二年〔1913〕七月二十三日，通咨各省，"凡地方自治未立之处，所有地方学务，应筹补救方法；并以未设学务委员之处，一律暂留劝学员，庶获维持，而免废坠。俟自治成立，确能办学及设有学务委员时，即行裁撤。"其县视学一职，仍照旧设置。三年〔1914〕六月十七日，更通知各省谓："视学一职，关系甚为重要，耳目或有不周，即整顿难期尽效。"由此县视学地位，得以巩固。

（五）民四〔1915〕之恢复　民国四年〔1915〕六月，教育部为整顿地方教育行政机关，公布《地方学事通则》十三条。一方规定自治区为办学主体。按《地方自治试行条例》，本区教育事项，为自治事宜之一。以自治区担负本区教育之义务。一方规定地方办学之基金，使地方所有学款，分别保存，不得移作他用；并又公布《劝学所规程》及《学务委员会规定》并通令称：

> 地方教育为事至繁。有责之于县者，有责之自治区者。责于县者，不可无总汇之区；责于自治区者，亦宜有讯谋之地。查劝学所之设，始自前清。民国成立，或设或否，县自为政，不足以昭划一。现拟恢复旧时办法，规定各县均应一律设置。至于该所职务，重在辅佐知事，办理县属教育行政事宜。而对于各自治区学务，在自治未成立时，有代其执行之责。在自治成立以后，有实施综核之权。此关于

《劝学所规程》之大要也。

"地方学务委员，在各国均以明文规定。吾国自治制度，尚未完全成立。自治区域，每县不过四区或六区。下级组织，至为简单。现拟于自治区内划分学区，即以学务委员为执行学区事务之专责。并于一自治区内，组织学务委员会，为咨询自治学务之机关；庶几教育事务与地方自治事务，得以同道并进。此关于《学务委员规程》之大要也。"自治区及学区划分情形详见次章，姑略之。

第二节 劝学所之组织及事权

民国四年〔1915〕七月，教育部为确定县区地方教育行政机关，而期整齐之效；故先后颁布《地方学事通则》、《劝学所规程》及《学务委员会规则》。各县亦遵令先后设置。

此三要件公布之后，地方教育行政机关之行政组织，大抵成立。兹举其大要于次：

（一）组织方面　劝学所之组织情形与现在县教育局大不相同。从前系纯粹官办，现在已进一步，为官民合办时期。组织系事权分配之具体表示，故由组织可以知其事权之所在。当时情形，大略如次：

劝学所机关设置之作用，在"辅佐县知事，办理县教育行政事宜；并综核各自治区教育事务"。以下列职员组织之：

（1）所长1人（最初称"总董"，宣统二年〔1910〕改称"劝学员长"，兹称"所长"。）受县知事之监督，指挥总理所内事务。

（2）劝学员2人至4人，受所长之监督指挥，分掌所内事务。

（3）书记1人至3人，受所长之监督指挥，分掌所内会计文牍事务。

所长由县知事呈请教育厅委任（最初详请道尹委任，六年〔1917〕改为省委，教育厅成立后乃成此例）。所长必须具有下列资格之一：

（1）曾任地方教育5年以上者。

（2）曾任高等小学校长3年以上者。

（3）曾在师范学校毕业任教育职务1年以上者（至少2年卒业之师范）。

劝学员由县知事提出，呈请教育厅长委任，并汇报该管最高级行政长官（初由县知事委任，详请道尹转报该管最高级行政长官）。劝学员必须具有下列资格之一：

（1）曾任地方教育2年以上者。

（2）曾任国民学校或高小学校教员2年以上者。

（3）曾在师范学校卒业者。

（二）事权方面　劝学所由前述之作用，即知其性质系独立官厅，但非主管官厅，乃辅助县知事之佐治官厅也。故行使职权，必须受县知事之监督指挥。依组织令，关于下列各事项，陈请于县知事处理之：

（1）义务教育之调查及劝导督率等事项。

（2）查核各学区之位置及其联合事项。

（3）各区学务委员会之设置事项。

（4）查核各学区学龄儿童之登记及其就学免缓事项。

（5）经管县属教育经费，编制预算决算，并稽核各学区教育经费，处理其纷争事项。

（6）查核各学校之建筑及其他设备事项。

（7）核定区立各学校之学级编制及教科目增减事项。

（8）县立各学校及其他教育事业之设置事项。

（9）核定区立各校及其他教育事业之设置事项。

（10）私立学校认许及考核事项。

（11）代用学校之校定事项。

（12）改良私塾之事项。

（13）社会教育之设施事项。

（14）学校卫生事项。

（15）县署教育之统计报告事项。

（16）县知事特别委任事项。

第三节　县教育局之成立

（一）改造之需要　民国四年〔1915〕之规复劝学所本系临时之救济方法。虽当时规定其"职务为辅佐县知事，办理县教育行政事宜。在自治未成立地方，有代其执行之责；在自治已成立地方，有实施综核之权"。但究为办理地方自治之过渡时间之不得已的救济办法，假使各处地方自治成立，则劝学所制度，非重新改造，不足以应将来之需要。且教育为地方自治之第一要务；自治团体为施行此种要务计，当然设置自治式之行政机关，自不能容留官厅包办的教育机关之劝学所存在也。故劝学所制度非重新改造不足以免将来办事之冲突也。

再我国兴办学校为时已久，一般人民对于教育之功效，虽未完全了解；但不必以劝学为目的之机关之存在。此时正宜努力求教学上之改良，谋数量上之推广，似无庸乎劝矣。是劝学所之名称已不适用于今日。此其名义非重新改订不足以副其实在也。

（二）教联会之议案　为欲适应将来地方自治之精神，避免办事上之冲突,及机关名称副其办事实情起见,民国十年〔1921〕第七届全国省教育会联合会提出《改革地方教育行政制度案》,且视与《改革学制系统案》同为重要。

据此案分省、县、市、乡行政为三部。省区教育行政机关,设教育长官1人。并设"参事会"代表地方意见。参事员定为7人;由省区教育行政机关选派2人,省区教育会推选2人,省立及私立中等以上学校推举3人。任期4年。替换改选。为省区教育行政之议事机关,并保管教育经费。教育行政长官处理行政事务,执行议决案,而受参事会之监督指挥。

县教育行政设"教育局长"1人。设"董事会"代表地方人民。董事额定5人,由县行政长官选派1人;县教育会推举2人;县公立私立学校推举2人。任期任务与参事会略同。县教育局长任务与省区教育长官略同。惟不受县知事之直接指挥;盖人民代表之董事会为主体也。

至于市乡教育行政,除特别市视县教育行政酌定外。县属各市乡,划定学区。区设"学董"1人,任本区之调查设施事项。其任用得视地方情形,采选举制。该案之要点,即为适应地方自治精神之"省教育参事会",与"县教育董事会"是也。二者另有专论。此第七届全国教育会联合会议决地方教育行政之革命的制度之情形也。所有机关之性质完全与从前之佐治的情形大不相同。此制完全依据民治原则,打倒向来之官治制度。诚不愧为革命的手段也。

(三)教部之提案　十一年〔1922〕九月教育部召集"学制会议"于山东之济南。因鉴于社会之注意地方教育行政机关之改造,故由部提出《县市乡教育行政机关组织大纲案》,并有江苏省教育会提出之《县教育局组织法草案》,山东提出之《改革县教育行政组织案》,此外更有《拟改各县劝学所为教育局,局长由教育厅直接委任，以杜倖进而资整顿案》，《对于县市乡教育行政机关组织大纲之意见》，《省区教育行政机关设立参议会案》等案，足见劝学所已不适用于当时，而有重新改制之必要矣。

（四）县教育局之组织　当时，经审查委员之详密考虑，会众之长时间辩论，率以地方教育行政以县区为单位，包括市乡镇，而特别大市与县区同为单位。县区设教育局，以局长1人，指导员及事务员数人组织之。查此种组织条本有伸缩余地；但实际上各县组织确千篇一律的简陋非常。全县教育设施之责，几乎集中于教育局长1人，局内虽有事务员二三人，但只能办理文牍庶务等事。其余亦限于视察指导之事。加以预算有限，除发放薪俸之外，所有宣传、研究、调查等费，几乎毫无准备。有时局长薪俸月仅三四十元，安徽甚有月支10元者。于此情况之下，专门训练之局长，纵不为本人生活费用设想，其如助理之人及行政经费不足展布何！所幸江苏已于十六年〔1927〕确定根本救济办法。新设之市教育局，亦因经费丰富，场面阔大之故，大事扩充其组织。此种倾向将来必能影响县教育局之改造。

（五）教育局长之地位　按部案，县教育局长由县知事推荐，协助县知事办理教育。对于此节颇有讨论。或以局长若受县知事之牵制，于教育进行恐多妨碍；盖县知事对于局长之进退既可操纵，则地方教育不欲受制于县知事，实有不能。使采部案"局长由县知事推荐，且协助县知事办理教育"，其结果高才必不屑就，而全权必落于县知事掌中；则地方教育将永不能脱政治而独立。虽为县知事之联络计，亦只能令县知事切实援助教育局长，或以县教育局长协助县知事，应改为县知事协助县教育局长，而使教育渐趋独立。卒定县教育局长商承县知事，主持全县教育事务，督促指导市乡教育之进行。

关于局长之任命，或主援江苏例，作为选举，俾合自治精神;或主从山东、湖北例,作为委任,以示国家在自治区有推行教育主权之意。卒以局长由教育行政长官委任定义。盖以地方自治之性质,并非脱离国家而独立。国家之主管机关,在其范围内,亦得直达各地方。故以县教育局长代表国家,主管地方教育,执行教育行政事宜。而以董事会代表地方自治,参议地方教育设施之方针。所有地方之委任事务与自治事务双方皆有表现焉。

(六)教育局长之资格 局长之资格,或拟按照江苏而主从宽,使各县之程度,较同者不受拘束,而低者不受障碍。或鉴于山东试验之结果,而主从严。盖局长之资格太低,则才高者不就,其结果必不圆满。最后结果,规定较劝学所所长资格为严。现在各省办法亦未一致。据安徽所定,则有以下数项:

(1)毕业于大学教育科或高等师范学校者。

(2)毕业于师范学校本科并任教育职务2年以上者。

(3)毕业于专门学校并任教育职务2年以上者。

(4)曾任中等学校校长或小学校校长3年以上者。

(5)曾任教育行政职务3年以上者。

但(4)(5)两项,必须于2年以内,曾经备案之教育讲习会,或暑期学校,研究教育行政,曾得有成绩证明书,或对于教育有著作者。

(七)指导员之资格 指导员由县教育局长呈请省教育行政长官委任,襄佐教育局长计划本县教育行政,实地指导所属各学校。其资格须曾经毕业于师范学校本科以上,兼任教育职务2年以上,方为合格。盖从前之劝学员与县视学或为推广的劝学,或则偏于消极的视察。指导员之设系合视察与指导为一事。故资格亦较向日为严。

县教育局之组织及与县公署之关系图

（特别市准此）

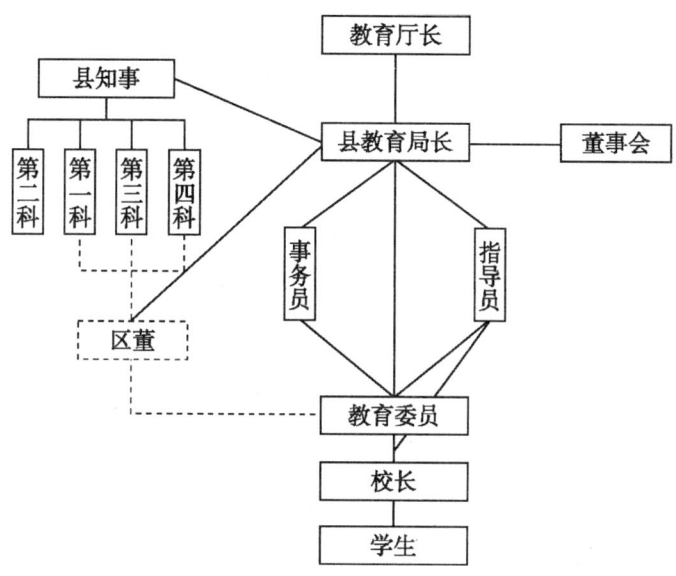

（八）教育委员之任用　县区所辖市乡，由县教育局划定学区。每区设"教育委员"1人，受教育局长之指挥，办理本区教育事宜。市乡学区之教育委员任命之权在教育局长；惟须素有教育学识经验者为合格。

此次改制，机关地位较前提高，而办事人员之资格，亦较劝学所为严；因之俸给亦多增加。查劝学所人员多为地方衿绅，不必持此为生活者甚多。薪俸标准，除江苏各县有每月多至60元者外，其余各省，大都甚薄。有时，竟至为名誉职而无定俸者。安徽情形不同，最多为40元，最少10元。县教育局职员俸给标准各省亦不一致。安徽则教育局长月薪自40元至60元，指导员月薪自30元至50元，事务员月薪自15元至30元，各以地方情形酌定。

县教育局另设董事会，为县区教育行政之议事机关。详情容专论之。

第四节　国民政府时期之新试验

初等教育，因为一方是一般教育之基础，一方在养成公民之资格；所以设施方面，视为非常重要。县区地方教育行政机关，是担负施行初等教育之机关；所以在教育行政系统上，亦视为非常重大。

我国县区教育行政机关，自光绪三十二年〔1906〕成立以来，已经四次的改造。我们由其改造次数，可以明了二事：一是我国环境常常变迁，教育行政制度，因求适合环境之需要，所以亦随环境而变更；二是我国政府及一般教育界，对于教育行政制度特别注意，并时时有刷新改良的意思。此次革命政府，关于县区制度之新试验，尤足表现此种倾向。兹略举其最近情况如下。

（一）江浙县区制度之新试验　初等教育之作用既略述之矣。然则施行此种教育之行政制度，将若何改善而增大其效用乎？试依江浙之试验言之，地方教育行政将与本地实业、财政、民政等项合作，携手同进乎？抑将不问其他事业之进退，自求振作，独立进行乎？二者孰是孰非，吾人为研究江浙两省之新试验计，不可不解决之问题也。诚使教育行政不能超脱于一般行政之关系，万难自由发展，则浙江建设健全教育科式县教育局，以为强有力县政府组织之一部，而视教育行政为县政府整个行政之一种，不为无因矣。至于江苏之政策，则在造成教育一系制度。使县教育局变为独立专管之官厅，直隶于教育厅，不受县署及其他普通行政之牵制。兹分述其大要于下，安知非福？惟就另一方面视之，教育事业在求地方之幸福，而地方幸福包括全部事业，譬如交通、实业、卫生等项，不仅教育已也。且地方环境之改良，惟在全部事业之发展；否则，教育进行，必受打击。

（三）浙江试验之政策　浙江政策异于江苏者有二。一为造成强有力县政府指挥下之教育科式的县教育局。该省于民国十六年〔1927〕省政府成立后，初则颁布《县政府教育科规程》，改原制之县教育局为县政府之教育科。目的在集权于县政府，使教育行政得与其他行政互相合作，平均进步。故江苏政策，南辕北辙。次年，省政府四十三次会议议决裁局设科之事停止实行；并公布《县教育局暂行条例》十二条，仍旧恢复原制。惟细究暂行条例之文字及精神，颇觉名义上虽然设局，实际上确仍科制。其第二条规定"县教育局长，秉承县长，主管全县事宜。"视江苏之"直隶教育厅，协商县长——"大相径庭。又第七条规定之局长编制教育年报"呈由县长转呈省政府备核"。第九条规定局长对于办学人员，"负随时考核，报告县长之责。"由此可知浙江办法表示教育一项应与地方一切事业，在县政府之公平支配之下，同时发展；与江苏希望教育行政造成一线的系统不同。此其一。

其次，浙江组有官民合作机关，引起地方人民之合作。现各县已遵照《县政府教育委员会简章》组织筹议及辅佐机关矣。委员会由二种委员组织之。固定委员代表党部、县长、办学人员；聘任委员未始非吾人不幸之幸，惟就另一方面观之，教育事业在求地方幸福。造成地方幸福者，岂仅教育一项？地方环境之改造，惟在全部事业之发展；否则，教育进行必受环境之限制。故建设强有力之县政府，使教育事业得与其他事业，在此政府公平支配及监督指挥之下，一同平均发展，实为吾人对于地方教育行政应取之方针也。

（三）浙江试验之政策　浙江试验之政策异于江苏者，不仅上述一项。查所颁布之《县政府教育科规程》及《县教育委员会简章》，教育科遇有重大事项，在提交县政府会议解决之先，须交由县教育委员会审议。县教育委员会由固定委员及聘任委员组织之。固定委员代表党部、县长及教育行政人员；聘任委员代表热心提倡本地教育及富有教育经验人士；盖一官民合作之团体也。该会职权依简章第四条之规定，远非旧制县区董事会所能望及。市乡分会权力尤大，"并得因县政府之委托，管理该市或乡教育经费及财产，并处理该市或乡教育行政事宜。"(《简章》第十一条）在该分会范围内之区教育委员，"应受该市或乡分会之指导，并随时列席于该市，或乡分会会议报告一切。"(《简章》第十四条）由此观之，浙江办法不仅造成强有力县政府，使全部地方事业同时发展，以求地方之幸福；且能导引地方人民，自求幸福。盖地方幸福，必地方人民自求之，始为切实而宝贵。江苏官厅于公布之《县教育局条例》内，对于地方董事会，并无若何革新规定，更未发表若何革新动机。目下县政府之组织甚嚣尘上。将来县政府组织后，教育行政变化如何，虽然未可逆料；但以今日视之，江苏县教育官厅实有集中责权，而与一般行政分离之倾向。

（四）将来之政策　吾人对于江浙试验不同之第一点，似难评断。盖军事行动未有段落，目下政局难望平定，不能懵然加以肯定之论。惟吾人所能肯定者，无论政局变化如何，无论今日或5年、10年、20年以后，吾人决不能希望，采用极端的国家主义，由代表国家的政府，以伟大的腕力，广筹经费，普设学校，严定法制，强迫全国儿童一律入学，以慰吾人普及义务教育之愿望。此种期望作梦而已。然则奈何？政府只有利用其地位，唤起地方人民，觉悟其本身之幸福，而一方用其权力，规定经费来源，拟定普及计划，俾地方人民自己努力谋求之。质而言之，普及教育分两个步骤：一由官厅宣传提倡，并设学校，表证教育之真价值，而得人民之认识；二由官厅监督指挥地方人民，出其血汗得来之金钱，办理本地之教育事业。总之，将来教育之能否普及，实在今日官厅之能否取得地方人民对于教育事业之认识，之赞助，之合作而已。故吾人对于江浙试验之办法，应当表示浓厚之兴趣，并愿注意其发展及最后结果；至于浙江并能顾及地方，及地方人民，吾人尤愿注意其效果。

第五节　江苏地方行政机关之新曙光

前节所述系江浙对于地方教育行政之试验。试验之后，必有一番新气象。今兹所谓地方教育行政机关之新曙光者，非谓其组织制度完全彻底改革，实其改革之点有关于地方教育行政之根本，而将来必有一番新效果也。我国自设立劝学所，以迄今日之县教育局，其间虽有数次改造，但办学之力量及效率终无显著之增加者，盖历次改革无关于根本之救济也。地方教育行政之大病，在组织简陋与经费过少两点，而历次改革独未顾到此点。因此改革自改革，疾病仍为疾病。然著者尝闻教育家评论：以目下地方教育事业之质量视之，各县办事人员及经费数量，颇不为少，其实，各县因人员过少，经费不足，以致教育事业大受限制。兹言地方人材经济之改革。

（一）机关组织较为完备　依《江苏县教育局局务分课暂行条例》第一条之规定，其机关组织实较旧制完备。考近年地方教育之不能推广改良者，未始非行政机关组织过于简陋之故。因为过于简陋，全县教育事业除一二事务员办理文牍庶务外，集于局长1人。其属于学区者尚有教育委员办理，至于全县之整个计划，则无人经营矣。况有时教育局长并非教育专家，对于教育事业不甚负责乎？

苏制一方严定教育局长之资格，提高其地位，一方改组其机关，使各部皆有负责之人，而局长则总其大成，而负全部责任，经营规划整个的发展。全县组织分总务、学校教育、扩充教育三课。各课设主任1人，助理若干人，以事务员充之；但在事务较简之县，学校教育课主任及助理，得以县督学，教育委员兼任；扩充教育课主任及助理，得以扩充教育机关主任兼任。夫机关组织本须简便，庶可应用灵活；但旧制过于简陋，以致负责无人。过犹不及，皆非所宜。此制颇有伸缩余地。

暂行条例第三、第四、第五诸条，列举各课应办事项。列举办法似乎呆板，然在今日则有利益。盖目下地方教育行政一科尚未发达，办学人员既无研究背景，故于应办事宜，殊不明了。今兹列举一切，实能救济一时之穷，而使办学者知所从事。

（二）增加行政经费　著者尝遍游各县，考察行政成绩，以为急宜设法者，行政经费其最要一端也。旧制行政经费至少，即以通常教育局长薪俸而言，除江浙等省外，平均每月三四十元。以安徽而论，每月10元者实居多数，且有不支一文者。似此情形，凡依职业为生活者，皆不能担任局长；而其结果，乃为劣绅土豪结交官厅，奔走衙署之工具，否则，不得不克扣薪俸，侵吞学款，舞弊弄私，以图生活；于是局长一职遂为自爱者所鄙弃，而教育事业乃不可问矣。此犹局长1人而已，至于一般行政费用，若与欧美诸国较之，难怪其进步有限也。

江苏于大学区成立之后，一方确定教育局长地位，以为行使职务之方便；一方扩充机关组织，以为分担责务之根据；更能谅解地方实情，规定行政经费；将来果得上级官厅认真督责，则县区教育之推广改良意中事也。兹录其经费支配标准，以供读者之参考。学者于此不仅明了各县之经费支配，亦可知各级机关之组织标准及应设人员。

江苏各级县教育行政机关办事人员及行政经费支配表

(单位：元)

县别	职别	员额	每员年俸(膳费在内)	分项员俸最高额	员薪总数(最高额)	公办调查等费(最高额)	研究集会指导等费(最高额)	杂支夫役等费(最高额)	教育行政费总计(最高额)
经费在5万以下者	局长	1人	480～720	720	4,344	1,500	1,000	480	7,324
	督学	1人	420～564	564					
	教委	3人至5人	240～312	1,560					
	事务员甲等	1人或不设	300～420	420					
	不得少乙等	1人至2人	240～300	600					
	于2人丙等	1人至2人	180～240	480					
5万以上10万以下者	局长	1人	720～960	960	7,884	2,000	1,500	720	12,104
	督学	1人	600～792	792					
	教委	4人至6人	480～552	3,312					
	事务员甲等	1人至2人	540～600	1,200					
	不得少乙等	1人至2人	300～360	720					
	于5人丙等	1人至3人	240～300	900					

			人数	薪金	小计	合计	办公费	特别费	旅费	总计
10万以上20万以下者	局长		1人	960~1,200	1,200	12,288	2,500	2,000	960	17,748
	督学		1人	840~1,032	2,064					
	教委	甲等	5人至7人	600~672	4,404					
		乙等	1人至2人	600~720	1,440					
		丙等	1人至3人	360~480	1,440					
	事务员		1人至4人	240~360	1,440					
	不得少于7人者									
20万以上者	局长		1人	1,200~1,440	1,440	17,532	3,000	2,500	1,200	24,232
	督学		2人至3人	1,080~1,272	3,816					
	教委	甲等	6人至8人	720~792	6,336					
		乙等	1人至3人	720~840	2,520					
		丙等	1人至3人	420~540	1,620					
	事务员		1人至5人	300~360	1,800					
	不得少于9人者									

说明：上表系按照各县经费总数约略分配，所用人员，及其薪金之额数，均留有伸缩余地，得由各县教育局长按照各地情形，依据本表范围，酌量分配。唯在全县教育经费尚未增达于相当数额时，不得侵挪原有教育事业之经费。地方教育事业不能尽量发展，与办学人材及经济之不足，自然双方互为因果。惟今日程序则以增加人材经济为前题，上表是江苏解决此问题之办法；但此项同问题非江苏一省之问题也。今日既已开其端，则将来各省必能先后取法矣。

研究问题

（一）我国县区教育行政机关变迁共有几次？每次变迁之性质如何？进步乎？退步乎？

（二）或以我国县区教育行政机关之变迁，是逐渐趋往地方自治途径。其各考查历次变迁线索，证明或否认之。

（三）试就劝学所事权而言，地方自治成立后，县教育行政机关应有之事权。

（四）县区教育行政机关之组织，较之任何上级机关尤为重要，其故为何？

（五）将来地方完全自治，为义务教育之普及与改进计，县区教育行政机关之组织应如何革新？

（六）列举第七届教联会与济南会议关于地方教育行政机关组织之根本不同之点。

（七）调查美国之平民式的地方教育行政机关之组织，并与现在县教育局组织比较之。

（八）教育有官办、民办、官民合办三种；由地方教育行政机关组织观之，我国现在系为何种？有何证据？

（九）江浙两省之实验不同之处何在？试各就本人意见评论之。

（十）评论江苏对于各级地方教育行政机关之人材经费支配标准，各县机关组织简陋及经费不足，是否为该县教育事业不能尽量发展之原因？试证明其答案。

第五章

学区教育行政机关

第一节 学区教育行政机关之需要

（一）现在制度 按我国教育行政，本采三级制度。所谓三级者，中央、省区、县区是也。县区之内，虽更分学区，但只为施行教育之便利，仍为县区之行政，非独立制度也。教育委员乃办理学区教育之主体；但受县教育局长之委用，而直接受其指导焉。故教育委员为县教育局之办事人员，非有独立机关者也。

学区既非独立行政单位，今兹独立一章专门研究之者，良以学区关系地方教育之普及，极为密切；将来即不采用四级制，使学区有独立之组织，独立办事之机关，亦须增加其事权，提高其地位，且有相当助理之人，组织学区办事机关。教育委员之资格及待遇，亦有增高之必要。学区委员必须为有计划、有设施、有视察指导之能力，且为地方社会所信任，而愿竭力赞助之人；盖非此不足以负一个学区全部教育主管之责也。兹略述学区教育行政之重要，及所以必须扩充改造现制之原因，以为学者研究之资。

（二）学区与普及国民教育　初等教育，尤其是前四年之初级小学，所以视为重要者，以其为义务教育也。我国计划设施义务教育，已二十年矣；其所以未能依照计划，逐渐实现者，何也？地方教育经费未能确定，固为失败原因之一；但学区制度之不良，实为其主要原因。就我国各段教育设施责任分配之原则而言，初等教育一段为县区之责；而法律又复规定，以前四年之初小为学区之专责，并加限制，学区非办理初小至一定程度，不得办理高小，同样县区非办理小学至一定程度，不得办理初中。由此可知义务教育之设施责任乃在学区，而县区只负计划及监督指挥其计划之实现责任而已。义务教育设施之责，既在学区，试问今日各县之学区，有无设施义务教育之办事机关？有无负此筹设巨责之人才？目下，各县划分之学区多就市乡分配之，自学理而论，已乏相当之标准。而所分之学区又不能区设1人。以一个教育委员，担任二三学区责任者，颇不希罕。奔走视察，已觉困难，安有余力，从事筹划建设？况委员之中，因待遇菲薄，少有专门训练之人。只知听候局长命令，极少自动建设才能。如此制度，如此情况，而欲普及义务教育，殊不可能。十六年〔1927〕《江苏励行普及地方教育大纲》，虽有划分学区一项，惟如何办法，尚未有所规定。

（三）学区责任与升格运动　教育界之升格运动实为行政上重大问题。本书于教育设施诸章，曾有讨论，兹不赘。现在省区既勃勃而作升格运动，不欲以中学一段，限制其活动之范围；而县区亦兢兢打破小学范围，而以办理初中为快。县区既已增加其担负，兼办初中矣，则前日辅助学区之力量，亦必因此而减少其成分。故升格运动之结果，益使学区有力求振作独立办学之必要。

于上述两个原因，吾人相信，今日虽不必另创一级学区之独立行政制度，然亦须于每个学区，在县教育局管理之下，设立一所办事处，以为计划、设施、指导之中心。教育委员，除专门资格外，尤须有独立自动办事之能力，而为地方所信任。县内各学区情形不同，故学区应各有其预算。将来地方自治施行，学区机关自有一番变动；但于自治施行之前，学区于行政组织外，必须结合地方有力人士，组织学区董事会，以为审议及监督机关；盖将来办理义务教育之原则，即在与地方合作，以地方之经费，办理地方需要之教育事业。直接设施义务教育者，既为学区，教育行政系统上，非另行规定学区之地位及事权，则义务教育之普及恐不可能；因为抱此理想及其信仰，特立此章从长讨论。

第二节　学区计划之经过

（一）最初计划　我国学区始于前清光绪三十二年〔1906〕，劝学所章程公布之后。设立原意在自筹经费，自办学校。查当时规定划分学区办法于下：

> 各属就所辖境内，以本治城关附近，划为中区；以次推至所属村坊市镇。约二三千家以上，即划为一区。少则二三村，多则十余村，视户口之多寡为标准。其命名之法，以在本治东者，名东几区；在本治西者，名西几区。推至南北皆然。由第一区至数十区，一以所辖地之广袤而定。

以上系分区办法。依当时计划，"每区设劝学员1人，任一学区内劝学之责。"而以总董1员综合各区事务。劝学员之职，在筹措经费，宣传教育目的，劝导入学，调查学务等事。劝学员由总董委用，以地方绅士而热心教育者为合格。惟计划是计划，事实却有不同。学区之分划并未实行；更未每个学区设置劝学员1人。盖依计划之规定，一县约分数十学区，则劝学员亦必数十人；但事实上决不可能。故今日之学区实以各县存在之市乡分配为四区以至六区；两县合并者八区。劝学所组织只有劝学员2人至4人。且此数人，因学区未分，故仅"分掌所内事务"。其非办理学区教育行政事宜可以知矣。此最初计划而未实现者也。

（二）沿革情形　清末资政院议决之《地方学务章程》，犹之今日《地方学事通则》，关于学区行政颇有条陈。惟所条陈皆根据地方自治。不料甫经公布，革命以起。然当时地方自治已经萌芽，各县颇有设置"学务委员"，担负地方学务责任。但以一般情形论之，地方学务极为紊乱，尤以民国一至三年〔1912～1914〕为最甚。民国四年〔1915〕，教育部依据自治原则，整饬地方行政起见，公布《学务委员会规程》，并谓：

> 地方学务委员会，在各国均以明文规定。吾国自治制度尚未完全成立，自治区域每县不过四区或六区。下级组织至为简单。现拟于自治区内，划分学区，即以学务委员为执行学区事务之专责；并于一自治区内，组织学务委员会，为咨询自治学务之机关。

由上面文件言之，地方教育行政本以自治区为单位，不过综合于县区；而学务委员乃为执行学区事务之专员。故县区学区之间尚有自治区。惟此原则乃根据地方自治，自治不行则失其效用。著者所以经营此章，乃以今日自治既未施行，义务教育之设施又急不能待，何妨越过自治区一道阶级，即以学区为自筹经费，自办学校之单位，而综合于县教育局；换言之，使学区至少有半独立之性质，而自有其办事机关。并优其人员之待遇，以能聘用师范训练人才为标准。

第三节　学事通则公布后之学区

前节所述，系光绪三十二年〔1906〕，《奏定学务纲要》创议起，至民国四年〔1915〕《地方学事通则》公布止。中间并经《地方学务章程》之建议改革。此为计划时期。实际上并无学区；及《地方学事通则》出现后，始有学区。然此学区乃就各县市乡分配而成；故又非计划上之学区也。兹分述其情形于次：

（一）自治沿革与学区划分　教育自治与官治绝对不同。假使自治成立，则教育事业为地方自治事业之一种，官厅只有监督之权。办理地方教育之学区，以历次颁布之计划，皆以先行划分自治区；俟自治区成立后，再就其地位之方向，户口之多寡，分为若干学区。我国自治既为难产之儿，且又不幸多病夭亡。自治既未完全成立，学区亦未依法划分。沿革况状如下：

我国自治制度始于满清末叶。光绪三十四年〔1908〕至宣统元年〔1909〕之间，城镇乡暨府厅州县地方自治章程先后颁行。各地亦次第筹设。民国成立，虽于前清旧制略有变更，但各级自治仍继续进行。迨至民国三年〔1914〕二月三日，政府藉口自治制度流弊滋多，故以大总统命令，停止各省各级自治；令由内务部改订颁行；于是自治之进行为之停顿。复后，虽有自治试行条例之公布，但各省自治受此摧残之后，终未完全恢复。

（二）学事通则之颁布　民国四年〔1915〕颁布之《地方学事通则》及五年〔1916〕之《施行细则》，皆根据地方自治原则而定。地方自治既被摧残，《地方学事通则》因之失其根据，而未能完全适用。譬如《施行细则》之第二章第五条所规定之"自治区准照应设国民学校之校数、位置，体察区域户口情形，及儿童就学地点之距离；得于本自治区内划分若干学区"云云；地方即未能尽照法令办理。但为设施教育起见，姑就地方情形，或旧时区域，划为自治区。当以自治区为学区，而不再分划。区数大概由四区至六区，其二县合并之县有分为八区者。

（三）江宁县学区分配之举例　江宁为两县合并，前依《地方自治试行条例》之规定，划定全县为八个自治区。后即以自治区为学区。查此县计有七市曰：江宁市、淳化市、丹泉市、秣陵市、云台市、江宁镇市、新林市。九乡曰：道静乡、凤台乡、江东乡、滨江乡、北固乡、江乘乡、便民乡、钟灵乡、汤泉乡。合计市乡十六，分配为八个学区。

以江宁市为第一学区。淳化市与丹泉市为第二学区。秣陵市与道静乡为第三学区。云台市与凤台乡为第四学区。江宁镇市为第五学区。新林市、江东乡与滨江乡为第六学区。北固乡、便民乡与江乘乡为第七学区。汤泉乡与钟灵乡为第八学区。各学区之范围阔大及居民稠密者，如江宁市，则另分中、东、南、西、北等区。此盖就警察区域而划分者也。

各学区学校之设置，本无一定标准；盖地方户口及经济力量难得一致也。按江宁最初计划，于城区则于居民稠密之区，就适中地点多设学校；乡区则以平均25方里，设国民学校一所。此种计划虽凭猜想不足为训。惟在计划之始，亦只有先行划定区域，按照户口作为学校区而已。

第四节　学区教育行政机关

前言教育部于民国四年〔1915〕颁行之《地方学事通则施行细则》第八章四十九条之规定，系根据地方自治制度。举凡学区之划分，行政之人员，教育事项之委托，教育经费之规定，教育财产及基金之处理等项，无不表征迁就自治之办法。不幸自治事业，一蹶不振；因此学区之教育行政机关，遂有法令上机关与事实上机关之别。所谓法令上之机关者，《地方学事通则》及《施行细则》所规定之学区行政机关也。所谓事实上机关者，各地方因自治取消后之变通办法，及近来依据最新制度所改订之机关也。兹分别撮其大要，述之如次。

（一）法令上行政机关　按《地方自治章程》，自治区之事务采取概括主义。凡本区教育、卫生、慈善、交通及工商事项，不属于国家之直接行政者皆属之。又依法律命令，以国家行政事项委托者，亦得由自治区办理之。自治区之主管机关，在合议制者，以"自治会议"为议决机关，"区董"为执行机关。其在单独制者，则区董兼有执行及议决之权。故自治区内，各学区之教育行政事权，由区董委任学务委员负之，而以县公署为监督之机关；自治会议为议决机关，各区之学务委员会（新制称教育委员会），为佐治机关。学务委员为办事专员。若就教育行政学理而论，区董仅为自治区内教育行政之监督指挥之人，至于主管教育则有学务委员。

（甲）区董之事权　据《地方学事通则施行细则》，区董对于自治区内之教育事业有下列之事权：

(1) 自治区内学区之划分事项。

(2) 教育议案之编制及教育计划之拟定事项。

(3) 学务委员服务之考核督率事项。

(4) 处理学校设置及设备事项。

(5) 关于教育事项之契约、文呈、图书、表册之保管事项。

(6) 处理学务委员会议决事项。

(7) 自治区内教育预算决算之编制事项。

(8) 委任保管教育经费之管理员事项。

（9）处理学校财产暨基金事项。

（10）其他之委任事项。

（乙）学务委员之任务及任用资格　按例自治区内，依学区之分划，每学区应设学务委员1人或2人，辅佐区董，办理区内之教育行政事务。学务委员为选任。据《地方自治试行条例》第一条第二项推选自治员之规定，由区内选民推选2倍人数，由县知事选任之。任期2年。得连选连任。其选任资格限于下列之一：

（1）曾在师范讲习所毕业者。

（2）曾充国民学校教员1年以上者。

（3）曾任地方公益事务1年以上者。

（丙）学务委员之事权　学务委员据《学务委员会规则施行细则》，佐理区董办理本学区下列事务：

（1）调查学龄儿童事项。

（2）督促就学事项。

（3）免除或暂缓就学事项。

（4）学校及其他教育事业之设备及建筑事项。

（5）改良私塾事项。

（6）学务经费之预算决算事项。

（7）学务基本财产及积存款项之处理事项。

（8）各学校之学额学级之分配及教科目增减事项。

（9）学校图表之调查编制事项。

（10）社会教育之设施事项。

（11）其他经区董之委任事项。

（二）事实上机关　《地方学事通则施行细则》既多迁就自治制度，则未办自治暨已办而经取消之地方，自不适用；于是各处按照当地情形多所更张。近以新制发表，各地又先后采用。大概现在办法多以县教育局为中心。学务委员则改称"教育委员",直隶县教育局,受局长之指挥,办理本区教育事宜。其任用方法改由教育局长,就区中之素有教育学识经验者选任之。并由教育委员组织委员会,依局长之咨询及委员之提议,会议各学区之教育事项。

按照法令,各区应设委员1人,但事实上有一区而设2人者,更有数区而以1人兼办者。比如,江宁县属共有8区,而教育委员仅有4人。第一区即江宁市区以学校众多,人口稠密,故以1人任之。而第二、第三、第四三区,第五、第六两区及第七、第八两区,则各以1人兼之。

夫以江宁学区面积之广,顾欲以教育委员1人主管一区或数区之兴设,视察、指导诸事而有效,实所难能。况教育委员尤有兼任局中职务者乎?虽现在以经费拮据,不能应办尽办;但为增进教育之效率计,终须设法,按照自治区,重新多划学区,如江宁市之东、南、西、北、中区之类,每区应准照学校之数目,事务之繁简,酌设教育委员1人至数人,俾推广指导皆能顾及,而质量双方可期并进矣。近日各处市政府成立之后,业于市内划分学区。且因经费比较充裕之故,已设教育委员数人。故市区教育因经费人力较多,将来发展扩充或非普通县区可及。

第五节 国民政府时期之学区行政制度

(一)教育制度之革命 国民政府成立之后,教育行政制度遂发生重大之革命。旧式之中央教育部,以为过于腐化,故以教育学术化济之,而堂皇崭新之大学院于以产生。旧制之省区教育厅,以为过于官僚化,故以专业化济之,而规模阔大之大学区于以出现。至于县教育局,有谓应提高地位,增加责权,使为独立专管教育之机关,直隶教育厅,不受县长及地方普通行政之限制;有谓打破教育一系之教育局,使于县政府之下为合作的一机关;一面另组官民合作之县教育委员会,以为审议机关;故县教育行政制度亦在革命化过程之中。盖于此革命式国民政府之下,凡百制度苟不适用于今日之环境,或不能供应今日之需要者,无不以革命手段,革新改造之。此定例也。

(二)学区独无改造　试就今日教育行政之蓬勃的革命气象论之,孰不曰受革命运动特别利益者首推教育。惟著者以为今日革命政府及教育领袖之最不可解者,除浙江之市乡分会外,始终对于学区行政制度,独无整理改造之计划。各省公布之县区教育行政之改革条例,关于学区者千篇一律,只有一条传统式的规定。岂以学区无关教育大计,且又附于县区范围,县区制度一经整理,则学区问题可以连带解决耶?著者以为整理教育制度应自下层着手,学区虽非独立机关,但以其关系国民教育设施之重要,及需要改革之急切,吾人身当其事者实有不容忽略之责。试略述其梗概于下。

(三)法制急需改造　就我国设施地方教育之法制视之,学区制度极不完备,法令上多有急待整理修改之处。依《地方学事通则》言之,划分学区,先应划分一县为数个自治区;后在自治区内,依户口之多寡及应设学校的量数,分为学区。但现在事实上各县之学区,乃由原有市乡分配而成。假使学事通则仍有法令效力,而地方办理教育必须遵照施行,则学区制度即应重行改造。否则,学事通则急须修改。二者之间必改其一。

民国四年〔1915〕,教育部公布之《学务委员会规程》系以地方自治为背景。今日地方既未施行自治,而县教育局制度成立时,除改学务教育为教育委员外,未见废止该项规程之明文。故今日学区办理学务,果有严格遵行之法令否?再如前项规程,今日有无时效？殊难明白答复。假使说有效，则自治式规程安能适用于非自治的今日？假使说无效，则今日适用的有时效之法令何在？故由法制视之，今日学区制度实有急待改造之必要。

（四）普及教育上必须改造　当此国家大改造之际，一般领袖似皆集中其视线于伟大事业。譬如大学院大学区之建设，国人希望之热忱，讨论之兴趣，乃如疯如狂；盖其名词新奇，事业伟大故也。学区制度，作用既不显著，成绩又无可观；在国人心理上久为若隐若现，可有可无之物。所幸普及地方教育为先总理遗教，且又定为政纲。教育官厅尚斤斤编造计划，求其贯彻。计划之内，亦以"用地方经费办理地方教育"为原则。惟如何实现此原则，尚未见具体办法。著者以为吾人如求教育普及，其唯一原则为"以地方信任且赞助之人，用地方经费，办理地方教育。"今日政府绝不能筹得巨款，用办普及地方教育事业。官厅亦不能强迫地方供出经费，完全由官厅办理地方教育事业。故实现普及地方教育之办法，只有于地方自治施行以前，斟酌地方经济、户口及交通情形，重行划分学区。学区之内，设置有训练，有干才，而有获得地方之信任与赞助之把握的教育委员1人。此项人员之待遇，必须较为优厚，以能应用其全副精神力量，于宣传运动，促进、推行本地教育事业为标准。学区应有办事处所。在不冲突县省及国家之教育政策及计划内，学区有自由活动之权。于县教育局之指挥监督下，得编造其预算，得拟定种种设计，实现其计划。总之，教育事权必须作地方化，使地方担负本地教育设施之责。同时，于地方自治未能施行以前，应使地方人民亦负一部分责任，求官民合力作普及之运动。

由以上两点视之，今日地方之学区制度之改造实有急不容缓之势。吾知当局必有正当之计划。故学区改造时间问题而已。惟改造时，须知执行普及地方教育计划，而负直接之责任者为学区。

研究问题

（一）说明地方自治与划分学区之关系。

（二）我国学区何以不能依法成立？现在学区如何划分？原因何在？

（三）学区之划分何以重要？说明学区与普及地方教育之关系。

（四）研究一县之学区情形并条陈将来改良办法。

（五）说明现在教育委员之地位，并条陈其应行改良之点。

（六）试拟地方自治之学区制度方案。

（七）批评本书内关于学区之意见。

（八）条陈改良学区计划。

第六章

教育行政机关进化之迹及建议

本章目的有二。一使学者于讨论我国各级教育行政机关之后,得着相当的温习机会,或综合,或归纳,将零星材料,成立有系统的条理。二是使学者于了解我国各级教育行政机关沿革至于今日的情形之后,得着相当的机会,研究其变化的倾向,并解决其前途问题。前者是欲使学者于温习中,抽出几条原则,表示读书的心得;后者则于研究中,成立几种建议,表示研究的能力。著者为此目的,特于第一第二两节,综合前数章之讨论;又于第三第四两节,发表本文意见。希望学者于本章所述之外,努力研究,自求心得。

第一节 各级行政机关变化之陈迹

我国新式教育行政机关,自光绪三十一年〔1905〕创设,迄于今日,乃无时不在变化之中,谓为试验的制度可也。惟吾人学习大都用尝试方法。教育行政机关创设时,亦犹此也。始而只知模仿他人制度,何种机关必须设置,何种部分所司何事,无暇考究也。及至实行之后,渐明其需要,渐知其作用,于是扩充者扩充，裁并者裁并；而变化兴矣。

（一）中央制度之变化　中央制度至于今日，已经变化三次。逊清创设以至辛亥，因国体变更，学部遂改组而为教育部，此其一也。十六年〔1927〕广东国民政府成立，试用委员制，"教育行政委员会"，遂为全国教育行政之最高机关；于是有第二次变化。继而武汉政府虽有改设教育部之议，嗣以军事紧急，无暇实现；而南京又设府政，留粤之委员会受命迁沪施行职权。十六年〔1927〕十月，南京国民政府创设"中华民国大学院"，江浙两省试行"大学区"办法；所以救教育行政之官僚化也。此为第三次之变化。

（二）省区制度之变化　省区教育行政机关始设"提学使司"。民国元年〔1912〕至六年〔1917〕各省制度极为紊乱，或由都督府民政厅兼管，或就巡按使署设"教育科"，或就省长公署设"教育司"。总而言之，变化莫测而已。六年〔1917〕公布设"教育厅"，于是恢复前清之主管教育的独立衙署焉。粤、汉、宁国民政府成立之初，尚仍旧制，不过略加修改其内部组织而已。试行大学区办法公布之后，在浙设"第三中山大学"，在苏设"第四中山大学"，其余各省暂不改制。中山大学内设行政部，包括"高等教育部"、"普通教育部"、"扩充教育部"。嗣经南京国民政府教育行政委员会改定第四中大行政部，总名称为"第四中山大学区教育行政院"，以统一事权。故省区行政机关，除元年〔1912〕至六年〔1917〕之临时办法不计外，已有三种制度矣。

（三）县区制度之变化　至于县区制度，自光绪三十二〔1906〕年学部奏设"劝学所"，至宣统二年〔1910〕颁布《地方自治章程》，于是性质一变。在自治未成立地方为执行机关，在自治已成立地方为监督机关。民国初年为紊乱时期，各县情形至不一律。民二〔1913〕教育部略有整顿之议，但实在恢复前清之主管的独立机关，则在民国四年〔1915〕。民国十年〔1921〕全国省教育会联合会建议根本改革，建设地方自治式之"县教育局"。次年教育部参酌建议，颁布"县教育局"组织令，于是设董事会焉。学区则设"教育委员"。南京国民政府成立，江苏略仿旧制，加以修正；浙江则独树一帜，于县政府下设"教育科"，而以"教育委员会"为立法监督之机关。市乡学区除设"教育委员"为执行人员外，并设县教育委员会市乡分会。十七年〔1928〕经省政府议决保留县教育局，颁布暂行条例，并准适用委员会简单。故县区制度，除元年〔1912〕至四年〔1915〕之临时救济办法不计外，先后已经试用四种机关。

第二节　一般进化之途径

吾在前节曾言我国教育行政机关之制度是试验的；惟其试验，故多变化，且其变化的倾向是进步的，是逐渐的倾向于更大效率方面。故其变化愈多，则进步愈大，而行政效率亦愈增。此吾国教育行政之大幸也。因于陈述各级机关变化之后，而略举其进步之大要；庶读者不仅知其变化之多且骤，亦能辨别其变化为进化，并认识其进化之途径焉。

（一）组织方面之简便化　前清学部系仿照日本之文部省之制度，其内部组织则参酌新设外务巡警等部；质而言之，系仿制，非根据行政效率也；故组织以堂皇阔大为主。其实行政效用在敏捷，在简便，在运用灵活。组织愈复杂，规模愈阔大，运用愈呆板，愈不得敏捷便利之效。譬如学部改为教育部时，内部已经简便不少，及今日大学院中之教育行政部分，更简单矣。故其进化之迹第一在简便化，亦即日趋于精力时间之经济，及增大其行政之效率也。

（二）行政事业之专家化　学部一行政衙门耳，一官署而已；故凡有官僚资格皆得为行政官。教育长官与其他行政长官固无以异也；统而言之，做官而已。及教育部成立，渐有文人学者充任长官。民四〔1915〕视学叙官时，竟有专门资格与官等官阶之争。近来各级教育长官虽非教育专家，但多教师出身。此次国民政府采大学区制度，且正式宣言打倒教育行政之官僚化，使教育行政超脱于普通行政之外，而求其学术化，使为专业。故其进化之迹第二在专家的专业化。

（三）行政事权之民治化　学部成立在地方机关创设之先，故地方事权系受中央之委任，而为其代表。所以我国教育行政事权初本集中于中央政府。民国之后，尤其是洪宪①之后，地方权势渐张，中央变为尾大不掉，省区地方教育长官大都由军阀保荐或竟委任，中央不敢过问。及至民国十一年〔1922〕县教育局制度颁布之后，法律上已认董事会为代表地方矣。国民政府成立，法令上虽未明白规定地方办理教育责权；但实际上各省颇能各治其事，浙江、江苏尤其例子；然此仅地方分权的趋向而已。近更有民治的倾向，在县区地方尤为显著。查官治教育至民治教育本有三道级阶：第一由官厅主办，而以民间教育专家，聘为顾问咨议。第二官民合办；盖官办而以民间之教育学者代表为董事，评其议而参与其事，较之顾问咨议已进步不少矣。第三完全民办；地方人民公推董事，组织主管立法及监督机关，另以执行事权委之行政人员。我国教育行政目下已由第一步而入第二步矣。如能继续努力，恢复地方自治，不难越过第二阶级而至民办地位。

---

① 〔特编注〕即1916年，袁世凯复辟。

第三节　教育行政组织需要商店化

夫教育行政机关之设，本所以总汇学务，而为政令之中心也。其组织方式暨事权分配之适当与否，关系教育效率至为密切。以上诸章，吾人对于教育行政官厅之组织与事权之分配，似已撮要陈述；兹以研究态度，就组织与事权二者，讨论其应行改革之点，以为教育行政机关研究之结果。

（一）机关组织方式　查机关之组织有官厅式与商店式之不同。所谓官厅式之组织者，量其地位，抄袭对等机关之成规，以为组织之根据；必要与否概不过问；盖以为不如是，不足以称其地位而显其身份也。而现代商店则量其需要，求其便利，以为组织之根据。其设科分事必有其设置之必要与便利。以为不如是，不足以应事实上之需求，而获行政上之经济与效用也。

查我国前清学部之组织，据学部奏折系"参仿外商警部分曹隶事之办法"。夫外、商、警诸部与学部之职守本不相同。以性质不同之机关而必须转相参仿者，乃所以维持其尊严与地位也。此其组织上之根本原则与商店式之根据需要不同者一也。

又查当时学部奏定国子监之组织云："其文庙、辟雍殿两处，典礼崇隆，观听所倾，自应特设专官，以昭慎重。"由此观之，专官之设全以维持其身份与尊严为标准；效用如何不计也。此其组织上之根本原则与商店之根据效用不同者又一也。

（二）商店组织之利　通常商店不但组织本诸效用与需要，即办事亦有确定时间，毫不假借。又以时效问题，关系贸易之成败至巨，故手续不取繁重，而以敏捷为归。故无遗误稽延之弊。其用人也，则以因事择人为原则，决不为人择事；故无无功受禄之弊。其报酬也，必须根据其人之知能，所负责任之轻重，与夫办事之成绩；故无侥幸之弊。但其报酬之多寡，又依生活程度为转移。故少物质上压迫，而能专一其事，不必另谋兼差，或启侵吞公款之念。

（三）官厅化组织之弊　官厅则不然。办公虽有规定时间，亦仅官样文章。除少数雇员外，多不按时办事。甚或挂名而不到署，不办公，以致到署办公者不愿努力。加之手续繁重，故多稽迟误事之弊。试同时寄信二封，一致上海先施公司，一致某省教育厅。其复信之早迟，即官厅行政与商店办事不同之表证。且官吏俸金则以地位为标准。欧战之后，生活日高，而俸金标准仍不克与生活程度同增。服务人员，因限于地位，不问需要如何，勤奋如何，俱不易维持生活，不得不另求他道，以图救济；故精力时间不能专一，而官吏之道德亦以此堕落矣。

（四）组织上商店化之建议　二者之利弊既如上述，近年以来，欧美诸国多以商店之组织及管理原则，应用于地方行政。即各县知事及都市市长之名称已逐渐易称商店式之"管理员"（manager）矣，美国利用此项原则，尤收效验。我国教育行政所以不能收圆满功效者，原因虽不止一种，但组织之不善实无可讳。改善之道则在应用商店化组织与其管理之原则，改善现在之官厅式组织与行政。条陈如下：

（1）参酌欧美诸国教育行政学者之学理，及行政机关之经验与成绩，确定我国教育行政机关事权之性质，依商店化原则，从速改组之。

（2）根据上项之组织，另拟办事细则，改订其行政之方式，务使适合商店管理上之最经济及最有效的原则。

（3）参酌商店之管理原则，改善服务人员之待遇。

以上三条，实为我国教育行政上急须改良之点。教育行政之学术化已经实现，今后所欲努力者商店化之组织与商店管理化之行政；换言之，实现下列要点是也。

(1) 设科用人必须根据需要。

(2) 行政手续必须求其简单。

(3) 办理事务必须求其敏捷。

(4) 任事必须求其专注。

(5) 服务之报酬必须根据：

(甲) 其人之学业经验及才能；

(乙) 其人办事之成绩；

(丙) 其人所负之责任；

(丁) 其人之生活程度。

第四节 教育行政事权需要地方化

中央集权与地方分权之原理及其利弊已于第一章中论之详矣。惟以今日情况言之，我国教育行政制度，当此地方自治一时不能施行之际，究应取集权乎？抑分权乎？

（一）集权分权之折衷　由我国历史观之，集权制度由来已久，国人服从中央已成习惯。且因集权中央，法律制度颇能一致，地方歧异亦以此减少。似教育集权最为适当。惟据现状论之，法令上地方虽无自治之明文，事实上确不必事事听候中央命令。革命以来，似尤甚焉。且中央教育事业，除最近大学院尚能轰轰烈烈外，并无成绩可言。况北方教育破产之患似可立时发现。窃以今日之救济方法，当于集权分权二者，有所折衷。中央当鉴于现势，自动委任其事权之一部于地方；俾中央地方各尽其责，以谋将来之平均发展。所以主张中央必须让予一部分事权于地方之故，非仅就学理而言，实以现在情况有不得不予之势。

（二）现在集权之病　夫权柄与责任本系连带的，权柄集中则责任亦必集中。北京政府在平时因地位关系，距离地方太远，交通又不便利之故，已有鞭长莫及之势。近年以来，迭遭政变，已无统一能力。事实上已难行使监督指挥之责。即中央权力所及之区，因事事必须请示之故，文件往还几费转折，时间精神两不经济，前者部中因政费支绌，部员相率罢工，部务停顿至数月之久，各省因拘于集权之制，可行而不克行，应行而搁置者，屈指难数。目下国民政府虽然成立，但政权统一尚需时间，况当革命之后，地方自由行动已成习惯乎？此就中央政权旁落，遗误地方教育进行，而主张中央集权与地方分权二者，宜有所折衷也。

自民国建设十七年内，中央教育行政长官之任期，多以内阁之命运为准则；但内阁基础，始终未尝巩固；而教育长官亦因之更迭无常。长官更迭既繁，而教育进行又无确定的永久计划，以为遵行之标准；故除活动政治，组织僚属之外，所有教育之进行及其进行方式，无不各行其是，而无一定的系统。故更迭一次，教育进行即停顿一次；而进行之方式亦中变一次；影响所及不仅中央机关已也。各省因格于集权制度，事事必须请示中央，以致计划进行频受打击。此就已往十七年中央政局变更无常，遗误地方教育进行，而主张斟酌采用分权之制也。

近年以来，吾人对于中央集权制度试验之结果颇多失望。除编制教育法规及教育统计之外，并无若何积极的指导研究事业。所有近来教育事业之新运动，如职业教育、义务教育、平民教育等等；教育之新研究，如学校系统、课程标准、智力测验、成绩测验之标准，以及地方教育行政制度等等；教育之调查，如孟禄之调查，推士之科学调查，推孟之智力与教育成绩调查等等；学术演讲，如杜威、罗素、科脱等等；教育部并无积极的提倡，亦无相当的援助。至于有关教育及学术之著作，除设养老式之编辑处，委派编辑员至百数十人之多，而其成绩则无一部稍有价值之著作。部员除终日"呈悉此令",点辍行政责务而外,所有计划与视察责务久不执行。考其缘故,实以组织之不善,与人才之不足也。长官既多政客而组织根据官僚。当事者多书吏,以公文程式为能事。专门人才因种种原因未能用其所长;以致指导机关而无指导之能力,领袖长官而乏领袖之资格。此就国民革命前十余年事实上中央无领袖指导地方教育进行之事实,而主张斟酌采用地方分权之制也。

(三)地方化之办法 以上所举皆系吾人十余年来之确实经验,非尽学理之谈也。惟集权制度施行既久,而吾人服从中央已成习惯,一旦变更,事实上必多障碍,地方必多问题;且集权制度亦有其利益,其利益所存必有以维持之。今日问题不是打破集权制度,实为根据现在之实况,斟酌二者之利益,而作正当之折衷办法。至于办法之规定,应以列举方法,予中央以下列之事权:(1)设法补助贫瘠地方之义务教育,(2)学校卫生设备标准,(3)升学转学之标准,(4)师资之养成标准,(5)教员之检定标准,(6)学期学年之标准,(7)学校系统之公布,(8)学校课程之限度,(9)私立学校立案之标准,(10)幼童因做工而停学之取缔,(11)地方教育行政制度之规定与公布,(12)地方教育经费之筹措标准,(13)教育学理之研究,(14)教育状况之调查,(15)教育统计之编制等等,凡须借用中央权力者,皆须仍为中央主管。其余一律为地方主管。凡须整齐划一者,仍整齐划一之。总之,中央集权之真价值,必自中央与地方合作而来;否则,谓之专制。将来我国教育行政制度必为集权与分权制度之折衷。

按教育行政大权有计划、行政、监察等项。凡关于国家全体之教育计划及非地方所能担负之教育计划由中央计划之,以保持国家之单位。凡地方重大行政,中央有批准备案之权,地方有呈请备查之义务。惟监察一项，事实上中央已难实行。其折衷办法，所有省区教育行政官长，应仍由中央简任教育式政治家，代表中央，执行地方教育进行事项。另由地方组织参事会，审议应行案件。地方执行官长既系中央简任，代表中央，则中央之视学监察范围可限于部辖及国立教育机关而止。中央于此节省之时间与人力从事于学术之研究、试验、宣传、介绍著作以为地方之领导。

设将前清之学部与民国之教育部详细比较，则教育部已较简单不少。学部官制尚书之下，原设左右侍郎及左右丞。

研究问题

（一）批评我国教育行政机关沿革之陈迹并说明自得之意见。

（二）行政机关变化之倾向，果如本章所述否？

（三）国民政府对于地方人民参与教育事业之态度如何？

（四）教育行政之学术化与商店化之目的如何？试各证明之。

（五）批评本章所论之商店化，并言其需要之程度。

（六）教育行政事权之地方化问题，争论最多，学者试各言其主张。

（七）评论本书所主张之中央教育官厅应有之事权。

（八）学者于本章所述数点外，列举其心得。

第七章

视察机关

视学一职为教育行政作用之一,受教育行政长官之指导,视察地方教育设施之状况,及行政官厅与教育机关,对于上级机关所颁行的计划实施之程度,而加以相当之指导。兹吾人所以另立专章,单独讨论者,盖以视学一事,为教育行政四大作用之一;而视学人员既非一般教育行政官吏,又与各级机关中之事务官性质不同故也。且近年以来,社会人士,对于现在视学制度,颇加攻击。各县之县视学已有主张改为指导员的趋势。江苏省教育厅且一度于省视学之外,聘任专家充各科指导员。安徽前时亦有增设专员之事。十一年〔1922〕教育部"学制会议"暨次年中华教育改进社第二次年会,皆有改革视学制度之议案。由是以观,视学制度确有变更的趋势。故将现在各级视学制度之成立经过、任用资格、一般事权及视察方法等问题,特别提出,作具体的讨论,以为将来革新之预备。

第一节 部视学

(一)成立之经过 科举既废,学校勃兴;乃以规模未立,经验全无之故，各地教育情况，未能尽如人意。因有奏请："由中央遣派大员，视察地方教育"之举。考最初情形，俨如代表君主之钦差，乃临时查办性质，并非积极的视察指导也。

正式视学制度，发端于光绪三十二年〔1906〕学部奏定的官制。然当时亦仅"拟设视学官无定员，约十二人以内，秩正五品视郎中，专任巡视京外学务"之计划耳。至于实行之期，则在宣统元年〔1909〕十月，颁布视学官章程之后。先是宣统以前亦曾两次奏派视学，但皆临时性质而非实缺。至此，始照章程，实行设置。查当时学部所设视学之理由，以为该部既有"统辖全国学务之责，凡各省教育行政皆应随时周知，以期有所设施。惟地方情形远近不一，风气否塞之地，则应极力劝导，以徐俟其开通，士习浮嚣之区，则当严定范围，以渐防其流弊。自非随时派员视察，不能因时制宜，徐图整顿。派遣视学之举，实不容缓。惟权限不明，则与地方行政时或有侵越之嫌；责成不定，则于办学人员或不无瞻徇之处……"

（二）视学区域　原定章程，系依地理及交通情势，分全国视学区域为十二区。各区省份如次：

第一区　奉天、吉林、黑龙江。

第二区　直隶、山西。

第三区　山东、河南。

第四区　陕西、四川。

第五区　湖南、湖北。

第六区　江苏、安徽、江西。

第七区　福建、浙江。

第八区　广东、广西。

第九区　贵州、云南。

第十区　甘肃、新疆。

第十一区　内外蒙古。

第十二区　青海、西藏。

依当时之规定，视学官按年派遣，每区2人。每年约视察三四区。每3年除内外蒙古、青海、西藏等特别区外，视察一周；然此项规定，本系当时的计划，并未完全见诸实行。

民国二年〔1913〕中央教育行政机关既经改组，视学区域亦因有更动。除仍以原定十二区内之蒙古、西藏作为特别视学区域，另定规程外，并十二区为八区。各区省份支配如次：

第一区　直隶、奉天、吉林、黑龙江。

第二区　山东、山西、河南。

第三区　江苏、安徽、浙江。

第四区　湖南、湖北、江西。

第五区　陕西、四川。

第六区　甘肃、新疆。

第七区　福建、广东、广西。

第八区　云南、贵州。

视学仍按章指派每区2人，但遇必要时，得酌派部员，协同视察。各区视察分为"定期"及"临时"两种。定期视察每年自8月下旬起，至次年6月上旬止。临时视察则由教育总长特别命令行之。

（三）部视学之资格任用及办事情形　视察之职关系中央与地方教育行政之沟通至大。依职务而言：一方视察地方设施中央计划之程度，并指导其改进之方针；一方报告实地情形，以为厘定标准建设方针之根据。依作用而言：一方代表国家，维持教育之主权，监督、视察教育法令之施行；一方代表学董，保障教育机会指导，促进教育效率之增加。就施行职务之资格而言，非有专门训练及实际经验者，不足负此重任。惟在兴学之始，专门人才极感缺乏。故资格一层不能不降格以求。依原定章程第五条，视学资格以"宗旨正大深明教育原理者"为准。其第六条则限制"每区所派视学，须有精通外国文及各种科学者1人；以便考察中学以上之教法。"由以上规定，大可见其创办时不得已情形。

民国二年〔1913〕改定《视学规程》时，资格方面，始有确定标准。其第六条云："有荐任资格而合于下列各项之一者，得任用为视学。"

（1）毕业于本国外国大学或高等师范学校曾任学务职1年以上者。

（2）曾任师范学校中学校校长，或教员3年以上者。

（3）曾任教育行政职务3年以上者。

以上所举，乃部视学资格方面，规定之大略情形；至于任用问题，依最初之规定，视学12人，分设郎中、员外郎、主事各缺。就部中人员，或直辖学堂管理职员教员，职分相当者，奏派之。嗣学部为免除中央行政人员与地方学务情形之隔膜起见，将视学官实缺改为差使；所有视学职务，即以部中各司人员派充。其更改理由摘录于次：

> 查原定官制本设有视学官一项，额缺在十二人以内。此项人员不在各司治事，于本部现行事例未必周知。而各司办事人员，常年安处京曹，但据文移为准驳，仰空筹划，不知外省实情；是虽有视学之名，仍多隔膜之虑。——将来视察学务，即在各司实缺候补人员及各局行走人员，酌量奏派。更番迭代，则劳逸维均；彼出此归，则情形皆悉。

此种更番迭代办法，在使部员熟悉地方情形而免隔膜，自有可取；但视学一职，关系重要，非学识优裕，于教育调查及地方行政情形,确有经验者,不能胜任。部中员司是否熟悉地方情形,而有视察指导之专门的知能,已属疑问,设再更番迭代,则每次遣派人员皆是生手,而视察效率惟恐因此减少。

至官阶一层,民国六年〔1917〕,教育部为限制部视学任用资格,因而打破当时荐任叙补办法。先是,铨叙局五年〔1916〕九月,拟订荐任文职任用办法,规定部视学须以荐任文职叙补。当时教育部,以全国教育,正待积极进行;若视学资格仅就普通文职叙补,不从教育方面严格审核,则一般文职人员皆可倖进,而专门人才反因此而受限制。反复考虑,最后规定,部视学除依荐任文职任用办法所定资格外,并照教育部所定《视学规程》,从严审核,方予补充。此实视学之任用资格由官僚渐趋专家之初步也。

至为免除中央官厅与地方行政情形之隔膜起见,当即规定视学于视察完毕,或未经前往视察时,凡在留部期间者,均应按日到部,由总长分派各司办事。并设"视学会",讨论关于视察区内,所发生问题,及部中交议事项,且得传览部中文稿。关于收发文件有审查之必要者,亦得随时向参事或各厅司检取。此种改革,就现在实验的结果视之,比较更番迭代之制略善。

(四)部视学之事权 依据《视学处务细则》,部视学除出发视察外,须一律到部办事。出发以前,依《视学规程》第七条之规定,须开"视察研究会"。研究事项约有三种:

(1)关于视察进行及规划事项。并可呈请总长召集参事司长共同讨论。

(2)关于视察上应行准备事项。

(3)关于应与主管各司或各科人员特别商榷之事项。

以上所举,系关于部视学出发以前之处务规则;至于在外视察时之责务,依宣统元年〔1909〕之规定,计有八项。民国二年

〔1913〕，当以原定视察"有关教育学艺诸种之设施"一项，责任甚重，包含太广，故删为下列七项：

（1）教育行政状况。

（2）学校教育状况。

（3）学校经济状况。

（4）学校卫生状况。

（5）关于学务各职员执务状况。

（6）社会教育及其设施状况。

（7）教育总长特命视察事项。

以上七项为视察方面之要点；至于地方办学之需指导督率之处，亦有数端，合并列之：

（1）与教育法令抵触事项。

（2）部议决定事项。

（3）学校教授管理事项。

（4）社会教育设施事项。

（5）教育总长特命指示事项。

以上二项为视学对于职务上所负之任务；其对于受视察或受指导者，更有以下权柄：

（1）咨询地方长官、省视学及国立学校校长所办教育之实况。

（2）随意视察学校毋庸预先通知。

（3）遇必要时得变更教授之时间。

（4）遇必要时得试验学生之成绩。

（5）遇必要时得调阅各项表册。

（五）部视学之报告　视学之责，对于地方及办学机关，在视察指导；对于部中，则在报告视察情形，所得印象，以及将来建设的计划。中央对于地方所有行政施令，大都根据此种报告；

故视学报告，颇关重要。论其性质，约分两种：一为每年度之总报告，一为临时报告。总报告应照《视学规程》第六条所列之视察事项，分省撮要说明。临时报告，乃视察时期之例行的报告，或为呈请指示处分所作之报告，或为表示意见之报告。通常临时报告约分以下三种：

（1）关于学事之普通视察适用之一月或两月之例行报告。

（2）关于特别事项陈请总长咨行及颁发训令或指令者适用之报告。

（3）关于《视学规程》第八条，以书函表示意见适用之报告。

以上所述各节为我国现在部视学制度之大要；至其适用之程度及将来之应作如何改定，始克促进教育行政之效率，颇有讨论之价值，留待将来研究可也。

第二节　省县视学

（一）成立之经过　前清光绪三十二年〔1906〕，实为我国新旧教育过渡时期。所有旧式教育制度，以是年为最后之破坏；新式制度，亦以是年为最初之产生。盖教育史上之最可纪念之一年也。省县视学之制，亦诞生于是年之四月，学部奏除《各省学务官制折》；然当时尚无专定之章程。关于省视学者仅云：

> 提学使以下，设省视学六人，承提学使之命令，巡视各府厅州县学务。各省省视学，由提学使详情督抚札派曾习师范或出洋游学，曾充当学堂管理员教员，积有劳绩者，充任。其巡视区域及规则，另详专章。由学部奏明办理。

关于县视学者有云：

> 各厅州县劝学所设县视学一人，兼充"学务总董"。选本籍绅衿，年三十以外，品行端方，曾经出洋游历或曾习师范者，由提学使札派充任。即当佐各厅州县城内地方官监督办理学务。并以时巡察各乡村市镇学堂，指导劝诱，力求进步。给以正七品虚衔。其办理实有成效者，准其擢充课长，以示鼓励。

由以上所引二则言之，关于省县视学之资格、任务及委派方法，虽略有规定，但其标准仍极笼统。各省县所委派之人员，尤多迁就。故次年，有河南提学使，孔祥霖奏请：考试视学官之事发生。其原奏内称：

> 视学官既非缺额，又乏俸金，往往滥竽充数，奉行不力。今拟普设视学一官，以各省高等学堂预科及中学毕业生为合格。现任候选教职亦准与考。但须于教育行政及教授管理法实有心得者，一律选录。所有考取委用详细章程，请饬速议颁行。

由此可见当时适当的视学人才，诚属凤毛麟角。因之各省县之任用视学，亦未能依照所定标准。孔祥霖所请以高等学堂预科及中学堂毕业生为委任资格一项，固系慎重学务起见。惟当学校初办之际，各省高等学堂及中学堂毕业者尚少，绝对不敷分派。故学部于三十三年〔1907〕八月，规定"省县视学仍由各省提学使慎选。无论为士绅，为教官，为学堂毕业生，但查明实系品学俱优，热心教育者，均准札派委用。将来学堂毕业人数渐多，再由宪政编查馆会同学部另订考试视学官专章。"

此实省县视学由任用士绅，渐趋于任用学校毕业生之第一步也。

（二）民国成立后之沿革　民国肇兴各省教育行政制度极形紊乱，已于前章《地方教育行政机关》节中，约略言其概况。省县视学或设或否，而其制度亦不一致。设置员数尤难稽考。江苏原设省视学6人，迨教育司成立，仍之；由民政长委任。县视学则县设1人。民国元年〔1912〕，系由县民政长委任，并得以县署学务课长兼任。次年，则改由县知事呈请省行政长官委任。废除课长兼任条文，此第江苏一省情形，其余诸省未可一律概论也。

民国三年〔1914〕，中央颁布各省区官制，而无省视学一职。故先后由各省巡按使电询裁留办法。当由教育部呈准总统，通知各省，仍留省视学，以重职守。兹撮录其呈文中一节于下：

窃维各省学务每易分歧，必先熟习情形，始可遍加整顿。故省视学一职，关系教育之统一，至为重要。前清奏定《各省学务官制》，特设省视学六人。民国以来，沿行不改。现在公布省官制，虽无规定明文，而要职所关，未便中辍。况迩来乱事频仍，学界目下将欲振兴教化，尤非先从视察入手，不能统筹兼顾，救弊补偏。拟请省视学一职，应由各省巡按使慎选宗旨正大，深明教育原理之员，委充斯任。其员额即由巡按使酌量地方情形，妥为规定；惟至少之数必须四人。明定官守，以专责成，随时督伤，分赴所属，认真考察，切实指导；庶几办学官绅各顾考成，地方学务日趋正轨，实于教育行政裨益甚多。……

同年，又通咨各省巡按使，设置道县视学。其咨文有云：

……查教育行政首重视察。必先周知弊害，始可徐图改良；故视学一职关系甚重。现在各省省视学业经酌留数人。惟员额不多，深恐耳目或有不周，即整顿难期尽效。自应另设道县视学，俾臻完备。其员额每道至少二人，由道尹详请巡按使委任。每县至少一人，由县事详请道尹委任。庶几范围较小，巡视益周。学务前途，裨益非浅。……

三年〔1914〕以后，各省道县视学相继设立。惟道视学一职事权不清，视察上常生障碍。故三年〔1914〕八月由教育部通知各省巡按使，规定道视学权限。其咨文中有云：

"查中学师范及各种实业学校，应视其所隶属之官厅，定管辖之标准。各该校如属道立或县立者，道尹本管理之权，道视学自应一律视察。属于省立者，如受本省巡按使特别委任，道视学亦有视察之权。"自此以后，所有省道县视学各就其事权范围，分别视察；但我国政治区域，省县之间，复设道区，究竟在行政上有何利益，殊为疑问。谓为衡缓则可，谓有行政之便利，似为不可。由道视学而言，试行三载，实同赘物；故民国六年〔1917〕，遂由教育部通咨各省区裁撤道视学。咨云：

……兹经本部详加审度，道视学一职于事实上无设立之必要，自宜即行裁撤，以昭划一。……

故六年之后，地方视学制度仅有省县二级。次年四月三十日，教育部以《部令》第三十八号公布省县《视学规程》；于是省县视学制度至是始有确定标准焉。

第三节 最近改革

（一）民六〔1917〕后之省视学情形 民国六年〔1917〕各省教育厅成立之后，省县视学制度逐渐统一。省设视学4至6

人，各以其等级而定。譬如，江苏为大省，设6人；安徽为中等省，则设5人。视学待遇本有部定俸给标准，但实际情形各省不同。统而言之，略较科长为薄。至于巡视旅费有实报实销者，有平均每日若干元，不问其实在用度多少者。大概各省皆有相当预算，以为出差视察之用。惟预算款项原有定额，按例不得超过；因此巡视次数常受限制。

（二）视察区域办法　各省视学巡视区域，并无确定办法。有依视学人数，将全省划分若干区域，各个视学分任一个区域之视察指导事宜；有因各个视学之人地关系，由长官分别指定者。有时，一经分任或指定区域之后，每次巡视皆由该员担任；有时，因特殊关系，各员轮流视察者。二者各有利弊。例如：各人担任一定区域之视察事宜，久而久之，对于该区学务自然比较熟悉，于解决教育问题，处分行政事务，自较便利。然此法亦有不甚圆满之处。例如：地方交通不便之区，人多视为畏途；若使1人永久担任该区视察，似乎不甚公允，而且过于熟悉地方情形，办事上反生许多阻碍。加之一区学务专由1人负责，不令他人过问，久之人情方面必生弊窦。至于轮番更迭之法，好在视学人员能将他处试验结果，分别传授此处；以他处经验，解决此处问题。就地方及视学双方言之，皆有利益。将来究应采用何法，刻尚未能确定。此事似小，但关于视察甚大，行政上不可不研究之问题也。

（三）县视学情形　国民革命运动之前，依照规程言之，每县应设1至3人。但事实上以设1人者为最普通，且有时为教育局长之兼职。其设2人或3人者，殊不多见。每县既设1人，则分区一事自然不成问题。照章每年必须巡视区内各校一二次。但以一县之大，欲1人遍巡之，事实上乃不可能。但以规程限制，故皆走马观灯，于事无济。于此情形之下，而欲希望县视学克尽厥职，一方以指导方法，促进教育，保障学童之教育机会；一方以视察作用，考核教育推行之成绩，以明国家注重教育之至意，是安可能？

（四）国民政府时期之督学情形　国民政府由粤迁鄂，各省教育厅大都仍用旧制。南京国民政府成立之后，江苏教育厅在未改第四中山大学之前，颇加扩充。其详细情形已于第四章陈述之矣。其于省县视学制度，有省督学暂行条例十二条，县督学暂行条例九条，改视学为督学，提高其资格，隆重其地位。于省督学则使与科长同等待遇。除规定十项职务之外，并得由厅长委充某科教学之专门指导。于是除督察学务之外，更于教学方面有专门之研究，是视察而兼指导矣。行政人员之学术化，于此可见。一方又规定"督学驻厅时，协助厅长科长处理厅务，于是对于厅内事务不致隔阂。"而依第九条之规定"得会同其他职员偕行督察"。于是厅内厅外由此沟通矣。此外更由6人，加至8人，则其重视督学可以知矣。

县督学虽规定每县1人至3人，未尝确增人数；但依第八条之规定，则此后不得兼任其他职务，更不得以其他人员兼任此职。即此一端已较从前为进步矣。此外县督学，于视察完竣后，应召集教育人员开会讨论改进方法。此事如能实行，是视察之事而兼指导之功矣。惟县区教育正在扩充发展之际，所设人数既极有限，职务又增加不少；譬如每学期必须视察全县教育事业一周，视察之后且须召集会议，拟具记录；将来是否从容办理，时间上不致发生问题。实为急待试验之事。

第四节　视学资格及委任方式

视学与署内办公人员职务上界域分明。依一般公例而言，所有办事人员之资格，必须依据职务上之需要及机关内所居地位等级而定。教部历次颁布之视学规程，关于委任资格大都依此根据。兹分别陈述于次：

（一）部视学方面　依二年〔1913〕一月《部令》第四号之《部视学规程》第五条，部视学之资格必须（1）荐任文官阶级。此所以表明在部内之地位也。（2）学术上之资格。此项又分为三种，（甲）为学业。国内外大学或高师毕业而任学务职1年以上者；（乙）为教育经验。曾充师范或中学校长或教员3年以上者；（丙）为行政经验。曾充行政职务3年以上者。合此三者之任一资格，得由部长委任之。

国民政府中国大学院成立伊始，视学方面尚未有何规定。将来是否仍照旧例，设置督学，目下尚无消息。惟有一层可以确定者，假使设置中央督学，则其资格必较此提高。第一由原理言之，旧定资格实不足以应付职务上之需要；因《视学规程》第六条所定视察事务七件外，似乎高等教育机关亦有视察指导之必要。第五条所定资格实不足应付之也。第二由事实而言，目下省督学所定资格似已较高也。

（二）省视学方面　依七年〔1918〕《部令》第三十八号之《省视学规程》第三条之规定，合下列三条之一者，得由省教育长官委为省视学。所谓三种资格者：（1）为大学文科或高师毕业；（2）为师范本科毕业，而有五年教育经验者；（3）曾充师范或中学教职员2年以上者。此外更有一条例外，"遇有特别情形，经教育总长核准暂行任用者不在此限。"其意盖以省视学无论何人皆可充任，惟须长官之核准而已。

南京国民政府成立，江、浙两省分别颁布《督学暂行条例》。两省对于督学资格大致相同，较之旧制提高不少。兹将苏省暂行条例之第二条，关于资格方面摘录于次：

凡具有下列资格之一者得任为督学。(1)国内外大学师范科或师范大学毕业得有学位,曾任教育职务著有成绩者。(2)国内外大学高等师范学校或专门学校毕业,曾任教育职务2年以上著有成绩者。(3)曾任中等以上学校校长或专任教员3年以上,著有成绩者。(4)师范学校本科毕业曾任优良小学校职员5年以上,对于初等教育特有贡献者。

至于委任方式亦较前慎重不少。依该暂行条例第三条云:"督学之任免,由厅长提出于省政务委员会会议决定之。"似委任资格之省视学已变为荐任之督学矣。

(三)县视学方面　依七年〔1918〕四月《部令》第三十九号之《县视学规程》第四条之规定,有下列资格之一者,得任用为县视学:(1)师范毕业,而有1年教育经验者;(2)中学或2年以上之简易师范毕业,而有2年经验者;(3)曾任高小教职员,而得长官认许者。此外更附有一个条件,即经省长官许可,无论何人皆得暂时任用是也。

南京国民政府成立,浙江、江苏两省先后颁行条例。兹举江苏暂行条例第三条为例。县督学之资格:(1)师范本科或高中师范科,曾充小学教员2年以上,著有成绩者;(2)中等以上学校毕业,曾任小学教员3年以上,著有成绩者。读者于此可以知其区别矣。

至于委任方法,依旧制第二条,县视学由县知事呈请省教育行政长官委任,但遇必要时,得由省教育行政长官直接任用。委任后,按例须报经教育部备案;而今制第二条则规定,由教育局长呈请教育厅委任,或由教育厅长直接委任。其不同处在一由普通官厅呈请委任,一由教育官厅呈请而已。

第五节 视学之职权及报告

（一）新旧职权规定情形　我国最初之视学，系由君主特派，代表天子巡视教育事宜，颇有钦差位分。及后由部员分任视察，声势仍不为小。视学制度确定之后，其职权始有明白规定。《部视学规程》第六条规定视察事项七件，第八条规定得以表示意见者五件，第九条规定，接洽讨论之事件，以次三条则规定视察时应有之权威。总之，考察报告而已。至于省县视学规程则明白列举考察指导二项之细目，予以特权以便行事。

江苏《督学暂行条例》，关于省督学之职权列举十项，县督学概举四项，除包括旧制所列诸项之外，并注重开会讨论，辅导地方之进步。所应报告之事项亦较多，较之从前官样之报告及机械式视察，不可同日语矣。惟规程改良矣，视察是否随之改良，仍须事实之证明。兹摘录江苏省《督学条例》之第四、五、六、七、八等条，以明规程之进步。

第四条，督学职权如下：

（1）督察关于中央政府及本厅所定教育方针及法令之推行状况。

（2）依据本厅所定各项教育标准，督察各学校及其他各教育机关设施状况，并考校指导之。

（3）调查地方社会情形，辅导地方办学人员，设法促进各项教育上之设施。

（4）宣导本厅意旨于地方，并传达地方意见于本厅。

（5）调解或处理地方学务上纠纷问题。

（6）查察关于厅长指定之事项。

（7）督学赴各地方督察时得随时调阅各学校及其他教育机关

案卷表簿。

（8）督学得随时咨询地方行政长官县教育局长及县督学，并考核其办学之成绩。

（9）督学遇必要时，得试验学生之成绩，或变更教学时间。

（10）督学于每区或每校督察事竣，得召集该区办学人员或该校教职员，讨论地方或学校教育问题。

第五条，除前十项规定职务外，在厅得委托督学担任某科教学之专门指导。

第六条，督学驻厅时应协助厅长科长处理厅务。

第七条，督学应就督察及指导之事项详细报告厅长。

第八条，督学应就督察所得提出改进意见于厅长。

（二）视察报告与其处分　视察而不指导，则视察之事无益于地方；视察指导而不报告，而报告中不作改良之建议，则官厅仍不明了地方情形，而作整个之改良运动。旧制皆有报告之规定，而新制则更进一步，而规定视察后之改进意见。

旧例省视学应报告于该管长官，然后摘要分呈省署与教育部备考。一方将报告中要点、评语及改良意见、赏罚办法，饬交县知事或学校，分别奖赏或斥责，以图善后。设部视学莅省视察时，省视学有听候咨询及报告该省情况之责。

县视学则将视察记录及评判意见，详报于县知事，摘要分呈教育厅及省公署鉴核存查外，一面饬由教育局实行处分报告中意见。县视学遇有部省视学莅县视察，亦有报告之责。

第六节　结　论

我国视学之制，初本有议增设机关办事人员，不设专任视学；如须视察则以署中办事人员轮番出巡。此议优点有二。第一署内办事人员必兼有专门的教育学术资格，第二署内署外由此沟通。计划设施与督察指导可无隔阂。可惜只有议论，未成事实；以致日后署中人员顿分两种：一为行政人员，盖即办理公文之俗吏；此等人员只须略明公文程式，及应付手段，不必专门学术。一为视学员，大都教师出身，而有学术经验者。后者之自视较为清高，而每每鄙薄办公人员之俗。公署之内，此等界线殊极显著。

  国民革命运动成功之后，有鉴及此，遂有学术化之议。将来署内办公人员于办公技能之外，必兼有专门学术，可以想见。惟目下之制度，仍将行政与视察分为二事，各有专人负责办事；久而久之，此等行政人员能不坠落而变为官僚化，难有把握。窃为保存行政人员之学术兴趣之计，最好裁去督学实缺，并归行政人员兼充之。一方改组今日机关，使秘书方面担任普通文件。所有行政人员必须担负教育行政一定方面之专门责任。譬如职业教育方面人员，必须负责办理全区职业教育之计划、规程、法令、标准及全部设施，督察指导事宜。以计划设施标准之人，亲为督察，面加指导，较之普通督学必能事半功倍矣。

  此外另设专科指导员，专门辅助行政人员关于其计划中之专门学科方面。此等专科指导员必与行政人员有密切关系，绝不得似今日督学之独立机关与行政人员为敌体的。如此全部计划始有联络，全署人员始有系统。设有特别事宜，需要特别视察，不妨就学校中之专家组织特别视察委员会处理之。

  总之，今日之视察制度已经改良不少；而行政人员亦亟亟谋学术化矣。似此将来行政效率必能增加。

  惟今之督学资格与地位，虽已提高，但仍与行政人员无密切关系；计划设施是一事，督察指导另是一事，此中应加联络之处，仍为急待解决之问题也。

研究问题

（一）试述视学之作用及在教育行政上地位。

（二）就本章所举视察区域之规定，试各条陈较优办法并附理由。

（三）前清部视学系就部员轮派，问此法利弊如何？

（四）批评民国二年〔1913〕修正部视学规程时，关于资格官阶之规定。

（五）调查本省省视学规定视学区域办法并评论之。

（六）调查本省县视学人数并就其视察情形而条陈之。

（七）县视学何以隶属县署？有何建议？

（八）研究《江苏督学暂行条例》，调查省县视学视察情形而列举其优劣之点。

（九）搜集省县视学报告而研究之；并列举其优劣之点。

（十）切实调查本县视学之年龄、学业、经历、人格，对于教育及职务之兴趣、视学方法、服务成绩；本县教育界对待之态度；及教育学术之进步等；并依本章所论县视学资格及职务，各著《我理想的县视学》论文一篇。

第八章

指导办法与其需要

第一节 视察与指导之区别

（一）教育行政之四项作用　教育行政一语，概而言之，其作用有立法、设施、视察、指导四项。立法之责，由教育董事会或参事会负之；设施之责，由行政长官负之；视察之责，则由视学负之；职在依据委任，视察所颁行之计划、法令及教育标准实施之程度，凡此种种吾人知之详矣。今兹所欲讨论者，指导制度也。然指导与视察关系至切，故先论指导与视察之区别。

（二）视察指导之别　按我国视学章程，视学之责，除视察而外且列举事项得就办学者表示意见，讨论企划分别指导之（见《省县视学规程》第五第六条。）江苏新制省县督学暂行条例亦有同样规定；然指导与视察作用本不相同，视察之职在根据法定之标准，视察实施之程度；指导则于视察之外，加以详密之诊断，予以同情之辅助；使当事者乐就指导，相抵于成。视察之事，以事为重。用法定之标准，以绳视察之事实；而指导则更进一步，对事之外尚须对人。人事既洽，尤须期其成效。视察为指导之初步，故指导包括视察。依二者之作用言之，视察之作用，在考核教育法令与计划之成绩；而指导则在促进教育之进步；故二者之作用各不相同。我国视察规程虽曾提及指导，但仅括于视察之中；加以各级视学多非专门人才；因之只有视察之事，而无指导之功。

著者以为目下我国新旧制度皆以指导为视察过程上当然的最后一步；因之教育行政制度中，并无指导之独立位置；但就现在情形及一般教育界舆论观之，颇有设置指导的主张，且进步省区曾有试验；故为学者研究及行政者之参考起见，略举其办法大要于次。

第二节 指导之作用

（一）指导之类别 指导之种类各以其设置之目的而殊。其专为学校设施健康教育，筹划保险设备，以及医学卫生等事者，谓之健康指导员。其专以计划学舍图样，及指挥监督校舍之建筑修理等事者，谓之校舍指导员。其专以筹划职业、师范或乡村各种教育之进行办法，而指导其实施，辅助其教师增进其成绩者，为某某教育指导专员。其专为指导一级或一科教学者，为某级某科教学指导专员。指导为专门事业。指导人员必须专门训练，具备专门才识。指导性质虽有不同之处，但大致不外行政指导与教学指导二种。二者尤以教学指导为最要。设置者亦最多。故普通所谓指导云云多指教学指导而言。兹就教学指导一项，而论其作用于后。

（二）教学指导之作用 夫教育行政之目的本为增进学校学业之效用。其行政组织之适合与否？行政处分之相当与否？学校制度之完善与否？教职人员之优良与否？无不以学习之成绩为标准。但学生学业之良窳，又以教学方法为转移。教学方法而善，学生学习之成绩当无不良。故教学之事，实为教育行政事业之中心。然直接担负教学之责任，与学生学习之成绩有直接关系者，为教师；故教师为教育行政之中心。是以无论行政上之组织，之设施，之改良，盖无不以便利教师之教学为归宿。

尝考各国实施教育之教师程度，除其有专门训练，真能了解其任务，而成绩亦比较优良，除德国外不能胜任者甚多。即以美国言之，其滥竽教席者已难胜数。据战后之调查，该国中小学校教师约65万人。以年龄言，则17岁至19岁者有10万人；不满21岁者达15万人。以教育言，全国30万乡村教师中，其未卒业四年之中学校者约15万人，占全数50%；其仅仅完毕小学七八年者3万余人，占全数10%。再以师范训练言，30万乡村小学教师中，其未受若何师范训练者约10万人，占33%；其卒业师范学校者仅6,000人，占全数2%；其受特别乡村师范训练者仅仅300人，占全数1‰耳。夫以直接关系学生学习成绩之教师，其年龄，其训练如此，则教育之事岂不危险！

于此情形之下，而欲设施补救之方；俾一方化除危险，一方增大效率；于是有教学指导制度之设置焉。任用富有学识之专才，以同情的辅导，而与一般年龄程度不齐之教师同负教学之责任。举凡教师之方法优良，及成绩显著者，则嘉奖之，宣传之，以为他人之取法。其徒劳无功，用力多而收效少者，则以建设手段，指导之，矫正之。质言之，其学识超群者，必有以奖励之；学识薄弱者，必有以培养之；实在不堪进益者，则黜去之。善于指导者类能增广教师之眼界，扩充其经验，使得充分了解其职务，而知所以改进之途径；俾教学成效有进无已。以一人之长指导多数，化无效为有效，变小用为大用，此指导之所以重要也。论其地位则在行政与教学之间。受行政委托，实行增进教学之效用。

（三）指导之五事　兹更归纳一切，条举于次；俾学者了然于教学指导之性质，而确知其作用焉。

（1）依据儿童心理暨教材性质，指导教师善用教学之方法；俾用力少而收效多也。

（2）依据课程标准暨儿童兴趣，指导教师选用适当之教材；俾学生学一事既获一事之实用，不致徒糜学款而废时间也。

（3）依据心理测验暨教育测验之标准，率领教师测验儿童之智力，考核其成绩；俾明学习之实况及教授之结果，以为改良之根据也。

（4）利用学社、演讲、共同讨论、暑期学校、流动图书馆、互相参观、通函教授等法，增进现在教师之学业；俾教者知识日新月异，教学程度亦有增无已也。

（5）利用各种教师考试之标准，测验教师之学业，与其事业之进步，以辨优劣；俾优者获其奖励，劣者有所儆戒也。

第三节　美国设置指导之情形

（一）设置之原因　二十年来，美国教育界鉴于教师程度之不齐，以致教学成绩不能一律；又鉴于每岁旧有教师既多辗转迁移，而新添教师又多年轻识寡，未能即时适应地方及学校情形；而视学人员，除作机械式之视察暨官样文章之报告外，对于能力薄弱之教师，不能作积极的补助，青年寡识者不能作建设的指导；成绩素优，学识兼长者，不能作相当的鼓励；至于根据教育趋势、社会需要及学童心理，编制教学方案，选用教材，改良方法，以立教育之标准，而求成效之进步，尤非一般视学所能任。故先后设置指导专员，受行政长官之委任，依据行政之方针，及教育之标准，以代表行政之资格，而为教师之头脑。

（二）设置之人数　指导员设置之人数并无一定标准，大概学校教师程度优良地方，需要指导之处自少；其教师程度优劣不齐，或辗转调任甚多者，需要亦多。故人数之设置，亦以其需要为准。美国中央教育局于 1912 及 1913 年统计，平均三百五十余学生即有指导员 1 人。其比例情形如下：

东方各市	每一指导员合学生数目	西方各市	每一指导员合学生总数
Trenton, N. J.	182	Colorado Springs, Col.	208
Troy, N. Y.	227	Sacramento, Col.	252
New Bedford, Mass.	269	Pasadena, Col.	262
Des Moines, Jowa	291	San Diego, Col.	283
Youngstown, Ohio	241	Butte, Montana	296
Grand Rapids, Mich.	359	Ogden, Utah	312
Kansas City, Mo.	360	Tacoma, Wash.	331
Camden, N. J.	371	Los Angeles, Cal.	333
Albany, N. Y.	372	San Jose, Cal.	365
Duluth, Minn.	381	Spokane, Wash.	369
Omaha, Neb.	400	San Francisco, Cal.	397
Yonkers, N. Y.	445	Seattle, Wash.	400
Dayton, Ohio	446	Denver, Colo.	423
Springfield, Mass.	464	Berkeley, Cal.	433
Lowell, Mass.	479	Oakland Cal.	445
平均	359	Salt Lake City, Utah.	460
中数	371	Portland, Oregon.	513
		平均	358
		中数	365

(三) 新泽西州之统计　1916 年之统计，平均每教师十二三人，或学生四百七十余人即有指导员 1 人。其比例情形如下：

市　名	学生数目	指导员与教师数目之比例	指导员与学生数目之比例
Belleville	2847	12.9	475
Bloomfield	3933	16.9	492
East Orange	7564	11.3	378
Irvington	4225	13.0	528
Montchair	4772	12.0	262
Nutley	1967	14.0	492
Orange	5366	11.1	383
South Orange	1804	9.0	258
West Orange	2699	16.8	540
中数	3933	12.9	475

(四) 卡卜雷氏之调查　曾将各级城市之学生数目计其指导员、教员、教育局长、科员及其他行政人员之数。由此吾人可以推计每个指导员约合教师或学生之数目。其大略情形如下：

市之等级	平均学生数目	平均指导员数目	平均教师数目	平均行政人员数目
5000 至 10,000	1,380	1.5−	38	1.0+
10,000 至 25,000	2,679	2.8−	74	1.1−
25,000 至 100,000	289	4.8+	203	1.2−
100,000 以上	62,589	16.5	1,517	0.8

（五）纽约市设置专科指导员情形　纽约市之教育事业极大，规模亦极宏备。各科指导制度较之他市亦有不同。依据《教育法令》，所有专科，如图画、手工、乐歌、体育、烹饪、裁缝、幼稚园等科，皆设专科主任（director of special branches）、副主任（assistant directors）暨专科教员（special teachers）三种名目。此项专科教员与学校之科任教师不同。科任教师系教授级任教师所不及教之图画手工等科。专科教员，除家事手工等极少科目亲自教学外，皆为监督指导学校教师而设。1903年12月23日，关于此项人员之事权，曾以《补充法令》规定之。吾人由此可以知其设置之作用矣。

其第三条云，"专科主任受市教育局长、学区教育委员及学校校长之咨询，监督指导各该专科事宜。主任暨副主任承市局长之委任，考核专科情形，并指导专科教员及各级教师之教学。"

第六条云，"专科教员受学区教育委员之监督，及专科主任、副主任之直接指导，出席指定学校，视察教学，考核成绩，给予模范示教，并得校长之合作，指导改良教学方法。"

第七条云，"专科主任、副主任，每年须将所指挥之各专科教员服务成绩，呈报市教育局长二次。遇必要时，得随时呈报。"

（六）纽约市之专科指导员人数　依1911年之统计，其专科主任、副主任及专科教员数目列表如下：

科　目	指导员	数　目
音　乐	主　任	1
	副主任	1
	教　员	53

图 书	主 任	1
	副主任	1
	教 员	48
手工及工艺	主 任	1
	副主任	1
	教 员	100
体 育	主 任	1
	副主任	3
	教 员	32
裁 缝	主 任	2
	教 员	60
烹 饪	主 任	1
	教 员	135
幼 稚	主 任	1
	副主任	2
书 法	主 任	1
德 文	教 员	45
法 文	教 员	6

第四节 我国今日需要指导员之程度

（一）指导员与教育平等 夫国家兴学，原所以教育儿童，蔚成将来之国民也。然自教育中之"德谟克拉西"言之，各个儿童不但应受教育，且应受平等的教育。其学习的机会必须平等。无论儿童之年龄如何？智愚之区别如何？家属在社会中之地位如何？所在是否都会？抑或穷乡？至少皆应有良好教师之教导。

指导员之设，在消极方面，为救济学校教师程度之不一？在积极方面，为增进教学之成绩。盖所以使各个儿童一律享受良好学习之机会也。假使地方学校所任教师程度俱优，而教学成绩皆能圆满，自无需乎特设指导人员；否则，此项人员之设置，实为平均机会，与增进效率之最经济及最有效之办法也。

（二）我国之特别需要　然则我国今日之需要如何？查地方教育行政系以学校为单位。行政机关以总辖一校之权委诸校长，所有校中教职人员之任免皆为校长之职权。行政官厅备案而已。故学校命运实操之校长。假使校长得人，自能择人善用；否则，学生成绩不堪设想矣。

况当此地方教育亟待扩张之际，而师范毕业生又极有限；即使校长知人善用，其如才难何？加之教师待遇各地不同，概而言之，极为清苦。优异者不求改业亦望升学；否则，辗转迁移以谋较厚报酬。且内地教育因地方关系仍有士绅盘踞，以办学为名，把持地方事业。此等地方其委用师范毕业生也，非有奥援即系亲故，或则用以点缀而已。

（三）皖省6县之统计　兹就安徽教育厅民国十一年〔1922〕冬所调查之情状，择其尤甚者数县，以明地方教师程度之不齐，而指导制度之设，实不容缓也。

县别 \ 人数 \ 资格性别	师范毕业		已受检定		未受检定		私　塾		总　计	
	男	女	男	女	男	女	男	女	男	女
芜　湖	27	10	63		125	1	450	21	665	32
婺　源	31		16		100	1	1300		1456	1
贵　池	5	2	22	3	384	32				
泗　县	62	3	42		230		230		660	

| 英　山 | 25 | | 17 | 1 | 213 | 215 | 470 |
| 歙　县 | 22 | 1 | 8 | | 76 | 756 | 862 |

（四）统计之解释　吾人对于上表必须注意者：

（1）表中所载已受检定与未受检定两项教师，皆在国民及高小之正式学校中。此两项中，其已受检定者，6县中共有168人；其未受检定者，6县中共有1,134人。以百分计之，曾受检定者，在全体1,303人中，仅为15%而弱，夫于公立小学中，而有85%的教师不受检定或未受检定，实有不能漠视者。欲求补救，除一面施行检定，大加淘汰；一面设置指导，监督指挥外，别无良法。

（2）按照上表，6县中教师之有师范训练者合计男生172人，女生16人。我国办理师范亦既有年，历年师范毕业生数目，虽无确实统计，如能切实罗致，量才任用，6县之中，决不止一百八十余人，可想而知。然实在服务者，固仅此区区也。岂其待遇过薄，生活艰难，因而改业乎？抑服务机会有限，因而赋闲，或竟他去乎？岂其自知程度不及，因而升学，或竟为淘汰乎？抑或死亡之率过速，因成此数乎？以上问题虽为教育行政上不可不确实调查详细研究之要端；但由此足征地方教师程度之薄弱而指导之设置万不容缓也。

（3）上列统计，最足使吾人惊异者，为私塾数目之巨也。夫以5县（贵池除外）所有教师计之，共4,111人，而私塾竟有3,045人之多，则国民教育之前途，巨可设想！私塾教育，非国民教育，吾人知之审矣，然私塾教师既如是之多，而宁送子弟入私塾者又相继于途；此其间有耐人寻味者矣。岂国民学校不足收容多数之学童乎？抑守旧观念太深，而国民学校之价值尚不为所信仰乎？岂国民教师不能满足学生父兄之需求乎？抑私塾教师果有胜于国民教师者乎？此又教育行政上急待研究急待解决之问题。亦即证明设置指导员切实视察、监督、指导小学教师教学之必要也。

此外，每年教师，因种种原因，辗转迁移；及每年因新设学校与扩充学级之故，应增加教师之数目，虽无切实调查，但为数想亦不少。此辈非有老成练达之指导员，从事辅助，恐未必即能适应也。总之，我国今日地方教师之资格非但不齐，而其力量亦甚薄弱；故为救济此项教师之服务起见，不能不设指导员。将来地方教育必须扩张，师范学校必不能于此最短期间，培养如许良好教师，以应扩张之需要；然又不能因此而限制扩张；于是教师之任用必不能严其资格，可想而知；然则指导制度之需要，亦将因此而愈大。

研究问题

（一）视学员与指导员有何不同之处？将来地方教育需要指导员之程度如何？指导员与视学员是否应当并设？否则，视学问题如何解决？

（二）什么是教育中"德谟克拉西"？为什么指导制度是实现这个主义的利器？请详细证明之。

（三）今日我国一般小学教师之程度怎样？指导制度与教师程度有什么关系？

（四）主张在最短时期中，普及义务教育的人也说，指导制度是很有关系的，请问这个关系在哪里？

（五）调查现在已经设有指导员的地方，并研究他们的制度。

（六）调查所属市乡之教师情况，及义务教育设施状态；然后为该地拟定一个指导制度办法。

第九章

参议机关及今后问题

第一节 参议机关与民治主义

夫教育事业既为国家根本大计,则所有设施计划自为国家职权。此教育上国家主义之原则也。但办理教育,必须根据地方情况,其效乃宏。盖国家疆域广袤,人民性质又非单纯;设仅恃官厅筹划督率,恐难适应各地人民特殊状况。故行政方面,不能不与熟习地方热心教育人士,通力合作。且近年以来,民治精神日益蓬勃;地方人民既负有教育上经济责任,虽不能完全自治,亦自应有表示意见的机会。国家有鉴于此,并以教育行政必须周咨博访,容纳众论,方昭慎重。故特别组织自治或民意机关。查民治发展必经三道阶级。各阶级中民意表示之程度与方式各有不同。兹举于次:

第一道阶级　顾问机关——专备行政官厅之咨询;盖完全教育官办时代之现象也。

第二道阶级　参议机关——专以参与行政官厅之教育计划及行政政策,其权至审核议论为止;盖教育官民合办时代之现象也。

第三道阶级　监督机关——指挥监督行政官厅之教育计划及行政方针。官厅仅为其执行机关；盖全部教育行政之主体也。此为完全教育民办时代之现象也。

第二节　我国设立参议之经过

（一）前清之设立顾问机关　查光绪三十二年〔1906〕闰二月，颁行之《学部官制》第六条云：

> 拟设咨议官无定员，不作为实缺，不限定常川在部——由学部委派。凡学部有重要筹议之件，随时咨询。该员于教育有所建议，均得随时分别函呈，以备采择。

又查光绪三十二年〔1906〕四月，学部颁布《奏定各省学务详细官制及办事权限章程》之第十二条云：

> 学务公所设议长一人，议绅四人，佐提学使参划学务，并备督抚咨询。议绅由提学使延聘，议长由督抚咨明学部奏派（须择端正绅士，通学务者）。

此为我国设立顾问之始，亦即民治发展之第一道阶级也。但此项顾问之设，并非为表示民意，实为官厅之便利；故当时所聘皆官僚式之教育家也。宣统二年〔1910〕，学部通行各省《学务公所之议事细则》，对于此项人员之职权，限制尤严。其用意尤可想见！其文有云：

……查本部奏定《各省学务详细官制及办事权限章程》内开，"学务公所设议长一人，议绅四人，佐提学使参划学务，并备督抚咨询。"原以各省学务初兴，不能不借重地方端正绅士，深通学务者，随时建议，以资擘划。惟议长议绅以建言为职，只能为补助行政之机关，而非独立议决之机关。……

故当时，虽有此项制度，但于教育行政并无若何补益。其故良以（1）议长议绅之权限仅至讨论建议而止。采择施行之权，乃在官厅；（2）此项人员之性质，并非代表民意，实官厅雇用之教育专家，藉以供给教育专门知能。民国成立之后，亦遂绝迹。

（二）教联会议设监督机关　民国十年〔1921〕，第七届全国教育会联合会集于广东之际，各省代表以为："自省以下各级教育行政机关之组织，于教育之计划设施，及一切用人行政关系至重。我国现代教育厅劝学所等制度，揆之数年来现况，及国民心理，认有改造之必要。"当将改革地方教育行政制度意见，制成草案，名曰《改革地方教育行政制度案》。先由省区教育会会同行政机关悉心讨论，务期早见施行。并将经过情形互相通告，以资参考。

查此案重要之点，在折衷美国地方教育董事会（Board of Education）暨教育局（Department of Education）之成例，将省县区教育行政事权，分配于立法与执行两个机关。立法机关，在省为参议会，在县为董事会；执行机关，在省为教育厅，在县为教育局，所有省县教育行政事项，暨经费等事，由立法机关议决之，保管之，监督而指挥之；而行政长官仅为执行之人。此制与前清之议长议绅之制大不相同。旧制仅为官厅委任之顾问，其权至咨议而止；盖教育行政上民治发展之第一道阶级也。此制为独立议决之机关，所有教育进行之计划，及预算决算之规定，甚至执行机关之组织，非经参议会或董事会之议决，官厅不能施行；盖教育行政之主体，已由官厅移至民意机关，实为民治发展之第三道阶级，亦即民治发展之最后一道阶级。

（三）部案主设参议机关　惟全国教育会联合会之本身，乃为研究建议之机关；所议决之案件，只为一种建议，采择设施之权，仍在教育部。次年教育部招集学制会议之际，虽然对于教育界舆论不能不有略示尊重；但越级而趋，终非官厅所愿。于是先将前项议决案修改一番；由部提出会议。后经会中详密之讨论，成立《省区教育行政机关设立参议会案》，《县教育行政机关组织大纲》及《特别市教育行政机关组织大纲》三案。遂为今日各省先后设立之根据；盖由建议之第三道阶级，打倒轮回到第二道阶级也。

第三节　省区教育参议会之组织及事权

按，第七届全国教育会联合会议决之《改革地方教育行政制度》案，与学制会议议决之《省区教育行政机关设立参议会案》，有不同。因前者代表民治之第三阶级，后者代表第二阶级故也。其不同之处，尤以组织与权限二者为甚。兹略述之：

（一）组织　依教育会联合会之议决案，"省区参事会"以下列各项选出之"参事员"七人组织之（但人数得视地方情形增减之）。

(1) 省区教育行政长官选派 2 人，

(2) 省区教育会推选 2 人，

(3) 省立学校及私立中等以上学校推选 3 人。

参事员资格则以（1）富有教育经验者，及（2）有专门学识者，二项为合格。

但学制会议则规定"参议会"之"参议"由省区教育行政长官推选，呈请省区行政长官聘任，转咨教育部备案。并确定参议资格如下：

（甲）办理研究下列各种教育著有成绩者。

(1) 教育行政，

(2) 小学教育，

(3) 中学教育，

(4) 师范教育，

(5) 实业及职业教育，

(6) 高等教育。

（乙）有专门学识及经验者。

至于参议会参议之名额，则由省区教育行政长官规定之；但至多不得过9人。

（二）事权　依第七届联合会之规定，参事会之权限，凡关于省区教育行政事项，均由其议决之。教育经费亦归参事会保管。省区教育行政长官不过为执行参事会议决案件之人；盖地方教育行政之最高机关也。照学制会议之规定，参议会之职权，如下：

(1) 讨议本省区教育进行之方针及计划，

(2) 审议本省区教育之预算决算，

(3) 讨论教育厅长交议事件及其他关于教育之重要事项。

前者为概括，后者为列举。尤甚者为第九条"参议会参议议决事项，由省区教育行政长官核定施行"之规定。由此看来，参议会议决案，亦仅建议性质，仍须官厅核定可否，然后施行也。

由以上二项观之，吾人可知教育会联合会议决之参事会系与教育行政官，至少为对等的机关——参事会之责权在议决，行政官之责权在执行。故参事员之产出，除行政官选派之2人外，其余则为教育会暨学校公推。学制会议规定之参议,系隶属于省区教育行政官厅的,更非对等的。所有参议员系由行政官选聘的。参议既由行政官厅产生,则其职权自由行政官厅赋予。此所以规定参议会议决事项,必须经行政官核定而后施行也。至于任期,前项为4年,每2年改选半数。后项为3年,每年递行改选。

第四节 县区及特别市董事会之组织及事权

第七届教联会及学制会议所规定之县暨特别市董事会之组织及事权,亦各不同;不同之点,适如省区参事会与参议会之殊异情形。前者为公推的对等机关;后者为选派的隶属机关。兹仅就教育部公布之制度,略述其组织与事权;而教育会建议的制度,则不复举,以免重复。

(一)组织 县及特别市之董事会董事名额,视各区情形,分5人、7人、9人三种。由教育局长照定额加倍提出,请县知事选聘;呈请省教育行政长官备案。其施行自治地方,此项董事由教育局长加倍推选,经县知事照原额选定后,征求县参事会同意。董事以3年为任期。5人者每年改选1人或2人;7人者每年改选2人或3人;9人者每年改选3人。第一次董事任期,于开会时签定之。董事资格如下:

(1)研究学术有成绩者,

(2)办理社会事业有成绩者,

(3)有筹划经济能力者。

(二)事权 董事会之事权如下:

(1)审议本区教育之方针及计划,

(2)筹划及保管本区教育经费,

(3)议决教育局长所提交事件。

以上为学制会议议决，由教育部公布之制度；至于各省之实施或有不尽依据部令者，如安徽新学制实施讨论会议决之县教育董事会之组织是也。其7个董事之中，由教育会推举者2人，县知事选聘者1人，教育局长选聘者3人。至于董事会职权之范围，亦较部定略大。兹录之，以为比较。

（1）审议教育之方针及计划，

（2）审定教育之预算及决算，

（3）筹划及稽核县教育经费，

（4）提议关于教育事项。

（三）部案皖案之比较　以上二案表面视之，似无若何区别；细究之，殊有不同之点。兹就其较大者言之，其组织方面，一则完全由县教育局长加倍推举，呈请县长选聘；一则有三处来源，非前者局长一手经营，全体一致可比。试就办事而言，全体董事由局长1人选来，则其人之理想习惯，必与局长大同小异。于是局长与董事间之合作，可操左券。盖绝无物色不合己见及反对本人之人也。至第二种办法，除局长举荐4人外，另有代县长1人，代表教育界者2人；是其中$\frac{3}{7}$不必与局长一致；办事时甚或发生辩论反对之事。不若前者遇事意见一致，容易通过也。假使董事会不仅为局长之咨议机关，必须代表各方面意见与利益，则后者尚矣。

至两方面事权之规定，前者关于预算决算，不若后者之明白规定；但第一第二两条亦可包括之。惟其中最为不同者，一则规定审议局长之提案，一则有自动提出案件之权。此点关系董事会职权最大；否则，仅止于议论而已。

第五节　国民政府时期之新建设

自国民革命运动大获胜利，南京国民政府成立之后，教育行政方面之革命，较之任何公共事业为彻底。行政机关之改造，已分别略述之矣。兹就审议机关说明其各级建设情形。

(一) 中央之大学委员会　我国自前清学部设咨议之后，对于教育之审议及立法方面，并未有何建设，以致教育行政上之计划、设施、视察、指导大权，完全集中于教育部。于是教育事业，除教育界之宣传运动外，并无显著之进步。十七年〔1928〕一月，国民政府公布之《中华民国大学院组织法》第三条规定"本院设大学委员会议决全国学术上教育上一切重要问题"。大学委员会实为我国教育史上第一次设立之中央议决机关。《大学委员会组织条例》十四条已于同年公布。委员会，依组织条例第二条之规定，由当然委员与聘任委员组织之。当然委员包括：(1) 大学院院长，(2) 副院长，(3) 国立各大学校长及副校长；聘任委员为：(1) 曾任大学院院长及副院长及曾任国立大学校长及副校长者，(2) 具有特殊之教育学识，或于全国教育有特殊之研究或贡献者，(3) 国内专门学者。聘任委员之人数为5至9人，由大学院院长取得多数当然委员之同意，以大学院名义聘任之。任期为3年。

依组织条例第三条之规定，大学委员会有议决下列事项之职权，交由大学院执行之。

(1) 大学院组织法之修正事项。
(2) 教育制度及教育行政制度之变更事项。
(3) 教育方针之制定事项。
(4) 大学院长及国立大学校长之人选事项。

(5) 大学院及直属各机关之预算决算事项。

(6) 专门委员会之设立事项。

(7) 其他由大学院院长交议事项。

大学院院长为委员会委员长,并为开会时当然主席。每年八月开大会一次,每月开常会一次,必要时得开临时会议,均由委员长招集之。

(二) 省区之评议会　前节所述之教育部公布之省区设立参议会一事,各省遵照实行者,仅居少数。国民政府于十七年〔1928〕一月公布之《修正大学区组织条例》第三条,规定"大学区设评议会为本区立法机关"。此项条例,虽只为试行大学区省分,但在教育行政史上确有论述之必要。至将来是否各省皆用大学区办法,而连带设立评议会,或将评议会试验效果,推行各省,二者或居其一。查评议会组织非常复杂,江苏刻已遵照条例组织矣。组织分子如下:

(1) 大学校长1人,教授2人,由大学区经费设立之国立大学及已立案之私立大学推举之。

(2) 中等学校校长及教员5人,由大学区设立之中学,县立及已立案之私立中学推举之。

(3) 小学校长及教师5人,由大学区设立之小学及县立完全小学推举之。

(4) 县教育行政人员5人,由大学区各县人员推举之。

(5) 法定教育团体代表5人。

(6) 扩充教育团体代表5人。

(7) 学术界有声望而热心教育者5人,由大学校延聘之。

以上人员,除(1)项外,暂以1年为任期,所有全省教育计划及设施办法,统由评议会讨论而解决之。

(三) 县区之委员会　由前两段言之,于国民政府旗帜之下,关于审议全国教育事宜者，有大学院之大学委员会；关于一个大学区者，有大学区之评议会；惟关于施行国民教育之县区，除浙江颁布之《县政府教育委员会简章》外，其他各省皆未有何表示。江苏为比较进步省份，且又大学院所在之地，岂其无暇及此，抑自有其特别政策乎？南京、上海两特别市教育局之组织，似甚完备，而非普通省教育厅所能望及，但于此端独无计划，岂地方教育之推行，官厅能独当其责，无庸人民之合作乎？兹述浙江计划于次。

浙江省政府，于公布《县政府教育科规程》时，当即公布《县政府教育委员会简章》十六条。十七年〔1928〕议复县教育局制度时，公布之《县教育局暂行条例》第四条规定"县教育局设教育会为筹议及辅佐全县教育行政之机关。其简章适用《县政府教育委员会简章》惟……"故旧颁简章仍然有效。

查委员会简章第一条，"……设县教育委员会，筹设县教育行政事宜"，似与一般审议机关之作用又进一步。其组织方式，系以固定及聘任两种委员合成之：固定委员为县党部代表1人，县长、县教育局长、县视学；聘任委员为（1）热心提倡本县教育著有成效者，（2）富有教育学识及经验者。聘任委员由固定委员多数之议决，以县政府之名义聘任。其人数由3人至5人，任期3年。委员会主席由委员互选之。每月开常会一次，由主席招集；但经委员3人以上之提议，得招集临时会议。委员会得设机关，办理会务。委员会职权如下：

（1）审议县教育之方法及计划。

（2）筹划县教育经费。

（3）审核县教育之预算又决算。

（4）议决县政府交议事件。

（5）提议关于县教育事项。

依照简章第八条之规定，"各县市或乡，视地方之需要，经省政府之核准，得酌设县教育委员会某市分会或某乡分会。"市乡分会委员人数，3人至5人；依照县委员之资格，由县委员会多数议决，用县政府名义聘任之。市乡分会对地方教育事业职权甚大。依第十一条之规定，分会职权"准用第四条之规定，但以该市或乡为限，除前条准用外，并得因县政府之委托，管理该市或乡教育行政事宜。"第十四条并规定，"分会之市或乡范围内之区教育委员，应受该市或乡分会之指挥，并随时列席于该市或乡分会报告一切。"

由此观之，浙江不特设县教育委员会，且于市乡设立分会。分会之权除议决案件外，且能受县政府之托，管理行政事宜，并指挥区教育委员执行事件。著者深信此项机关在未施行自治时，为促进地方教育普及之最有效的方法。今日高呼教育普及，实现总理教育计划者，应实地研究浙江办法；否则，空谈而已，何济于事？

第六节　自治式参议机关之今后问题

我国地方教育行政设立自治的参议机关，比较稍晚；故他国历史上经验可以藉为我国今日之参考者甚多；然人类性质与地方情形诸多殊异，若一律借镜他国，固可节省时力，免受无谓牺牲，然天演程序非一步一趋，亲自试验，不能谅解其价值，而革命之事终未能已也。譬如今日之省区参议会，县市区之董事会，其组织与行政方式皆采用外人多年试验之成效，似可免除耗费，立收大效矣；吾则以为此项问题，仍须吾人亲身之经验，而改造之也。今日制度所以异于广东年会时之建议者，亦由于此。兹举其重要问题数项，并讨论其理由如下；希望学者急起而试验之，以为他日解决之根据。

（一）组织上问题　先由组织上之参议员产生而言，通常有选举与委任二法。考我国制度所以规定为委任者，诚以选举之弊甚多：如（1）贤能者之见解每每甚高，不为一般人所了解，故难当选；（2）目下选举必须运动，而运动方法日趋卑下，自好之士多不愿运动，故不当选；（3）选举最易引起地方主义，一经地方主义之限制，客籍贤者不能当选；（4）选举虚耗时间，分心害事；（5）选举最易引入政治，教育一入政治漩涡即难拔出。有此五弊，故不主选举。加之委任亦有优点：如（1）委任之权既操于教育行政长官，则将来由长官委任之人，必能和衷共济，事权亦可因之统一；（2）知人善用，较选举之制，明知某也才某也能，但以其不为众人所赞成，或不愿作选举运动之故，以致不能当选者为佳；（3）可免上列选择之弊。有此数利故主委任。以上所陈利弊，不过学理，且委任之制亦非绝对无弊。总之，我国行政制度素系独裁的官治，实不欲骤然间采用合议的自治制度也。

然以上乃指美国试验之结果而言。我国在选举方面，并未有何经验；假使越过这个阶级，则未必即为有效方法。此吾人应先研究之第一问题也。

（二）选举方法问题　地方教育董事将来必须选举，非但适应潮流趋向，亦为自治时代人民不愿放弃之权利；其教育上效率如何，尤为较次问题。选举矣，然则分区选之，各就区内住民选其代表，抑效美国全县之各区联合推选乎？分区选举者，系就县市区域，分配其董事之选举。故每个学区皆有其选举本区代表，出席董事会之权。普选者以全县市为整个选区，联合选举本地贤能，而不受住址之限制。故凡选出之人，皆是地方贤能，并能以全部教育为念；盖贤能之人往往住于一隅，若用分区选举办法，每区每次只能举出一二人。而普选则完全以贤能为主，不受任何限制。

然在自治初创之际，欲打破地方区域，非居民胸襟阔达，眼光深远，而以全县之教育利益为主，殊非易事。此吾人必须研究之第二问题也。

（三）被选资格问题　至于被选人之资格，将来决不能长此为教育界垄断。董事会既为代表地方一般人之团体，则士农工商皆有当选之资格。就原理而言，教育是为一般儿童设施的；经费是一般人交纳的；则一般人皆有表示主张之权利；皆有维持改良之义务。且教育界人士对于教育表示之意见，每每为主观理想所限制；一般人士之意见则多为客观的、超然的；故每每中肯而为改良之大助。先进之国已经实行，而示我以效用矣。将来我国董事会之人选，当以社会中有教育兴趣，而愿努力维持发展者，为合格；操何职业，不成问题也。

虽然，教育董事与教育局长之资格系对待的。设董事为普通人，则局长应为专家；换言之，局长为普通人，则董事应为专家。二者之一必须专家。否则教育之计划、设施、视察、指挥窒碍必多。若以我国今日情形与美国比较，则美国之教育局长皆为专门训练之人，而董事则为普通人，我国情形适得其反，董事大部分为教育界专门人才；而局长表面为准教育家，而其实十九皆普通官僚。近年通商大埠间有教育人士充当局长者；但为数不多，且有官绅臭味。依原理而言，局长为行政首领，必须具备专门知能；在理应为专家。局长既为专门家，如欲免除教育上隔阂起见，则董事必须普通人；但此种理想究应如何实现，实吾人必须研究之第三问题也。

（四）职权上问题　职权上将来如果发生问题，大概不出下列两项。按此次规定的三条，只有审查讨论之义务，并无监督指挥之权利；至于自动提议则无明文规定；其已有明文规定者，为审议之后，须经行政人员酌量施行是也。质言之，董事之权至审查讨论为止；执行与否，不能过问；盖一咨询机关也。将来地方自治完全恢复，职权方面如有问题，此即其一也。

假使教育真个为地方固有事务，董事职权究应如何规定？将用概括方法规定之乎？抑用列举方法乎？就效率而言，董事机关当以列举方法为佳。我国设立董事年代尚浅，经验尚少，加之，专制已久，事事皆为官办，人民自治能力亦极薄弱，一旦自治，而董事职权又为概括，则急进者遇事包揽；缓进者一筹莫展，殊非地方之福。假使列举，则所有职权明白规定，可免上述两项危险。现在一般地方办事人员，因为职权规定概括之故，所以职务上应办未办事宜至多。非不欲办，因职权上既无明白规定，而于教育行政学又未尝研究，故不知其事权范围也。但以学理而言，自应采取概括方法。此吾人必须研究之第四问题也。

至于我国董事会制度上其他问题，如任期定为3年，最为适当。盖过长，则精神方面易于怠倦；过短，则不足展其经纶。如以任期终了之后，尚有服务的兴趣，则有连举连任之办法，以为补救。至轮番改选之制，每次改选一二人，实为他国实验后之良规。此法之长在维持团体之永续，地方教育计划得以贯彻，行政方针得以稳固。且每次加入新人，不啻使团体获得新血液，激发一种新精神，形成一种新生活。然以加入之人数有限，故对于成案只有稳健的改良，而无根本推翻的危险。再就董事人数而言，太少，不足以代表全体，而收集思广益之效；太多，则意见庞杂，圆满合作，殆不可能。召集会议，既多困难；互相推诿，不负责任，尤为常有状态。此制规定5人至9人，实为适中之数。

总之，我国董事会制度之选举方式，人选标准，及事权规定，实为教育行政上必须改革的问题；然亦官办制度下，常有的办法。将来自治恢复，此项问题必须解决。至于任期、改选及人数问题，西人已经试验，而原则上之可以采取者，不妨采取之；否则，必吾人自身之研究与试验。

研究问题

（一）教育何以应当自治？我国教育行政上何以应当设置民意机关？

（二）就我国现情与将来需要，官治的教育行政与民治的教育行政，孰较合宜？有何理由？

（三）为促进地方教育之普及起见，自治式之参议机关，应有如何组织与事权？

（四）第七届全国教育会联合会建议之改革地方教育行政制度案失败之理由何在？

（五）研究地方自治最盛之美国市教育行政制度，并以其 Board of Education 与 Department of Education 和我国现制之市董事会与教育局比较。

（六）实地调查一县教育董事会处务情况，并列举其困难问题。

（七）或谓我国今制之参议机关系夹于官治与民治之间之官民合治办法，试各证明其说。我国何以未至民治地步？

（八）调查政府最近公布之审议机关条例，并评论浙江县教育委员会及市乡分会办法。

第三段

学校系统与教育设施

第一章

总　论

（一）教育之分类　教育分类之法，学者因观察不同，主张不一。但与行政关系较切者，则有纵横二说。就纵而言：有初等教育、中等教育、高等教育三段（幼稚教育近来亦有主张列于教育系统以内者）。就横而言：则有普通教育、专门职业教育、特别教育三项。前者之分由于程度，而后者则根据性质也。二者标准虽然不同，但其应用实有连带关系；盖言程度决不能脱离性质，亦犹言性质而不能脱离程度也。非并用之，不能完备，故二者关系亦惟有先后而已。

此外，更有就教育之目的而分预备教育与专门或职业教育者；有就作用而分普通陶冶与专门训练者；有就性别而分男子教育与女子教育者；亦有就设施场所而分家庭教育、学校教育及社会教育者。观察不同，于此可见。其实种种分类，不过教育之诸方面耳。故本段先论学校之系统，俾学者明了各段教育在系统上之地位。次论各段教育设施与行政之责任，以明现在之情况及应行解决之问题。

（二）设施教育之责任　教育分类的标准虽有种种，但考各国教育行政之通例，大都先依教育程度所分之初、中、高三等，分配其设施之责任。然后各就地方需要及经济情况，按其缓急轻重，分别设施各项性质之教育。

至于设施之责任，素就行政区域分配之。大致初等教育，由县市乡设立为原则；中等教育，由省区设立为原则；高等教育，由国家设立为原则。但近以"升格运动"之结果，前项分配之原则已略有变更。详情请于以下诸章分别论之。

分配原则虽如上述，但设施上仍有例外。盖以政治区域常随时代而变迁；办理教育亦因运动而升格。因此前清与民国不同，新制与旧制有异。依光绪二十九年〔1904〕，《奏定学堂章程》之规定，"于省城设大学堂（此处大学堂略与大学预科相等）或高等学堂；府厅直隶州设中学堂；州县设小学堂。"是以大学预科同等程度之高等教育归省办；所有优级师范及高等实业等校属之。中等教育归府厅直隶州办；所有初级师范及中等实业等校属之。初等教育归州县办；所有初等实业及其他小学同等程度之特别学校属之。国家则于京师设分科大学及大学院，为学问之极则。此外，尚有各种特别教育，则归专管各部设立之。

民国肇兴，政治区域，及时代需要略变。高等教育归国立；所有大学校、研究院、高等专门以及海外留学属之。中等教育归省立；所有中学校、师范学校、甲种实业学校属之。并得依据情形，办理专门学校及国内外留学等项。至于高等学堂与优级师范，则一律停办；另由国家规划学区，设立国立高等师范。高等实业及法政等校，则改为专门学校，国家与省区皆得设立之。初等教育仍由县办；国民学校归市乡设立；高等小学及同等程度之学校则为县立。但依据地方情形，市乡得设高等小学校；县或县联合，得设中学校及师范学校。

十一年〔1922〕新学制公布之后，分配标准又有变动，但与全体关系不大。惟新学制特色本在纵横活动，以求适应地方。孰料设施困难，即在过于活动。国民政府成立，虽为促成革命运动，主张党化教育，但于学校系统并无变更之拟议。故本段以次诸章，以政治区域为单位，而述各段教育之设施。并举其设施上之问题；俾学者明了现在各级教育行政区域，及设施系统上各段教育之情况焉。

（三）学校系统与教育宗旨　学校为设施教育之所，亦即实现教育目的之机关。学校之分等级犹之教育之分段落。各段教育各有其特殊目的，因此各个学校亦各施行其特殊教育，实现其特殊目的。学制为全部学校之系统，各个学校虽有其独立存在之作用，但在学制上，却为整个系统之一单位，各就其地位与性质，共同求达国家教育之宗旨。盖学制既为各个学校之综合体，而其组织又依据各段教育本身之作用，和国家需要之情况以及国民经济之力量；一方且又折衷于学者心身发展之程序，及教育上最经济最有效之原则。故学制所欲求达之教育宗旨，即各个学校所欲实现之教育目的之总和。

论及国家教育宗旨，我国在壬寅学制发表以前，学校既无系统，故无所谓确定宗旨。"想养成什么人才，即办什么学校；上头没有深造的研究，下头没有基础的预备。"及至光绪二十七年〔1901〕七月，第一次教育宣言，始有"其教法当以四书五经，纲常大义为主，以历代史鉴及中外政治艺学为辅；务使心术端正，文行交修，博通时务，讲求实用；庶几植基立本，成德达材，方副朕图治作人之至意"等语。但前段是教育方法，后面虽然说明所欲训练之人，然仍非今日所谓之教育宗旨。迨《奏定学堂章程》公布之际，始规定"忠君、尊孔、尚公、尚实、尚武"为正式之教育宗旨。民国成立，前清陈物自然不适于用，因由教育部改为"注重道德教育，以实利教育，军国民教育辅之；更以美感教育，完成其道德"。至今并未有所更张。现在新学制早已成立，其所根据之七条原则，已使旧学制之根本发生变动（见新学制全案）。教育宗旨应否重新规定，实为今日重大问题。学制本为求达教育宗旨之工具；然则此项新工具之制造，是依民国元年〔1912〕教育宗旨之需要乎？抑依现今国家之需要乎？假使新学制之组织，是依今日之需要，则教育宗旨之改定，诚不可缓矣。然其改革标准固明言："根据教育原理，参酌世界趋势，并顾及本国国情，以图教育之进化"也（见第十章第六节）。

国民政府成立，在理对于教育宗旨应有彻底改革，以贯彻其以党治国之精神。但今日除党化教育外，似尚未有其他主张。党化教育者，以国民党之宗旨与精神贯彻于教育事业，以便养成革命化、平民化、科学化之忠实党员。一切不利于党的宣传及反对党之思想，皆在严禁之列。总之，以教育为促成党的运动，巩固党的团体而已。至于全部教育宗旨之更改，此时尚未谈到。

第二章

学校系统

第一节 学制沿革之概状

我国学校系统之沿革,可分三个时期:一为创兴时期,二为过渡时期,三为系统成立时期。第一时期包括同治以后甲午以前的数十年间之学校办法。查当时设立学校,仅为养成国家需要之人才而已。需要翻译条约及办理洋务人才,故设同文馆。需要制造机器及建筑船只人才,故设机器及船政学堂。需要创兴海军及训练陆军人才,故设水师及陆师学堂。总之,需要何种人才,即开办何种学校;而各项学校之入学程度,修业年限,以及课程标准等制度,皆以各项人才需要的资格为准则。故制度各别,不相统属。"在底下没有基础,在顶上没有研究。"所有平民教育及男女教育机会均等问题,更未尝梦及。

第二时期包括甲午〔1894〕以后壬寅〔1902〕以前的数年间之学校办法。当时学校渐由"一段制度"而入于"多段制度"。但仍为人才教育试验之结果,而乏平民主义之趋势。其显著的沿革如下:

光绪二十一年〔1895〕，盛宣怀创设北洋西学堂，由直隶总督奏准分"头等学堂"与"二等学堂"两级，各以四年卒业。二等学堂卒业，升入头等学堂。

次年，孙家鼐于议复《开办京师大学堂折中》，主张小学与大学两段，"小学堂之学生数年后，中西各学俱通，升入大学堂"。

同年，李端棻奏请推广学校。主张（一）设府州县学，选民间俊秀子弟，年十二至二十者入之。（二）设省学，选诸生年二十五以下者入之。（三）设京师大学，选举贡生监年三十以下者入之。各以三年为期。

又次年《奏定京师大学堂章程》公布。按照章程，分大学堂、中学堂及小学堂三段。小学卒业，升入中学；中学卒业，升入大学。

查以上沿革，我国学校似由"一段制度"渐入于系统的办法。但当时大学以下学校仍为大学之预备，而其本身并无特殊之目的。故实际言之，仍不失当初"一段制度"之精神。且所选学生乃所谓民间俊秀子弟，而非一般国民；故仍不失当初人才教育之性质。不过此时学校由试验之结果，已经觉悟，养成人才必非短时间所能圆满收效；其先宜有相当之预备，其后尤需充分之研究与实验。因此头等学堂之下，设有二等学堂；中学堂之下，设有小学，更于其上设立大学；故此种变迁，虽受外国学制之影响，亦由长时期实施得来之结果也。

第三时期则自壬寅年〔1902〕颁布《奏定学堂章程》[①] 始。此时学校已入于有系统的办法，平民教育与人才教育，并为注

---

① 〔特编注〕误。应为《钦定学堂章程》。

重，实自此时起。其显著变迁有壬寅学制〔1902〕，癸卯学制〔1904〕①，壬子癸丑〔1912〕学制及最后壬戌〔1922〕公布之学制四种。

第二节 壬寅学制

壬寅学制为我国施行新教育之第一次学校系统。此制全体分初等、中等及高等三段。初等一段，更分蒙学堂、寻常小学堂及高等小学堂三级，合共十年。与高等小学堂平行者，有简易实业学堂。中等段四年。相与平行者，有中等实业学堂与师范学堂。中学之内得设实业科。高等段分大学预备科或高等学校（各省单独设立者，为高等学堂；设于大学之内者，为预备科）、大学堂及大学院三级。大学院无定期，预备科及大学堂各三年，合计六年。与大学预备科平行者，有高等实业学堂，及超过一年之师范馆。大学预备科或高等学堂分政艺二科。大学堂则分政、文、商、农、格致、工艺、医七科。全制共计二十年。入学年龄为5岁。故5岁入学至大学卒业，当为24岁。本制之特点有三：第一特点教学机关与行政机关合为一体。当时京师大学堂兼有统辖指挥全国教育之权。学堂各以等级，负教育行政之责任。上级学堂对于下级学堂，有复试学生，给予奖励，及监察指挥之权。下级学堂对于上级学堂，有报告及受指挥监察之责。"各省府州县学堂训章应由大学堂总教习总办拟定，请旨颁行。"官立小学堂对于蒙学堂，亦有规定课程，稽查成绩之权。其第二特点为女子教育，在学制上，并无规定，质言之，此时学堂专为男子而设，

---

① 〔特编注〕癸卯学制颁布于光绪二十九年十一月二十六日，是为公元1904年1月13日。

因一般社会对于"男女之辨甚严,少年女子断不宜令其结队入学,游行市上。且不宜多读西书,误学外国习俗,致开自行择配,及渐长蔑视父母之风。"第三特点在无补习教育。成人教育,各国视为重要问题;而壬寅之制,则未及注意。至于小学卒业而不能升学学生,更无相当补习之规定。此壬寅学制之大较也。

壬寅学制系统图〔光绪二十八年(1902)〕

学年				
20		大学院		1.政 2.文 3.商
19		大学堂		4.农 5.格致 6.工艺
18		(分七科)		7.医
17	师范馆与学堂	高等学堂及大学预备科（分政艺二科）	高等实业学堂	
16				
15				
14			实业科	简易实业学堂
13	师范学堂	中学堂		
12				
11				
10				
9		高等小学堂		简易实业学堂
8				
7		寻常小学堂		
6				
5				
4		蒙学堂		
3				
2				
1				

第三节 癸卯学制

癸卯学制系统图〔光绪二十九年（1904）〕

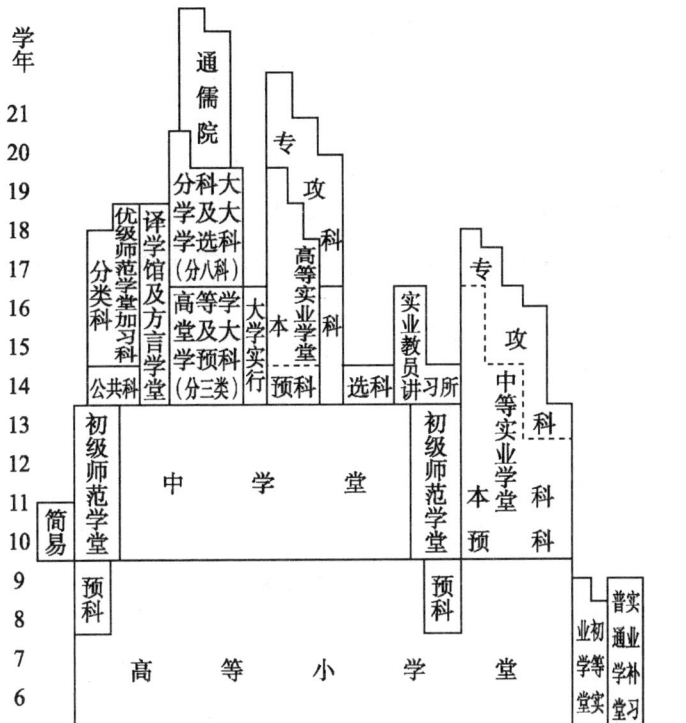

壬寅学制甫经颁布，管学大臣忽然更动。次年，由张之洞会同张伯熙修改前制，请旨颁行；于是有癸卯之制。按此制全部共二十一年。初等一段，分初等与高等小学堂二级，共九年。较壬寅少一年。入学年龄为6岁。蒙养院除外，招收6岁以下儿童。与初等平行者有艺徒学堂。实业补习及初等实业学堂，则与高小平行。中等段较壬寅制多一年，为五年。初级师范学堂及中等实业学堂程度亦较前提高，并设预科。中等实业学堂得设专攻科。大学预科仍为三年。大学本科则为三年以至四年。大学分八科，较前制增经学科。通儒院无定期。高等实业学堂及优级师范学堂年限亦超过大学预科。所有高等教育多有预科制度。此癸卯学制之大较也。

癸卯制度公布三年，中央学部成立。翌年各省提学使司，各县劝学所，亦先后成立。教育行政管理机关成立之后，对于二十九年〔1904〕修订之学制，先后有以下之修增。

（一）三十一年〔1905〕十二月，通行设立半日学堂，专收贫寒子弟，不收学费，不拘年岁。是为平民补习教育之始。

（二）三十三年〔1907〕正月，颁布女子小学章程，分初高两级。修业期各四年。但不得与男子小学同校。是为女子国民教育之始。

（三）宣统元年〔1909〕三月，变通初小章程。分初小为三种：(1)为五年完全科；(2)为四年简易科；(3)为三年简易科。是为平民简易教育之始。

（四）元年〔1909〕十一月，颁行识字学塾章程。专为年长失学及贫寒子弟设之。三年后，改为专为年长失学者而设，是为救济年长失学者之始。

（五）三年〔1910〕规定义务教育为四年，并拟定施行办法。是为义务教育之始。

（六）初等男女同校。是为男女同校之始。

第四节　壬子癸丑学制

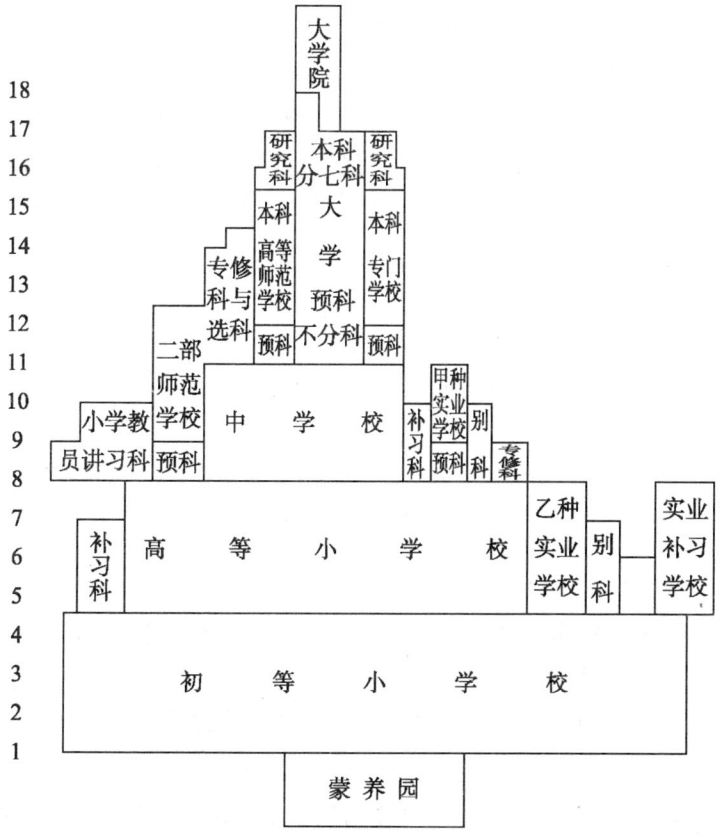

壬子〔1912〕光复，国政变更，学校制度，自不适用。先是，元年〔1912〕由临时教育会议议决修正案，经教育部公布。复经二年〔1913〕详细修改而成壬子癸丑学制〔1912～1913〕。

此制全部计十八年，较癸卯之制缩短三年。初等分初等及高等二级，改九年为七年。入学年龄为6岁。蒙养园则招收6岁以下儿童。与高小平行者，有乙种实业学校及实业补习学校。初等之上有补习科，与高小前二年并行。中等段改五年为四年。改中等实业为甲种，降与中学平等。师范学校为五年，超过中学一年。分二部。设预科。中等段前一年设有补习科。高等段之大学及预科，仍为六年。预科不分科。本科删去经学一科，仍分七科。但或文理二科并设，或文理并法商二科，或理科并医农工三科，或二科，一科皆得称大学。高等专门学校及高等师范学校程度超过大学预科，本科之外，皆设预科。并得设研究科。其研究科程度几与大学平等。各省单设之高等学堂至此废止。大学院仍无定期。

此制公布之后，所有男女在教育上皆得享受平等机会。即旧制中，因"身家清白"问题，而受教育上的限制者，至此亦得解放。此壬子癸丑学制之大较也。

第五节　民初以后之修增

民初改制本属偬促。复后补充及修增之点不少；惟于大体无碍。兹撮要略举于下：

（一）三年〔1914〕二月颁《半日学校规程》，为12岁至15岁之儿童设之。

（二）四年〔1915〕七月改初等小学为国民学校，并颁《国民学校令》及《细则》。

（三）改儿童学龄期自满6周岁至13岁，凡7年。原定满6岁至14岁，凡8年。

（四）定义务教育年期以国民学校毕业为止。

（五）定高小男女同校者各编学级。

（六）四年〔1915〕十一月颁《预备学校令》，专为入中学校者设之。仿德之双轨制也。

（七）五年〔1916〕十月帝制失败，取消《预备学校令》。

第六节　新学制之产生

壬子癸丑学制经十年之试验，发现弱点甚多。益以教育思潮大变，此项制度几难存在。第七届全国省教育会联合会为应时势之需要，拟定《改革学制草案》。征求全国意见。十一年〔1923〕九月，教育部根据此项意见招集学制会议于济南，讨论《学校系统改革案》。出席者有各省区教育行政机关代表，各省区教育会代表，专门以上学校校长，内务部民治司长，教育部参事司长，以及部聘部派人员。讨论结果，经《政府公报》公布，遂成今日之学校系统。查此案改革标准，系"根据教育原理，参酌世界趋势，并顾及本国国情，以图教育之进化。"分言之，略有七项。

（一）发挥平民教育精神。

（二）注意个性之发展。

（三）力图教育普及。

（四）注重生活教育。

（五）多留伸缩余地，以适应地方情形与需要。

（六）顾及国民经济力。

（七）兼顾旧制使革改易于着手。

此制全部合十六年以至十八年。初等段六年，原定为单整小学，不再划分段阶；但以现在各地情形论之，仍须分为高初二级。初级四年，高级二年。入学年龄为六岁。蒙养园招收六岁以下儿童。初级小学以上，得设相当年期之补习科。小学校得斟酌

学校系统图

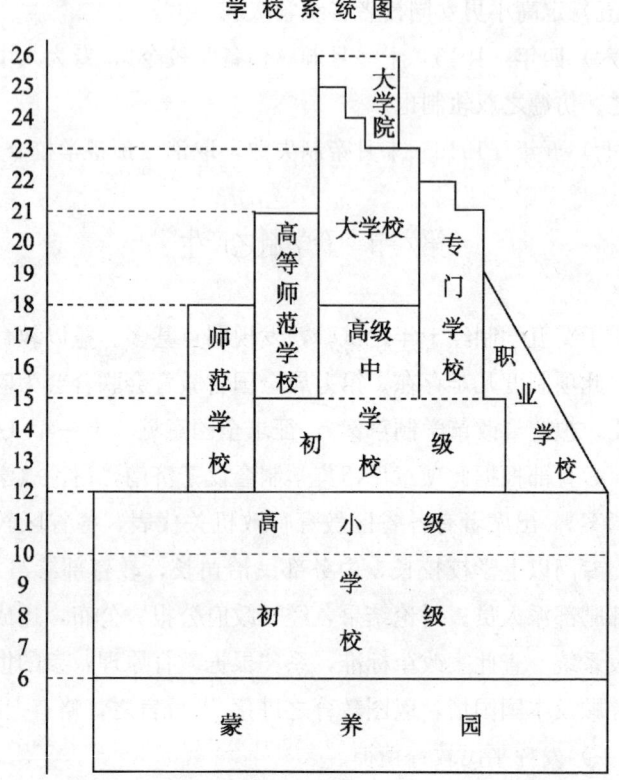

本图左行之年龄，表示各级学生入学之标准；但实施时，仍以其智力与成绩或其他关系分别定之。

地方情形，为初级毕业生增置职业准备之教育。旧制之乙种实业学校则改为职业学校。并明定义务教育为四年，但得延长之。中等段六年，分初中与高中二级；各按地方情形，采用四二或三三制度。初中施行普通教育；高中除设普通科外，得分设农、工、商、师范、家事等科。旧制之甲种实业学校改为职业学校，或高级中学农、工、商等科。师范学校与中学平行。有用中学六年师范者，有用中学后三年者。高等段废止预科。大学校修业年限四年至六年。或综合，或单科，皆得称大学。高等师范四年。专门学校四年至五年；初中四年卒业者入之。但提高程度，改收高中卒业者，其修业年限为四年或四年以上者，得改为单科大学。此制之特点有八：

（一）采用选科制，使青年个性易于发展。

（二）为适应特殊之智能；对于天才教育者，得变通其修业年限。

（三）纵横活动；任何地方都可斟酌办理。

（四）废止旧制，不设预科。

（五）小学年限缩短，且为单个的。

（六）段阶划分根据个性发展。

（七）高专年限弹性逐渐废止。

（八）中学分升学与职业两部。

我国学制之沿革已略举之。至于详细情形，学者参阅陶知行①先生之《中国建设新学制的历史》可也（见《新教育》第4卷第2期《学制研究号》）。惟变更学制，关系教育行政至巨。除旧更新之中，每每发生行政上严重问题。盖学制为教育设施之标准，标准变更，则行政失其依据。非俟新制确立，则行政不克复其常态。盖建设制度易，变更制度难。一则依据国家教育之政策，社会与个人之需要与能力，以及教育本身之需要，规定其设施之办法；而一则依据上述标准，参酌旧有制度，更定其较适的办法。质言之，一则建设而已；一则合破坏与建设两重手续而折衷之。故建设难矣；于破坏之上而建设之，其难更可想见。自新制之问题起，经数百千人之考虑与讨论，历二三年时间之研究与试验，然后始克公布。公布之后，各省为慎重其设施手续，研求

---

① 〔特编注〕即陶行知。

其行政上便利，招集新学制会议，期收集思广益之效。会议之后，又几经努力，几经牺牲，迄于今日，仍未能圆满设施，则其问题之复杂，变更之非易，可以知矣。兹谨就其变更上所发生之重大问题，按其段落，分章撮要述之。至若各段教育的学理上，行政上之圆满解决，因限于篇幅与时间，留待学者自行研究可也。

研究问题

（一）试拟学制之说明。

（二）申论我国教育宗旨。今日有无重行规定之必要？各拟新教育宗旨之建议案。

（三）我国最初学堂取一段制之原因何在？利害若何？何时变为多段制？其故何在？

（四）我国教育作用，初在培养人才，其故为何？何时发现平民教育精神？

（五）我国女子教育何时开始？试言其进展情况。

（六）我国自有学制以来，改革几次？每次改革中有何趋势？

（七）试言新学制改革之原因，比较旧制有何独优之点？

（八）试举学制与教育行政之关系，学制变更与教育行政有何影响？

（九）最近教部颁布改三三制的中学为二四制之令，试问理由何在？

（十）就《学校系统改革令》及《新教育》、《中华教育界》、《教育杂志》等特刊，精密参考之后，作"新学制精神"论文一篇。

第三章

县市乡与初等教育之设施

县市乡所负法律上教育设施责任之范围,吾人于本段总论上,已略举其历史上情形矣;但其主要责任,则在初等一段。兹先述其设施初等教育之情况,然后再论县办师范及初级中学问题。

第一节 初等教育之设施责任

(一)初等教育之目的 初等教育以程度而言,分初级、高级两段。初级四年,高级二年,计六年;盖为满6周岁至13岁学童设施之教育也。以性质而言,则有三项:(1)为初等普通教育,在普通小学校设施之。其前段略似国民学校,以施行国家根本教育,注重儿童身心之发育,施适当之陶冶;并授以国民道德之基础,及国民生活所必需之普通知识技能为本旨。后段略似高等小学校,则以增进国民学校之学业,完成初等普通教育为目的。(2)为初等职业教育,在(乙种)职业学校之设施;或附设于小学校,称职业准备科。目的在培养参加社会职业活动必需知能之准备。(3)特别教育,或特设,或在小学校附设之,如盲哑学校、孤儿学校、半日学校、补习学校,及为天才或低能儿童特设之学级或学校,与常儿分别教育之者。初等教育虽有上述三种,但以普通小学校为中心。故行政上规定设置之责任,亦以普通小学为重。他项教育则视地方之经济情况为需要程度,酌量施行之。

(二)设施之责任　小学校之设立,按现代各国通例,无不视为自治区之法律上义务。惟小学有作单整者,有分为两段者,于是责任之规定,亦有不同。凡采用分制者,其责任亦分任之。故我国旧制国民学校为市乡自治区之义务;而由县知事监督之。至于高等小学校则由县区设立之。故《国民学校令》第四条云:"自治区设立足容本区学龄儿童之国民学校";而未及高等小学校及其他类于高等小学校者,则国民学校为自治区法定之义务可知。但"各自治区已设国民学校,于足容本区学龄儿童,确有余款时,得设立高等小学校"(见《高等小学校令》第三条)。是高小之设非市乡绝对之责任,又可知也。

(三)合立学校之办法　据以上所述,设置旧制国民学校之责,在市乡自治区。校数之多寡,以足容本区之学龄儿童为准。然自治区之成立,概由于沿革而来,不惟其贫富不同,即面积亦有大小。故有时儿童太少,不便设校;有时地方辽阔,聚集为难;于是有联合设立办法之规定。大要如下:

"自治区之一学区内,如有不能于通学适宜之地域,成立一国民学校者,区董得令邻近学区,处理其一部分就学儿童之教育事务"(见《国民学校令》第七条)。"设邻近学区,遇有不能处理前项教育事务时,县知事得令该区与邻近自治区协议之。惟遇事争端莫决时,由县知事决定之"(见《地方学事通则》第四条第二项)。"学校联合之解除或停止,须得县知事之认可;及因解散而发生财产上纠纷时,亦由县知事决定之"(见《地方学事通则》第四条第三项）。

总之，市乡自治区在法律上，担负国民教育设施之责；但由国家代表之县知事监督之。高等小学校则为县立。其设置变更，以及校数、位置等项，皆由县知事规定；但须经该管长官之认可。

第二节　学制变更与设施问题

（一）改制后之行政上问题　新学制既变七年小学为六年，又以旧制分两段，各段设施皆有专责；于是实施上顿感困难。比如新制六年小学原取单整，不分段落；但以旧制关系，不得不分初高两级。分两级矣，是否继续原有办法，区办初级？县办高级？若然，则四年之国民，是否换汤不换药的改为初级小学？否则，课程编制上之改革标准若何？又三年之高等改为二年之高级，其课程上应如何折衷？编级上有何根据？二年之高级单独设立乎？若与初级合设，其经费之支配标准如何？以上所述，关于学校编制、学级编制、课程编制及经费担负等项，皆为行政上困难问题。

（二）皖省解决之办法　近查各省关于此种问题之解决，略有不同。兹录安徽规定之《各县小学校实施新学制标准》六条，及《旧制处理》二条于次，以为参考。

　　各县所有小学校，得视地方情形，照下列办法酌量改组。并限于奉到办法3个月内，将改组计划，具报核夺。以期十二年〔1923〕秋季开学，各县小学校一律适用新学制。

（1）初级小学以市乡经费负担设立为原则。完全小学及高级小学以县经费负担设立为原则。但初级小学校学生在 20 级以上之市乡，经县教育行政机关认为有设立高级小学之必要者，亦得由市乡经费负担设立，于县经费充裕时，酌量补助之。其补助事项以教员薪俸为限，补助数目以市乡经费 $\frac{1}{3}$ 为限。

（2）高级小学应与初级小学并设。但遇同学年有两级以上，或设有补习科职业补习科者，亦得单独设立。县立高级小学，亦得与市乡立初级小学合设。此项合设之小学，初级经费仍由市负担，校长由教育局长委任。

（3）高级小学校得视地方情形，设置职业准备科。

（4）初级小学修了后，得给以义务教育四年修了之证书。

（5）义务教育入学年龄，定自满 6 周岁至 10 岁止。其确有特别情形，经市乡学务委员查明报告，由县行政机关许可，得展缓或免除之。

（6）市乡立初级小学校视地方情形，得为年长失学者，施以补习教育。

旧制学校之处理：

（1）旧制高等小学校学生仍照旧制办理。自民国十二年〔1923〕度起，招收新制新生。其二年级课程修了之学生，投考中学者听之。

（2）旧制乙种实业学校，一律改为职业学校。

第三节　县办师范讲习科问题

（一）县办师范之经过　查师范讲习科之设，其初本为县立。当前清光绪二十九年〔1903〕，我国第一次公布教育计划时，即规定初级师范以州县立为原则。设五年之完全科，及一年之简易科。并为品行端正,文理平通之教授门馆先生,并设十个月之师范讲习所以为小学副教师之选。三十二年〔1906〕年,学部以前项州县立之初级师范计划,格于人才经济未易实行,而教师缺乏日益众多;于是令各省设一年卒业之初级简易科,五个月卒业之体育专修科,及二年卒业之优级选科。宣统二年〔1910〕,通令停办优级选科及初级简易科;令初级师范设单级教授与二部教授,以应乡村小学之需求。民国成立,改县立师范为省立,停办简易科及讲习所;于师范学校内,附设小学教员讲习科。但依《师范学校令》第二条之规定,"县因特别情事,依本令之规定,由省行政长官报经教育总长许可,得设立师范学校,名县立师范学校。""两县以上联合设立师范学校者,亦须依前项之规定。"至是县办师范学校之法律上绝对的义务解免。近年,各省以义务教育之推行,缺乏师资之故,划新制上之相当年期师范讲习所归县办,而以省款补助之。故在县区,一方回复旧日法律上之义务;一方得就近培养适合地方需要之师资。在省区,一方使各县得尽量培养所需之师资,惟对于财力薄弱者,有以省款补助之责;一方为整齐义务教育起见,有规定标准,监视设施之责。

(二)皖省补助之办法　安徽依据此旨,于民国十二年〔1923〕,议决《省款补助各县造就义务教育师资办法案》。一面指定省款用途,一面确定设施标准。盖师资需要固属孔亟,培养标准,尤须规定。否则,整齐之效难于观成;而教育机会亦因是不得平均。兹录其全案于后。

> 查本省前因义务教育亟待推行,由省款补助每县三千元。支配方法,以五百元为调查学龄儿童费,以二千五百元开办师范讲习科。调查学龄儿童,业经通令各县举办。惟师范讲习科不统筹划一办法,必致无良好结果。兹拟定办法两种,听凭各县采用一种。

一、由各县自由委托省立中等学校办理。

二、两县以上联合办理。其主任教员须高等师范毕业，或曾任师范学校教育教员，始为合格。

无论采用何种办法，学生肄业期间，须满足二年。小学校所有学科之教授法，均须有实习成绩，呈送核准，始予以毕业。

嗣后，各县或以单独设立在先，或以地方特别情形，相继呈请独办。于是又规定每县必须自筹经费若干，始准动用省款，以为自办条件。并一面颁行二年卒业之师范讲习科课程标准，以为设施标准。江苏第七次教育行政会议决以前期师范划归县办，并规定补助办法。详情见后。

第四节　县办初中问题

（一）县区对初中之责任　近查各省对于六年中学之前三年初中一段，亦有拨归县办之趋势。旧制各县，于设立法令内应设学校外，尚有余力时，得依《中学校令》之规定，或一县或联合数县设立中学校。惟中学校之设非县区之责任也。

夫县办初中，于推广中等教育，便利地方学子，以及提高教育程度，固得计矣；但以现在各地情形而论，富财既不平均，而办学成绩尤多不齐；一旦实行，惟恐时机未熟，反误教育。为今之计，似宜奖励财力稍纡各县，先行试办。一方订定初中认可标准；一方筹措补助条件。设使不问财力情形，及小学成绩如何，一律定为县办，为事殊险。兹将安徽、江苏两省法定办法，择录于后。学者各自研究折衷办法，可也。

（二）皖省之办法　安徽实施新学制讨论会议决之县立初级中学认可及补助之标准案。

（1）各县已有教育经费3万元以上用于小学校者，得设立初级中学校。

（2）各县已有教育经费1万5千元用于小学校者，得联两县以上，设立初等中学校。

（3）设立初级中学校，须另筹每年5千元之固定经费，与能容三级以上之校舍，呈由本厅（教育厅），查实后始予认可。

（4）成立一年以后，经本厅认为合格时，由省库年拨补助金2千元。

（三）江苏之办法　江苏第七届教育行政会议决县办前师及初中办法案（县办师范容专讨论。）

十二年〔1923〕度预算列入补助费之每县2千元，其已办相当年期之师范学校，或初级中学者，请由省厅令行各县就近划拨，以资便利；其未办师范或初中者，亦由各本县县公署照案划留备用，以免偏枯。至十三年度〔1924〕起，应补助每县各4千元。各县应照《省议会议决案》，一律筹设三年毕业之师范学校及初中。其有不敷之款，先照《省议会议决案》，或加征亩捐，或带征其他附税。由各本县自行开具切实计划，呈候省厅核准办理。但征收亩捐，以不妨碍义务教育经费为主旨。原议案"加征"二字，当已含有此意。至将来再如不敷时，应续请省议会，斟酌省款情形，妥为支配。

第五节　初中县办之利弊及实施问题

初中县办，利弊如何，不能不有所研究。如何解免其弊，而增大其利？实为今后行政上之问题也。但在设施之初，孰利孰弊？亦颇难言。兹就其显著者，略举数项于后。

（一）利的方面：

（1）初中划归县办，则省政府可以注意初中以上之教育；于是高中、专门学校以及省立大学，皆可扩充改良。提高文化莫善于此。

（2）扩充初中教育机会也。目下，小学毕业而入初中者，为数至少。原因虽不止一种，但学校有限，而入学试验又多困难，此实机会有限，争竞不易之故。假使县设一所，则较之现有学校，必可多至数倍；于是求学不致有额满见遗，或投考不能及格之苦。

（3）提高教育事业，渐使地方担负较大责任也。现在不主张县办初中者，无非以初中所需人材经费较巨，或非县区所能担负得起。其实现在各县应办而未办之事甚多，将来一旦施行自治，则所有公共事业皆须办理；譬如交通、实业、卫生、慈善等事，所有未及办理者，非经费人才之不足，实未有提倡之人耳。试问此种事业，岂能因经费人才不足，而即不办乎？今以初中归县办，正所以试验其力量，而使之担负较大责任也。

（4）较适地方情形，而便于学生就学也。初中目的在养成地方下层工作之领袖。今归县办，其所施教育方法，必多本诸地方情形。故学一事，则得一事之利益。而地方亦得训练其本地儿童，服务于本地事业。现制省立，只能就交通便利之中心设立之。各县小学毕业者，依学制上年龄计算，不过十二三岁；当此交通不便之际，为父兄者多不愿其幼弱子弟，游学于一二百里外之省立中学。今归县立，必能缩短距离，而便子弟之就学。此地方与学生双方交利之事也。

（二）弊的方面：

（1）各县因注重初中妨害小学之发展也。县区之绝对责任在办小学，今以办理小学之力量办初中，何以对小学？或以条例上定有"不得占用小学经费"及"另筹款项，不得妨害义务教育经费"等明文，其实皆不足信。初中多用一文，即小学经费少了一文。既可以另筹经费办初中，何不另筹经费，扩充推广小学乎？况小学事业，直接关系地方能力，造成人民幸福；今分其力办理初中，真本末倒置也。

（2）地方富力不同，办法难以划一，其结果必定降低初中程度，而不合高中入学标准也。试以江苏之实在状况言之，省立初中教员薪俸每点钟由1元2角5分至2元5角；而县立初中以每点钟5角至1元，则为普通价值；因之人才方面不能不降以求，甚有以高小教员提升。设备试验更难相提并论。于是县立初中必致降低其学业，而一般高中入学标准，又皆依据省立初中毕业程度；因此县立初中毕业学生恐难与省立初中毕业者竞争；而学校程度亦将因此参差不能一致矣。

总之，二者有利有弊。吾人似宜先行尽我法律上绝对责任；责任履行之后，尤有余力时，不妨另办他事。但今日地方小学未能尽办应办，10个学儿尚有八九个无校可入。即以江苏而论，地方小学较之一般省分数目略多。据民国十三年〔1924〕，义务教育期成会之统计，全省学龄儿童共计3,994,031人，其间已入学者，仅仅553,632人，未入学者，3,440,399人。夫以江苏教育之进步，提倡促进又复有人，而10个学童尚有6个多人徘徊于学校之前，欲入不得。此种责任谁实负之？今徒以喜大好功之心理，仅仅以县办初中为荣，不知小学为教育根本，亦即民族国家所赖以竞存者也。著者愿国人各知其所处地位，并各尽其地内之责任。

研究问题

（一）试言我国初等教育——包括初高两级——设施责任之分配及其利害。

（二）问单整小学与分为两级优劣如何？新学制何以分六年小学为初高两级？初级与高级之作用为何？

（三）旧制七年何以必须改为六年？新制六年又何以分为初四高二？

（四）乙种实业学校何以改为职业学校？

（五）初等教育学制变更，影响教育行政如何？

（六）试就安徽实施新学制标准六条及处置旧制学校令两条批评之。

（七）试言县办师范之经过，并比较苏皖两省关于县办前期师范之办法。

（八）试就学理事实各论县办初中之利害。比较苏皖两省关于县办初中之办法，并各就意见，试拟理想的原则。

第四章

省区与中等教育之设施

省区教育设施之责,依光绪二十七年〔1901〕与民国初年之规定,以及现在之实情,虽不仅中等教育一段,但其中心固在此也。今兹所述,亦以中等教育为范围,其中更分普通、职业、师范三项言之。

第一节 中等普通教育之设施

(一)中学之目的　中等教育为初等教育之继续;然其性质则与初等异。初等教育为国家对于所有儿童共同设施之教育,而中等教育则为一部分儿童或各个儿童所设施之教育。旧制四年,以完足普通教育,造成健全国民为宗旨。新制六年分初级与高级两段,各三年。初级为自统一的小学制课程,至分组的高级中学之过渡。其作用在完足普通教育,发现学童之特能与兴趣,以为专攻预备之初步。高级之作用有二:一为不能升学者从事职业之训练;一为继续升学者从事专门训练之预备。

(二)中学之设置　中学校设立办法,各国制度不一。德法二国有国立与公立两种。英则多为私立。美则公私并存。我国素以省立为原则。由省行政官厅规划地点及校数，报告教育总长；但教育总长认为必要时，亦得令省区增设中学校。各县于设立法定之小学校外，尚有余力时，亦得单独或联合数县，设立县立或公立中学校。私人或私法人得依《中学校令》之规定，设立私立中学校。但无论如何，中学校之设立、变更、废止，须经教育总长认可。故我国中学校有省立、县立、公立（县联合设立）、私立诸种；此外，更有高等师范附属之国立中学校。

（三）学制变更与设施问题　按旧制中学原为四年，而新制则六年分两级，级各三年。于是改编四年之中学为六年之中学时，遂发生种种困难问题。当初中方作县立运动之际，省立中学之改编益见困难。譬如原有之四年中学校，一律改为初中，而另觅新环境，依据新标准，重行办理高中乎？夫为高中计诚善矣；但降格之事，反抗必多。再初中将一律取县立办法乎？抑将令原有之四年中学校，改为两级中学校，初中高中并办乎？诚如是，则将来高中程度未必圆满。盖新制高中本有其新作用与新使用，此种换汤不换药的改编，非所以慎重高中之道；且一省之中，未必需要如许高中也。然则将选省立中学校之设备、办法，成绩素优者，改编高中或兼办高中，而其他诸校一律改办初中乎？此种办法，又恐未必适合地理上之分布，且亦易起争执。无已，将选地理上适当之数校令改高中，或兼办高中乎？如是所选诸校，必多偏重地理上分布，而设备人才未必适合需要，而争执仍未能免。其他问题，若中等教育之三三制，较之四二制优点何在？设以县办初中为原则，则省立初中于未结束以前，经费标准应如何规定？省校经费必多于县校，假使核减省校经费，在势不能；如不核减，则县校恐受妨碍。然则折衷之道如何？以上所举，尚属行政方面，至于校内改编尤多困难。

第二节 中等职业教育之设施

（一）设置之经过　我国职业教育，乃由实业教育沿革而来。查实业教育始于光绪二十九年〔1904〕学部颁行之《实业学堂通则》。当时实业教育与普通教育是相对的。分高等实业学堂、中等实业学堂及初等实业学堂三种。民国二年〔1913〕教育部颁布《实业学校令》，分实业学校为甲乙两种。甲种即中等实业，为省立；乙种为初等实业，归县立。并公布《女子职业学校令》。及至五年〔1916〕，国人鉴于中学卒业者，升学之人少，无业之人多；于是齐以职业教育为救济之根本。而全国省教育会联合会亦建议中学自第三年始，就地方情形，酌设职业科。六年〔1917〕，由部咨行各省，酌量设立中学第二部，并定办法五条。一时职业教育呼声大盛。十年〔1921〕，由部通咨各省，说明甲种以设施完全之普通实业教育；乙种则以简易普通实业教育为本旨。新学制成立，改实业学校为职业学校。小学设职业准备，中学设职业科；于是省立之中等职业学校，因有改制问题发生焉。

（二）实业与职业教育之别　查清代中等实业学校，横的方面，分农、工、商及船政四种。纵的方面，分本预两科。本科三年，预科二年，高小卒业生入业焉。其设学本旨，以教授农工商业及船政所必需之知能，以为从事诸业之准备。其所别于职业教育者，"……盖实业教育，乃为少数力能升学之子弟已受普通教育者，再予以实业上之技能。故其实施之范围狭，其种类少，其程度高。其所造就之人才，以养成实业界之中坚人物为主。而其所研究之学科，亦多含专门学理方面。若夫职业教育则专为多数不能升学之儿童，授以关于职业上之技能；其所造就在使各人得有一艺之长，以就相当职业，以维持其生活。故其设施之范围广,其种类多,其程度浅。而其学科多趋于艺徒及实习方面……"(见申报馆最近之50季中之《中国之职业教育》)。

(三)学制变更与设施问题　实业教育与职业教育之别,既如上述,故新制之规定,一律改为职业。中等职业一段支配极为活跃,除补习科外,有甲乙丙丁戊五项;但新制虽已实施,而职业一项,各省尚无明确成效。高级中学大都已设职业科,而所有农工商等学校之精神,仍如旧制。故此项问题在当时颇不易解决。譬如省立之农工商等校将并于高级中学校乎?将改农工商等校,为适应地方需要之职业学校乎?将于高中设农工商等职业科,而一方仍维持农工商等校之存在乎?以上问题皆非容易解决;且有经省区试行而失败者。目下,各省情形不同,大都名义上已并入中学而称某部某科矣。除名义上之行政方面外,仍保存其旧时实际状况,然则省立职业教育之前途,当以解决以上问题卜之矣。

第三节　中等师范教育之设施

(一)师范制度之沿革　我国师范制度始于光绪二十九年〔1904〕。当时对于师资问题计划周详。其养成机关有:(1)省立之优级师范学堂,设于省城,以为造就中学堂及初级师范教师之所;(2)州县立之初级师范学堂,以为造就小学教师之所。此外,尚有救济地方小学师资缺乏之;(3)简易师范科;(4)师范传习所,以及为养成实业学堂,及实业补习学堂、艺徒学堂教员所设之;(5)农业教员养成所;(6)商业教员养成所;(7)工业教员养成所。光绪三十三年〔1907〕,学部颁行设立初级女子师范,以州县设立为原则。惟初办时,得于省会及府城设立之。

民国改制,省立优级师范一律取消,另由国家依据各地需要情形，设立高等师范。男女师范改为省立。分第一第二两部。改订师范简易科，师范传习所，及选科办法为师范学校附设小学教员讲习科。复于四年〔1915〕，改称讲习科。

及改新制，师范之设施遂有以下六种机关：（1）为三年普通科，三年师范专科之六年师范学校。（2）为专收初级中学卒业生之后期三年师范学校。（3）为高级中学内之教育科，及职业科内附设之职业教员养成所。（4）为推行义务教育而设之相当年期之师范讲习所。（5）为专收高级中学卒业生之四年高等师范学校或师范大学。（6）为大学之教育科。

（二）学制变更与设施问题　查以上六种师范属于中等程度者，有一、二、三、四种。第四种师范讲习所，现多划归县办，则完全归省立者为前三种，及为补充初中教员而设之二年师范专修科。专修科本为补救办法，实施不多，前仅江苏有之。惟前三种办法各省意见参差。有主六年一贯者，有主后三年或四年者，有主师范独立设置者，有主并入高级中学者，各有相当理由，安徽、江苏、浙江三省办法之不同亦由于此；实教育行政上，不可不解决之问题也。兹略举其重大问题二则于次。

（三）六年与三年之争　主张六年者，以为师范教育重在人格训练，非宽其年限，难有把握；且为贫寒学子起见，如采后三年制度，则初中三年学膳等费所费不资，难望卒业而入师范。主张后三年者，则以近年师范生之所以多求升学，而教师之所以多求改业之故，实以入学年龄太轻，职业观念未立，特能未显，漫无志愿所致。至待遇过薄，准备不充，尤其次者也。初级中学之作用在发展个性，甄别特能，表扬兴趣。青年学生非经此阶级，无由见其志趣。且公家设立师范，优待学生，原为培养施行国家教育之师资，非为贫寒子弟求学计也。目下，师资缺乏日甚一日，设采六年制度，以六年公费优待1人，何如取三年办法。以优待 1 人之公费，分而优待 2 人？同量公币，用以培养一个教师者，可以养成二个教师。就教育方面言之，师范前三年功课既为普通，且与初中仿佛；何如直截了当，改收初中优异卒业生，既可节省公款，又与教育本身无碍。况青年心理利于刺激，环境愈变，则兴味愈浓，学业愈进乎？

（四）独设与合设之争　近有主张师范学校与其他中等学校合并，设立规模宏大之中学校者；于是独设与合设之问题起。主张独设者，以为师范教育以人格化为首要；故应有浓厚之空气，纯洁之环境，俾获专一陶冶之效。主张合设者，以为师范生在规模宏大各科具备之学校中，得与他科学生相与周旋，必能推广眼界，扩充胸襟，且收互相了解，互相辅助之益，更能觉悟本人之职业在群众生活上之位置；实一种共和式之教育制度也。假使学生觉有改科之必要，尽可改变；盖此制乃在使学生接近各科学生，而真正认识本人之兴趣是否适合师范教育也。至于惧怕学生见异思迁，独设学校，以与社会隔绝之，似乎专断蒙蔽，且靠不住。再就学校效率与经济方面言之，依现在省库情形，分立则设备难周，且不经济；所有学校必备之各科试验室、图书馆、游戏场、学生集合所等项，合办则不必重复，规模尤易完备；即教授人员，分辨不易聘请专家，行政方面尤不经济。

第四节　高等教育之设施问题

（一）省立大学之勃兴及与中小学之影响　今日省区教育有无发展乎？不观高等教育一段之勃兴气象乎？试观今日各省，而无省立大学者乎？除三四弱小省份经济上实在毫无办法外，盖无不有此招牌者矣，譬如湖南，于水深火热之后，省立大学已于省政府同时恢复矣。夫省区而无大学，全省之羞也。政府大员，学界巨子，设不能于极短期内，挂起大学招牌，似乎非特愧对省民，亦更无颜见天下士。夫领袖人物有此志愿，有此热忱，将谓教育不能发展者，愚不可及矣。

惟此项发展仅纵的方面，且系畸形的，非教育程序上自然之进步也。何以言之？试查各省教育经费情况，既无额外巨款之增加，已有额数且多不能深靠。经费独立仍在运动之中，成效如何，尚难预料。于此困难情形之下，不能努力辅助地方，另谋巨大税源，发展改良义务教育，以奠国家根本；不能努力另筹巨款，扩充中等教育机会，购置学科上必需之图书设备，增设职业上必需之科目仪器，以谋今日青年之适当的训练，而履行其法律上正当之义务，不此之求，乃谆谆筹款兴办名实不符之大学，非教育上正当计划也。夫大学本为文化之中心，省设一所，原不为过；惟教育经费乃出于一般民众，故教育政策应尽先设立一般民众之义务教育；此为省区对于地方义务上应有之补助。一方则应履行其法律上之责任，为多数青年谋中等教育之机会。二者之责任既有相当之成绩，然后始得辅助中央，自谋高等教育之发展；盖高等教育之设施本为中央之权利与义务也。今兹自谋不暇，而代中央谋之者，诚以人之恒情喜高而好远；喜自为而不乐合作也。或以省立大学不占中小学经费，其实，大学多用一文，即中小学少了一文。既可别筹经费，办理大学，何不于已有经费外，别筹经费，扩充中学？所谓添办大学，而不影响中学经费者，欺人之语耳。谓余不信，请试证之。

（二）江苏中小学校之呼冤　中央大学区中小学校长会议，对于教育经费支配标准，宣言于下：

自东南底定，学校革新，我苏省教育为之一变。依常理推之，经一次改革，必多一番建设，其发展益速。然吾省大学直辖之中小学，反感特殊之痛苦；盖校舍之不完，设备之不周，教授费及办公费之不敷，在在足以阻止学校之发展。一载以来，各校校长之所以瞻顾踌躇，彷徨无策，各校教职员代表之所以奔走呼吁，争鸣不平者，实由中小学经费之偏枯耳。夫教育事业，有增无减，大学与中小学，宜统筹兼顾，平均发达，此世界教育家所公认。以吾省最近十五六年度经费支配情形考之，大学方面，在十五年度〔1926〕，占总数30%。十六年度〔1927〕，占总数39%；是递增也。中小学方面，在十五年度〔1926〕，占总数54%。十六年度〔1927〕，占34%又半；是锐减也。若专就十六年度〔1927〕本大学区普通、扩充、高等三教育处经费预算比较之，则普通教育处172万，扩充教育处20万，共约占总数43%；高等教育处240万，占55%，是亦本末倒置也。且大学本部经常预算之外，有设备建筑费49万，而中小学方面，则并无此项预算，岂迭受军事损失之各校，果无须修理扩充乎？是又大惑不解者也。顾同仁目的使普通教育与大学教育得以平均发展，实全省教育前途之幸也。谨陈梗概，尚乞海内诸教育家垂察而评论之。

由以上统计论之，十六年〔1927〕高等教育增加之数，即强占中小学之数。再以高等教育，除设备费49万元外，占总数55%观之，则更为省立中小学之前途惧矣。总之，将来教育能否作全部之发展，厥在各行政区能否认识其在系统上所负之责任。

（三）升格运动之害　总之，以省区之法律上设施教育之责任言之，应集中其精神力量从事中等教育之改良扩充。至对初等教育，则有绝对补助监督之义务；对高等教育及遣派留学等事，则有量力合作之义务。今兹倾向，不仅对于初等一段，逐渐减少其补助；即初中一级，亦有推予县区负责之意。对于大学，则斤斤以求自办，不与中央合作。五载以来，各省情况大都如此，尤以今日为最。以表面论之，升格运动似乎提高文化，扩充高等教育；而实则本末倒置，妨碍基础教育，而使整个学制不克健全发展。

研究问题

（一）四年之旧制中学改为六年之新制中学，其故何在？

（二）四年之旧制中学与六年新制中学之作用有无分别？初中与高中之作用如何？

（三）中学之六年有主张三三制者，有主张二四制者，更有主张四二制者；试各举其利弊。三三制主张者多，试验亦有年矣，问是否适合需要？并各就意见，条陈理想的中学制度？

（四）各就本省情形，计划全省中学实施方案。

（五）各就本省甲种实业学校情形，拟具职业教育计划。

（六）试折衷师范年限及合设分设理论，拟具本省师范教育计划。

（七）省办大学利弊如何？

（八）调查本省留学经费，及留学事业之情况；并拟今后计划。

（九）省立专门学校近来有何趋势？试评论之。

（十）调查省办小学，并省区对于小学有无责任？

第五章

国家与高等教育之设施及留学问题

按照现制,国家所负之教育责任,除规划全国教育计划,订定施行法令,编制各项标准,研究教育学理,统计实施情形,以及监督指导下级区域办理教育事业外,并负高等教育设施之责;但高等教育范围既广,制度亦有变迁。兹略述其大要于次:

第一节 大学教育

(一)沿革概况 查我国高等教育之发轫,以同治初年所办之同文馆为始;但系统的规划,实在光绪二十七年〔1901〕。依当时之规定,除各省会设立高等学堂、优级师范及高等实业学堂外,在京师设立大学堂。大学堂分预科、大学及大学院三段。预科修业三年分政艺两门。大学分七科。大学院为"学问极则,主研究而不主讲授,不立课程。"另附设仕学及师范两馆。并规定《游学章程》,遣派聪明子弟出洋留学。大学堂之教育宗旨,依当时之规定:乃"所以激发忠爱,开通智慧,振兴实学;谨遵此次谕旨,端正趋向,造就通才,为全学之纲领。"两年之后,略有修改,范围亦加扩充;但与本节目的关系甚微,故于次章申述之。

民国元年〔1912〕，学制变更。大学亦分预科、本科、研究院三段。预科三年，本科三年至四年，研究院无定期。民六〔1917〕改为预科二年。本科四年，分文、理、法、商、医、农、工七科。设二科以上者得称为大学；但设一科称为某科大学。以"教授高深学术，养成硕学宏才，以应国家需要为宗旨"。研究院以"研究学术之蕴奥"，为"大学教授与学生极深研究之所"。

（二）设立情形　前清之世，计设大学三所；即北京大学、北洋大学、山西大学是也。民国初年，部定全国分四大学区。各区设大学一所。一在北京，一在南京，一在武昌，一在广州。当以人才经济之故，未许即见实施。八年〔1919〕，始有西南大学之议；后以政治纠葛中辍。十年〔1921〕，东南大学就南京高等师范扩充改组，另于上海设商科大学。广东大学亦于最短期间成立。此外，省立大学已成及未成者尚多。

私立大学经国家立案者，有元年〔1912〕之武昌中华大学；二年〔1913〕之北京中国大学、朝阳大学；八年〔1919〕之天津南开大学；十年〔1921〕之厦门大学，及上海之复旦大学、大同学院等校。基督教会经营之大学多至十余所；惟其目的不同，办法稍异。经部认可者仅北京之协和医校，及南京金陵大学之农林一科。将来吾人对于私立及教会设立之大学，应采何种政策容于私立学校章中论之。

第二节　高等专门教育

（一）专门学校之目的　专门教育始于前清高等实业学堂、法政学堂等校，"以教授高等学术，养成专门人才为宗旨。"换言之，其目的在培植应用人才，以为职业界领袖之资；较之大学养成博学鸿儒，从事学问研究之旨不同。种类有法政、医学、药学、农业、商业、工业、美术、音乐、商船、外国语等校。修业年限不等。大致本科三年，预科一年，而医本科则四年。

（二）专门学校之种类　专门学校有公立、私立、部立、国立四种。设于各省者为公立，以省款支给之。私人、社团及教会设立者为私立；如洛克菲勒基金社所设协和医校，及基督教会设立之医、农、商等校是也。部立者中央各部为造就所需专门人才所设之邮电、路矿、税务等校。其经费亦由主管之部，按其性质，就所管事业之收入拨给之。如交通部所设之交通大学，外交部所管之俄文专修馆及清华学校是也。国立者教育部按照教育计划，所设之直辖专门学校是也。其经费由国库支给之。如元年〔1912〕设在北京之法政、工业、医学、农业四校，及以后增设之美术专门与在武昌设立之商业专门等校是也。总之，国家虽负设施专门教育责任，但实在实施则不限于国家。

（三）专校之升格运动　专门学校之性质与大学不同，吾人已论之矣。然则何以一律改为大学乎？其故或以（1）不明职业界应用人才与学问界研究家之训练各异，而误解外国一般大学之万能作用；（2）因学生教员之要求，无法拒绝；（3）因国人崇拜大学虚名；因当时政府当局之懦弱而无确定教育方针。因此换汤不换药的，以原有之人才、设备、经费，强称大学之名义。虽然专校已矣，将来如何训练专门职业人才，实大学之责也。

第三节　高等师范教育

（一）高师之沿革　师范讲习所或称前期师范为县立，中等师范为省立，前已言之；至于高等师范，在前清称优级师范为省立，民国之后，改归国立。当定高等师范区六处，设校六所。曰北京、武昌、沈阳、南京、广东、成都高等师范学校。九年〔1920〕复就北京女子师范学校设女子高等师范。目的在养成中学校师范学校教员。分预科、本科、研究科。修业年限，预科一年，本科三年，研究科一年或二年。新学制定高等师范修业四年。设入学资格与大学同等，卒业生得入大学研究院，并得提高程度，扩充设备，改称师范大学；因此各校先后"运动升格"，改为师范大学矣。

（二）高师与师大　我国自最初《奏定学堂章程》公布之时起，即注重师资专门训练，并特立师范教育系统；此我国学制之特点也。自新学制有师范得与中学合设之规定，于是师范独立之呼声愈唱愈高。今六区高师又先后或改师大，或并入大学称教育科矣。夫高师目的在实地训练中等学校师资，然则师大及大学教育科，除名称变更外，能保全旧有之作用，而不完全变其目的，养成教育学者否？

第四节　学制变更与设施问题

学制公布之后，高等一段除已经陈述外，教育行政上，遂发生以下问题。

（一）旧制高等教育皆有预科　其实，在教育原理上，预科之设殊无根据。中等教育就一方面言之，本为升入大学之梯阶；然所以必设预科者，乃以事实上中等教育之毕业程度，不能与大学衔接；因有此暂时之补救。新制既提高中学程度，则预科一项本应为历史上之名词。惟际此过渡时间，假若不设预科，则旧制四年中学卒业生，宜如何补救始不发生升学困难？目下，有在新制之高中内，增加一年，以为旧制学生之补习者，惟此项补习是否足以代替预科；大学入学标准既未确定，则此项补习究竟有何根据？

（二）高等专门及高等师范　按照新制，几与大学程度同等，而设一科者又得称为大学，则所谓高等专门暨高等师范，是否有存在之必要？依现在趋势，"升格运动"已不鲜见，试问大学与专门学校之目的既不相同，则升格运动，在教育行政上关系若何？凡此诸端皆为研究行政学者所应探讨试验之问题。其他，尚有关于学校之内部组织者甚多。因为变更组织，发生许多学潮，发生许多经济恐慌，教育行政上，亦发生许多新问题，兹略之。

（三）最近趋向　我国教育界精神，实以五四运动后，为最蓬勃活动之时期。始则集中于政治社会之运动，继而内转注意于校内之改良；故其结果一方打倒一般恶劣校长，一方遂作学校升格之运动。高等教育一段，乃另有一番新气象。先是京中国立专门诸校，既震于大学之尊严，又愧人才经济之不易发展，因就学生运动之余兴，要求政府改升大学。京师运动既有结果，各省之公立专门学校，先后援例要求改为省立大学。总之，向日京内外所有高等专门学校，十九已改称国立省立大学矣。此犹官立大学方面，至于私立大学之增加，尤觉惊人。近以学生读书欲望日益扩大，已有大学既因设备限制，万难增加额数，而教会大学又因收回教育权运动，已有学生尚多退学，新生加入自属寥寥；故私立大学遂如春笋怒发矣。此中最为有趣者，即专门诸校升为大学，十九为学生之自动要求，且由罢课之代价而得。

（四）国民政府时期之情况　南京国民政府成立后，即有各省设立中山大学，试行大学区办法。于是有广东为第一，湖北为第二，浙江为第三，江苏为第四中山大学之计划。实行数月，改由江浙两省暂行试验大学区，其余各省从缓。及中国大学院成立，乃于十七年〔1928〕一月公布《大学区组织条例》，而大学计划略有变化。其第一条云："全国依各地之教育经济及交通况状,定为若干大学区,以所辖区域之名名之。每大学区设大学一所,除在广州者永远定名中山大学,以纪念总理外,均以所在地之名名之。大学设校长一人,总理大学区内一切学术与教育行政事项。"由此以观,将来或以一省或数省划为大学区,设大学一所。并依条例第四条之规定:"大学区设研究院,为本大学研究专门学术之最高机关。……"江苏已经实行。惟其名称,依前项组织条例,由第四中山大学改为江苏大学后,复又改为中央大学。此尚大学区办法,至中国大学院,已照该院组织条例第七条,设立中央研究院,为全国学术研究之中心;故国民政府旗帜所到之处,大学亦随之发生,诚盛事也。

第五节 国外留学及今后问题

(一)留学目的 留学之目的,在探讨高深学理,研究专门艺术;盖高等教育之极则也。世界各国无不有之,非仅我国已也。但查一般留学心理,其所以不惮辛苦,远渡重洋,负笈海外之故;或以国内高等教育尚未充分发展,是以人才不足,设备不完,无以资其研究;或以学术专长,各国不一,非亲历其境,从事探求,无以集其大成;或本学术欲望,好奇本能,藉游学机会,仰观宇宙,俯察人文,得以扩充眼界,增广识见。而我国留学一事,初以国人震于西学之效,以为富强之本,端在于兹,使自设立,缓莫能济;故始则由政府提倡奖励,拨款遣派,继则各省先后效法,今则留学几成通例,稍可凭藉,无不设法留学矣;故国费省费之外,私费尤多。兹略述其大要,并举今后留学问题二则于后。

(二)经过情形 我国留学历史实自同治七年〔1868〕始。当时有容闳者,本其经验,条陈当道,选派聪明子弟,往美游学，当由政府规定选取12岁至14岁学生120人，分四期遣送，每期30人，修业期间为15年。十年〔1871〕，遂派容闳为留学监督，护送第一批30人，并携国文教员陈兰彬同行，其后陆续分派。会美禁华工，御史请停游学，撤回所派学生；于是全体一百余人，因于光绪七年〔1881〕，辍学返国。此为我国政府遣派学生之第一次也。

惟此事虽暂失败，但其事端已发，莫可阻止；各省大吏亦渐以省款资送。光绪二年〔1876〕，由福建船政局资送赴西洋学习造船驾驶等术者，多至46人。戊戌之后，江南之端方，湖广之张之洞，亦相继以省款资送。二十七年〔1901〕之后，政府更觉留学之事实为当时必要办法，多方奖励，且规定留学生出身办法。学部成立，且有"各省提学使未曾游学者，先须出洋考查，然后到任"之规定；于是游学大盛。

三十二年〔1906〕，奏派留欧监督。次年，又派留日留美监督；且定《考试毕业游学章程》。宣统元年〔1909〕修正之。凡在外国高等学堂肄业三年以上毕业者，得应留学考试。考试等级，照奏定章程，分别最优等、优等、中等。考列最优等者，奖给进士，考列优等及中等者，奖给举人，并加某科字样。习文科者，则称文科进士之类。三十三年〔1907〕，复定《游学毕业廷试录用章程》，及格者分别给予翰林、主事、内阁中书、小京官、知县等官。游学至是，遂为终南捷径；而各省选派游学者，亦日益众多。

（三）现在情形　先是游学学生以在日本者为最多，清末多至一万七八千人，其故，由于语言易学，路程甚近，用费较省；而日人尤能为留学生设备种种方便。课程上，起居上，多能迎合学者心理。加之国事运动者之失败，多亡命日本。民国之后，因种种关系，人数锐减；而游欧游美者接踵矣。

游欧者以德法为盛。国人对于德国学术本极推重；加之欧战之后，德币大跌，故去者尤众。至于游法之多，乃以"俭学运动"所致。勤工俭学会于四年〔1915〕成立，以"勤于工作，俭于求学"为宗旨。并由中法协设里昂大学以招致之。一般青年学子因此自备资斧，大批而往。近以生活艰难，勤工非易，欲归不得者大有人焉。

游美学生据最近约计，达 1,700 余人。其所以日即众多之故，（1）以宣统初年，美国退还庚子一部分赔款，作为游学经费。自三年〔1911〕始，每年以退还款项，办理留美学务处及清华学校。学务处职在选派优秀学生至美游学。由驻美京华盛顿监督管理之。清华学校则设施游美之预备教育，先后因此留美者千余人。（2）以卒业于美人所设高等教育机关者日多，此项学生既与美人理想习惯接近，学校所学外国文多系英文，加之课程内容又多偏重美化；故卒业后多向往之。（3）以近年学生知识欲望勃起，志在研究高深学术，及培养专门技能者日多；环顾国内，颇乏高深研究处所，或以游美返国者活动范围较广，因此种种影响，遂发生游美志愿。

第六节　今后之留学问题

留学目的既如篇首所述，故留学之事本非得已。近观一般留学情形，不禁有以下问题发生。

（一）留学既为国内高等教育缺乏之补救办法，则留学外洋者是否认留学为不得已之办法？假使国内教育机关有可满足其目的之处，是否无庸负笈他国？譬如，今日因勤工俭学会之鼓励而赴法者，间有程度不及中学卒业学生，是否适合吾人所讨论之原则？

再就资送留学方面言之，是否以留学为暂时的办法？一方斟酌社会急迫的需要，资送留学；另一方规划高等教育之设施，以应将来人才之需要。清华学校应否继续资送中学卒业生或大学预科卒业生？该校现已提高程度，改办完全大学，且加设研究院，扩充学额容纳多数学者，除特别研究及必须游学者始得资送；试问此项改革是否妥当？再清华之课程设备应否完全以预备留美为目的？美国退还庚子赔款之用途是否有改订的必要？此项办法与我国前途有何关系？

（二）诚使吾人承认留学系不得已之事，则留学者必有确定之目标，在国内确无可以达到其目标之处所，而往游之国，确为其研究及调查之最适当处所。试问今日一般考入清华学校之中学者，是否已有确定目标？其目标是否必须留美始可达到？一般战后赴德者，是否先有赴德研究之目标，而利用马克跌落之机会？赴法者是否因俭学会之鼓吹，而有俭学勤工之便？抑先有赴法求达目标之志愿？

（三）更就遣派留学方面言之，为求先有目标学生，则被选者之程度是否应为国内高等教育卒业生，方能觉悟自身及国家之需要？是否必须确实了解本国文化？被选者之年龄究竟长幼孰宜？遣派留学时，是否以需要为标准？抑以学生为标准？所谓以需要为标准者，试就一省言之，设本省需要教师，则选有比较为良教师希望者资送之；设本省需要医生，则选有比较为良医希望者资送之。以学生为标准者，不问本省需要如何？只选聪慧子弟资送出洋；其习何种专门学科，不问也（江浙等省考送留学，已有适当的改良办法矣）。

总之，留学一项，实为今日教育行政上重要问题。国家每岁用于留学者，虽无最近统计，为数必巨。即就省区而言，少亦数万，多至三四十万。安徽一省几占全体教育经费之 $\frac{1}{8}$，款项之巨可以想见。就目前而论，留学良非得已，除此以外，几无研究高深学问途径。惟需款既多，时间尤不经济；盖各国情形不同，在彼所学未必完全即我所需，更未必完全能为我用。大致所获而能为我用者，仅有基本原理、研究方法、技能训练及比较之资耳。如何应用？仍须就我情况，而自求之。比如吾人所研究之教育行政学而论，在美时，师生所讨论者，美国教育行政也，美生获之，便可直接利用，故可谓之卒业，而于吾人则仅为始业；盖所获只原理原则，仅足为我研究之资，故也。以经济与效率二者例之，得失颇有可议。假使目标不定，根基不固，所获尤恐不偿所失。留学既非得已，则如何利用最少之金钱，最短之时间，以获最大之效率？实今后留学之问题也。

研究问题

（一）试就我国高等教育之沿革而论其趋势？

（二）我国高等教育之作用如何？前清与现在有无不同之处？

（三）高等专门学校因新学制之规定，多求升格而改大学，试问高等专门与大学之目的有无不同之处？以专门改大学，在理论上有无可议之处？

（四）高等师范大学，就教育上言之，得失如何？高师与大学教育科作用如何？近有主张恢复高师区域，维持高师之独立之论调，试各以教育眼光批评之。

（五）迩来各省颇有筹备省立大学之趋势，试就我国各级教育设施责任之原则批评之。

（六）详核我国最近之大学区暨高师区计划而评论之。

（七）试论我国政府对于高等教育之计划，并言将来应行革新之方案。

（八）试考目下我国政府对于留学外洋之行政况状，并论其应行革新之计划。

（九）搜集前清及民国之各项留学外洋规程而讨论之。

（十）就书中所举留学问题，分别解决之。

（十一）搜集各国庚款退还办法，及其管理用途组织之文件，而批评之。并各就意见，著为庚款促进高等教育进步之计划。

（十二）搜集金佛郎问题解决，而用于高等教育之款项各文件而批评之。

第六章

私立学校及其问题

第一节 私立学校与教育政策

吾人于第一章之《教育行政政策》节中，曾详论现代各国教育行政，大都由积极的干涉或消极的放任，渐趋于折衷政策。本章目的乃在依据折衷政策，讨论我国私立学校之地位与应有之权利义务，及今后应行解决之问题。按我国教育设施政策素取公私教育并存办法；故兴学之初，虽认教育为国家任务，当由政府规划全国设施计划，分年进行步骤，以及划分国家与地方设施之责任；而一方，仍予私人以办理的自由。考其所以容许私人办学之故，或以历史关系，或以事实上兹事体大，非公家力量所能独任；所以先后规定奖励及取缔私人办学条例，并迭次修正之。且于《国民学校令》第二十六条但书中，准予学生在私立学校或家中修业国民学校之学科。查其所以。如此特别变通办理者，乃欲公私教育进行不悖，而普及计划早跻于成也。故我国教育行政政策，并非极端的干涉主义，完全不准私立学校存在；亦非极端的放任主义，完全无取缔办法者可比。今日私立学校遍于国内，旧式私塾且数倍于公立学校，影响亦极伟大者，皆此折衷办法之结果也。

第二节 私立学校之性质

（一）私校名词之兴起　私立学校者，公立学校之对待名词也。当国家主义未盛之际，公立私立两个名词本不成问题，且所有学校大率以私人设立为多；国家虽有设立学校之举，亦不过为养成国家需要人才，或为选举官吏之故。及民族国家成立，教育一事始认为国家任务；公立学校于此发现；而学校之公立私立亦由是别焉。

（二）部释之私立学校　按教育部元年〔1912〕解释，公立私立之性质略有以下区别：

> 公立学校以公法人所立为标准。就全国言，则省立、县立、城镇乡立各校，凡由地方机关主管者，均为公立学校。其有法定团体，经法律规定为公法人者，所立学校亦为公立学校。就京师一方面言，则凡该学务局所立，及各旗由主管旗务机关所立，旧称官立者，均为公立学校。其私人或私法人团体所立，无论经费出自私人财产，或团体财产，或其他寄附金，及经公款补助，均为私立学校。

（三）私校之种类　私立学校之性质既如上述，但就其行政组织及创设人与目的方面言之，与公立学校不同者，约有三项：

（1）为私人所设之学校也。此项学校系以私人资格设立，目的在营业。设施社会需要之教育，以获相当之报酬；间亦有热心公益而非完全营利者。此项学校行政以其在国定范围之内，可以自由操纵，故英文名为 proprietary school，盖即"业主式之学校"也。

（2）为私法人团体所设之学校也。此项学校包括各种慈善及宗教团体所设教育机关；尤以基督教会、天主教会、孔教会、佛教会等等所设为多。其设学目的，初则传授宗教，培植信徒之信仰；继则养成教会领袖人才，以应推广宗教上之需求；今则以创造宗教化的社会，兼以造就此项社会需要人材，以补公家教育之不及。中古之世，欧洲教育几全属教会掌管。今日尤有存者，英文名为 church school，盖即"教会式之学校"也。

（3）为私人财产或寄附金所组织之委托式之学校也。此项学校多为巨绅大贾及热心教育人士，特捐巨款，委托专家，组织董事团体，代为经营指定教育事业；盖不拘于学校一项也。

（四）私校之贡献　私立学校本为补助公立学校之不及；但其补助之性质，略有不同。大凡在公立学校未能普及之处，私立学校乃所以补助公立学校未遑设置之地方的需要也。譬如，乡鄙之野，未有公校，于是私校乃应此需要而兴；但私立学校亦不因公立学校既兴而绝迹。其故乃以公立学校在应付教育上一般的需要，私立学校则应付公立学校所不及应付之特别的需要也。譬如，公校课程乃依据国家教育政策，不能任意变更，而私校得以社会之特别需要，而设置特别课程；故私立学校之存在不因公立学校设置之多寡焉。由欧洲公家教育发达诸邦可以见之。兹更就以上三种私立学校，分述其特点，并举其重要问题于次。

第三节　业主式学校

（一）存在之原因　第一式的私立学校，系个人以私法人资格，而设之学校也。此项学校以学费为挹注。收入与支出之盈亏，即为办理者利益之得失。此项学校，按理，似无存在之势，然在欧美教育发达诸国，亦不在少数。查其所以能存在之道，盖有下列四端：

（1）以其为私人设立之故，不受政潮及其他不良影响。学生之去留亦无外力之干涉。且其校中训练标准专而且严，力去公立学校之弱点；故所留皆优良学生为多。因此父兄为子弟求优良环境者，多乐就之。

（2）私立学校为招徕学生计，多能以极厚薪俸，聘任名宿，以为教师；而其班次人数大率甚少，故能实施各个教训。因此富厚人家乐出重资，遣送子弟入学；甚至以出资愈多为荣。

（3）私立学校之课程多不按照普通课程标准编制。大概以社会所需之职业，或预备升学之基本学科为重；故学科不多，适合需要。训练集中，收效甚易。

（4）富厚人家因骄奢之故，有以不出学费为耻者。或因阶级观念甚深，有不愿其子弟入不征学费之公立学校，而与一般贫寒儿童同学者，故多愿出巨费，送入私校。

（二）惊人统计　夫我国私人设立学校所以众多者，其故或以（1）公立学校以种种原因办理不善，成绩不良，以致不得社会同情；（2）公立学校为数尚少，不能容纳所有学生。此外，或以人类保守性重，抱残守缺，不知公立学校好处；因此私人设立学校遍满国中；尤以各地私塾为甚。比如安徽之桐城一县，据十一年〔1922〕该省教育厅调查，全县有国民学校75所，又女校7所，高等25所，又女校1所，共108所；而私塾则多至3,000所。以学生数计之，公立学校男女共有3,690人，而私塾学生则多至45,124人。两比，私塾人数超过公立学校人数12倍有余，至于中学情形尚无确实统计可据；但南京一市，民国十二年〔1923〕秋季忽增私人设立中学15所之多。大学及专门教育，据郭秉文之《五十年来中国之高等教育》所载，亦以私人设立者较多。于此情形之下，吾人讨论私立学校之地位与其将来问题，当根据事实，别具眼光，不能专凭学理或一时感情也。

第四节 教会式学校

（一）历年扩充情形　我国自道光二十五年〔1845〕以后，欧风东渐，西方教育与以俱来；迨及不平等的条约缔结之后，传教士更大批接踵而来。此辈教士乃以设学为传教工具，于是教会学校蓬勃以起；俨然为中国新教育之先锋。迄于今日，受教于天主教及基督教会所设各种学校者，几至500,000人。据历年之调查，基督教学校学生数目之增加与年俱增，天主教会所设学校学生尚不在其内。如统计之，当加一倍。

基督教会学校历年增进表

根据	教会百年纪	1890年记录	教会百年记	中国教会年鉴	中国教会年鉴	中国教会年鉴	中国教会年鉴	中华归主调查	中华归主调查
年份	1876	1889	1906	1912	1915	1916	1917	1918〜1919	1920
学生数	4,909	16,836	57,683	138,937	172,973	184,646	194,624	212,819	245,047

（二）高等教育之况状　至于高等教育一段，据民九〔1920〕调查，已设有完全文理大学15所，其间女子大学2所；兼收女生者2所；设林科者1校，农科2校，法科1校，医科4校，神学科6校，商科2校，畜牧科1校，教育科1校，工业化学科3

校，社会学科1校。其他与大学预科，同等程度者，尚有十余校。其中，小学校尤难统计。

（三）各段教育之新计划　近年以来，因各个教会设施教育，初无系统，不合经济与效率原则；故由欧美教会本部，特遣"教育调查团"视察情形，规定合组计划。现正依据计划，组定基督教教育联合团体。据其计划，于初等教育则主张停止新设施；已设者必求其质之精良完善，不必求其量之增加，将来只拟办几个模范小学而已。现正计划训练教育指导员，指导教师教学，增大学校效率；一方选择适当地方设立模范学校，使各该处学校有所取法。于中等教育，则多设完善职业性质之学校，以为教师之培养，及一般领袖之养成所。高等教育则培养高等职业为归宿。现分六区：北部、东部、中部、南部、西部、福建。各设综合大学一所，以为高等教育之中心。低级教育之区域，则按高等教育区域或按省分为区域。所有各分区内，高级低级学校并能联成一系，以谋合作效率之发展。并注意乡村教育及成人教育，以为社会自治之基础。此1922年教会教育视察团拟定将来办学之大较也。至于教会教育将来的问题，容于末节专论之。

第五节　委托式学校

（一）设立之作用与种类　此项学校多由富商巨绅大发宏愿，拨资指办。并多组织基金委托团体经营之，以基金收入作为设施经费；但在欧美公立学校发达诸国，儿童入学既有强迫办法，所有公立学校至少亦能容纳学区学童，其势似无经营普通教育性质之私立学校之必要；但仍有存在者，不过在此情形之下，多半办理特别学校，以为公共教育之补助；或指定调查，或学术研究，以便公共教育之推行。兹先述美国著名基金委托团体之缘起，及其办理之事业，然后再及本国情形。

美国之教育基金团体，就其大者言之，约有 5 种。兹分述之：

（1）卡耐基学社（Carnegie Institution）成于 1902 年。设于华盛顿，并经国会认可。最初由卡氏捐资 1,000 万，后增为 2,200 万。目的在聘任教育专家，研究专门问题，并以研究结果实行改良社会。

（2）纽约教育社（General Education Board of New York）成于 1912 年。由煤油大王 John D. Rockefeller〔洛克菲勒〕捐资 3,000 万元。目的在解决公共教育中之困难问题。继又捐 2,200 万元，以为在美国北部增进高等教育，在南部设施中等教育之用。

（3）卡耐基奖励教授基金社（Garnegie Foundation for Advancement of Teaching）成于 1906 年。先由卡氏捐资 1,000 万元，继增至 1,500 万元。以基金收入，作为美国、加拿大及纽芬兰三处大学及专门学校教员休养金。其目的在奖励教授，使身后有靠，安心从事于教授事业；然其先仅以私立学校教授为限，继增 500 万元，则省立学校教授亦在享受此项优待之列。

（4）谢支基金社（Russell Sage Foundation）成于 1907 年。设在纽约。基金 1 千万元。目的在研究教育学理，刊布教育著作，以及办理慈善性质之教育事业。

（5）计恩学款（The Jeane Fund）成于 1907 年。设在裴勤得裴亚。由计恩女士捐资 1 百万元。目的在补助黑人之乡村学校。

（二）现在国内之基金团体　教育基金团体完全由国人组织者，除陈嘉庚之厦门大学外，尚有数处。惟其基金既无确定，而其事业亦殊有限。至规模事业较为伟大者，大抵为中外合办，或竟为外人独办。兹略述之。

（1）中外合办之基金社比较最早而又稍满国人之意者，当推清华学校之设立。初美人退还庚子赔款之一部，而指定用设准备留学美国之机关；于是唯一清华大学基金社成立。欧战之后，更将该款之全部退回，由中美两国人士合组"中华文化教育基金委员会"，支配用途，奖励补助文化教育之进步。继有日英俄等国，仿美盛举，约同国人合组基金社。日本方面拟将每年退回之款，用于社会与自然科学之研究及图书馆事业。英国则指定用于直接有益一般民众之事业，如改良农业，疏通河道，建设铁路等项。惟二国之基金社本部，不在我国，且其事业及用款尤须各该国议会通过，不啻该国政府在我国办理之事业；设与美国办法较之，大相径庭矣。俄款虽已组委员会，但组织不善，用途迄今未尝确定，以致并无具体成绩。至于法、比及其他等国，虽用退还之名，但皆附有条件；而其用途尤非限于教育方面。

（2）洛氏基金社　美国富豪，俗称煤油大王洛克菲勒曾捐巨资，延聘医学专家组织 China Medical Board。此社性质完全为美国的，董事人选亦无华人；故我国人士并无参加保管及分配用途者。就其事业之性质而言，在提倡医学和公共卫生及增进医学卫生学之教育事业。民国四年〔1915〕就北京教会合办之协和医校改造而扩充之。次年，在美之纽约省立案，为医科大学。又次年，医科成立。十年〔1921〕，新筑校舍及医院告成。校中设备极完善。人材与经费亦极充足。学业程度堪称东方医学之冠。各地医院及设立科学专科之处，亦分别作有条件之补助。

（3）本国人之机关　我国人士捐资兴学之事，日有所闻，惟无伟大切实组织而已。且其事业亦无若何宣传。就著者所知若陈嘉庚之于厦门大学，严修之于直隶，张謇之于南通，周学熙之于安徽，穆湘瑶之于上海县之杨思乡，荣氏之于无锡之开原乡，皆能捐资兴学。或重在高等教育，或重在职业教育，或重在义务教育，但无大规模的组织耳。中华职业教育社之"万圆基金社"似有雏形，至商务书馆、招商局等，则只供经费而无组织。

第六节 今后问题

（一）国家主义与私立学校　夫以教育上之国家主义言之，似不宜有私立学校之存在；但就民治主义及我国公家教育的实情言之，又实有需求私人教育补助之处。惟私人所设学校，必须认定其所办教育之性质，乃所以补助公家教育之不及；而设施教育尤须以教育为目的。质言之，不得以设学为求达其他目的之手段。其次必须依照国家教育标准管理规则，及官厅之视察指导；否则有害国家利用教育强制同化政策。盖国家前途之统一，民治之发展，以及社会之安宁，在在与今日学校之管教标准攸关。故教育设施非完全由国家主持，则私立学校必须一律于国家规定范围之内，支配办法。

夫以今日情势言之，私人设立学校之因热心公益之故者，不难使就国家范围。其营利者，大率限于中等以上学校；且按照法令，必须报告地方官厅，呈请立案；故可根据私立学校立案条例取缔之。即不报告，官厅亦得本其所负地方责任，认真监视，加以裁制。纵有妨碍公家教育之处，亦可遏止。至于委托式学校，本为爱国悯人之士捐资兴学之义举，不难令照基金团体办法，用于研究或特别教育事业。其为我国教育前途，关系最大，而问题不易圆满解决者，无过于教会学校之处分是也。

（二）前清取缔教会学校情形　查前清办法，所有教会学校毕业生，例无享受学位及官吏考试之权；即一般学校毕业生，在法律上，应享受之代议士选举暨被选举权亦被削夺。学校亦无立案条文。质言之，官厅纯取消极态度，好坏不问。夫吾人为维持国家教育主权，固不愿外人教育我国儿童，妨害我国教育大权；但教会学校学生皆为本国人民；其所以入教会学校之故，或以国家教育不足应付需求，或以国家教育办理未善，或以贫寒之故，非有特别补助，不能继续求学；总之，有迫不得已而入教会学校者。今日各地教会学校学生大半非教会子弟，大可证明此说；设国家专以消极的办法，一律削夺其公民上权利，岂得谓平？

就教育上发展而言，教会学校亦有其劳绩。夫西人办学本不谙习国情，监督之，可也；指导之，可也；如以为可行，详订办法，收回自办，或竟取消之，可也。岂可长此因循？致使教会学校，因不获政府之认可，相继呈请外国教育官厅立案。由是在中国疆域之内，而有许多外国官厅立案之教会学校；而一方国家仍取消极，一律放任，不事过问。夫多一事固不如少一事，其如教育主权何？其如民族国家之前途何？其如学生皆为中国人何？

（三）民国时代取缔之经过　民国成立，我国官厅即觉教会教育日渐扩充，关系国家教育前途亦日渐重大；而整理监督之责，殊不容缓。爰于四年〔1915〕部办教育统计之时，通咨"各省区外人设立之各种学校应造调查表报部，以便汇编图表，而资参考。"民国六年〔1917〕，政府更觉消极抵制，终非善策；"然其实力经营，亦有未便湮没之处。"故由教部布告《私立各种学校考核待遇文》，并规定四条办法，令京内外各种学校一律立案。及九年〔1920〕十一月，教育部又以教会学校程度参差，编制歧异，及毕业生不能享受同等优待，表示可惜；公布《外人设立学校须如法报部立案文》。次年四月更申前令，催促立案；并颁布《教会所设中等学校请求立案办法》六条。其中有四条限制：（1）教会、中等学校应照本国法令办理；（2）课程方面除国文、本国历史、本国地理不得变更外，其余各科设有变更，须请官厅核准；（3）学科内容及教授方法，不得含有传教性质；（4）校内学生无论信教与否，应一律待遇。

以上所举，虽似严刻，然不过取缔宗教之宣传而已。欧战结束之后，世界局面一新，各国教育亦因此发生新的趋势。我国教育界之趋势，而予教会学校之不利者，无过于国家主义、平民主义、自然主义及教育上之通俗化运动。因为此种主义运动之结果，遂有"收回教育权"，取缔私立学校，尤其是外人设立之学校；一方又因提倡自由信仰之故，遂有攻击宗教教育及崇拜仪式等主张。结果于十四年〔1925〕十一月十六日，教育部颁布《外人捐资设立学校认可办法》六条。其中有五条积极要求，两条消极限制；大概皆以近来教育界的趋势为根据。故所取缔，于宗教之外，更有国籍问题。详情如下：

（甲）关于积极方面：

1. 学校名称应冠以私立；
2. 校长或副校长应为本国人；
3. 若有校董会，多数董事应为本国人；
4. 学校宗旨依教育部所规定，必须教育的；
5. 学校课程应依部定标准。

（乙）关于消极方面：

1. 不得勉强学生信仰任何宗教或参加宗教仪式。
2. 宗教科目不得列为必修。

（四）国民政府取缔情形　国民政府亦于十五年〔1926〕公布《私立学校规程》，《学校立案规程》及《校董会章程》。查《私立学校规程》内有积极要求五件，消极限制三件。兹举于次。

（甲）关于积极方面：

1. 教会学校应一律以私立学校待遇。
2. 校长应为本国人，但必要时，得聘外国人为顾问。

3. 校董会主席及多数会员应为本国人。
4. 遵守教育法令并按例报告官厅。
5. 受官厅之监督指导。下列事项必须由官厅处置之。
(1) 开办学校须陈请官厅许可。
(2) 关闭学校须陈请官厅许可。
(3) 学校停办须由官厅派员会同清理。
(4) 解散不遵法令的学校。
(5) 随时开除学校校长或教员。

(乙) 关于消极方面：
1. 学校不得强迫学生参加宗教仪式；
2. 宗教科目不得列为必修（学校但得设立宗教专科）。

（五）取缔私立学校之标准　近来私立学校风起云涌，江浙尤多。自北京政府颁布《取缔私立学校规程》，各省亦纷纷以取缔私立学校为务。考其条例，过于严刻者多；故述其大要于次。以教育与国家关系论之，私立学校，无论其为何种宗旨，何种性质，但为尊重国家设学之原意，对于以下数端，实有遵行之必要。

（1）课程标准　教育本有同化作用，国家尤忌私立学校设施特殊教育，造成社会中之特殊阶级，以遗国家社会之害。外人设立学校，入学者既为中国人民，将来学成又须参加中国社会活动，尤须依赖中国国家之保护而生活之；则其课程之编制，必以养成中国公民为旨归。政府所应取缔私立学校者应以此为重。而私立学校无论其为本国人民或外国教会设立，为尊重国家教育宗旨起见，应按照公家规定之课程标准，尤须注意于培养学生国民资格之中国历史、地理、国文、公民学诸项。教会学校对于以上诸端缺点颇多，此实教会学校所急宜改进者也。此我国政府必须取缔之第一点也。

(2) 教授资格　学校课程固属要紧，但教师乃直接指导学生活动之人；其感人之深，较之课程尤为重要。故教员资格一层，实有取缔之必要。教会之初级学校师资，既多未有彻底的中国化之训练，而高等学校复多西人主教；加之，课本既取于外国，教员讲授又多引用外国资料；尤甚者，以外国言语为教授之工具。且因不能利用本国优良教员之故，弊端愈大；故师资取缔实国家所不容已者。教会学校如以造就中国人才，而专为中国谋福利者，则师资一层急应有所限制；而限制方面之尤重要者，为中国文化之欣赏，中国社会之了解，及中国语言文字方面运用之知能。

(3) 学校设备　学生成绩除课程标准及教授资格二者之外，以设备之关系最大。因学生学习非有圆满环境，及研究试验参考之工具，则学习之事难收效验。课程、教授、设备三者互相关系；三者缺一则成绩难期。故为私立学校之认可起见，学校设备必须规定一种最少标准。

(4) 官厅监督　私立学校对于上列三项，究竟遵行至何程度？非有严密之视察不可。且视察一事，在官厅方面，可以表示其主权之作用；在私立学校方面，可以表示其服从主权，遵守标准之义务；在学生方面，可以表示其教育机会之保障。总之，私立学校一经立案，则官厅负有重大责任；视察指导乃所以应付此项责任也。

(六) 取缔教会学校之原则　以上所举四项，关系国家设学主义至重。国家为保存其国民性，及维持其主权之故，实有取缔之必要；然以上四项乃一般私立学校之取缔标准。至于教会学校，其主持人之国籍亦有取缔的必要；盖不平等条约仍然存在，校产所有权颇有关系。更有甚者，吾人决不放心，以数十万学生之国民资格的教育，委托外人主持之也。教会为尊重国家前途计，故亦有勉就范围之必要。至于政府方面，平心而言，国家如能尽备应备之教育机会，而无需乎私立学校之存在，则教会学校非就国家之范围，即须一律停止。然观今日国家教育之凋零情形，社会人民之复杂程度，决非一种严格的单纯的公共教育所能应付。故以需要私立学校之程度，并就教会学校已往之成绩论之，似乎又须权其轻重，而有以折衷之也。

假使吾人就课程标准等四项及主持人之国籍和宗教改必修为选修六事言之，所有教会学校若能一律办到，即时请求注册，而入我主权支配之下，受我指挥；则收回教育权之目的达矣。

（七）对于私立学校之主张　私立学校之今后问题，吾人论之详矣。兹将以上所论，举其大纲于此，以为本章之结束。

夫私立学校之所以为私立学校者，必有不同于公立学校之处。官厅之责乃在此不同之中，以立案注册之手段，规定最小之标准，以求公立学校与私立学校，及私立学校与私立学校之间，有相同之点，而其不同之处，则又须不背国家教育之根本原则。换言之，于万难相同之中，而求其同；而此相同之点，即为国家教育之宗旨。假使私立学校能顾全国家教育之根本主张，则责任已尽；责任以外则为自由。自由愈大，则其试验之范围愈广；而其利于教育方法，及刺激公立学校者亦愈多。总之，私立学校之存在已不成为问题；因在公立学校未普及地方，固需其补助；即在公立学校已普及地方，亦有需其特别补助之处。盖吾之人欲望至不同，决非一般的公立学校所能供给故也。所以今日问题只在如何使私立学校不背国家标准，非必尽灭私立学校而后快也。

然则取缔标准如何规定？依据国家教育宗旨，应用积极方法，规定前述四项之最少限度而已。比如课程限度一项言之，公立学校应完全依照《新学制课程标准》，而私立学校只需依照相关国家教育宗旨之几个学科及其内容和时间之限度；如国语、历史、地理、公民、算学等类各几时。私立学校得于规定之外，另授他课，但不得于规定之内减免之。而所另授之他课，消极言之，须于国家前途及社会安宁幸福无破坏之虞。此以一般私立学校而言，至于教会等学校，除上述之外，极须除其外国性质，所有行政教授，应逐渐改用中国人员。宗教方面必须改必修为选修。盖宗教自由已为世人所公认，而政府既不能强制学校不得教授宗教之自由，又不能强制学生不得选修宗教之权利。

研究问题

（一）试问私立学校与公立学校根本不同之点何在？何以必须取缔私立学校？

（二）研究我国中央及地方政府，对于私立学校之奖励及取缔办法，并评论之。

（三）以事实言，一般私立学校在我国教育系统上，有何地位？各地私塾与寻常私立学校性质有无不同之处？并言官厅对于私塾应取之态度。

（四）试各调查欧美各国私立学校情形及其补助公立学校之处。

（五）各就书中所举四项取缔私立学校标准，严格评论之。

（六）列举教会学校对于我国教育学术之贡献及其一般弊病。

（七）各以公平态度，根据事实，拟具取缔教会学校办法，并附以意见。

（八）取缔私立学校，有积极与消极两种原则，试各言其长短，并举例证明之。

（九）各就国家主义或民治主义，而论教会学校之前途。

（十）收回教育权之真正解释如何？试各调查年来之论调，而统计其不同之意义。

（十一）收回教育权之论调已为多数教育界之主张，试以教育眼光，公平批评现在一般收回教育权之办法；并拟具收回之确当办法，加以理由。

（十二）就民国十四年〔1925〕十一月，教部颁布之外人捐资设立之各级学校认可办法六条，精密研究其利害；并与从前颁行各项条例比较之。

第七章

义务教育之设施及其问题

第一节 义务教育之作用及其需要

（一）义务教育之说明　教育之以义务名者，其说有二：

（1）以政府依据国家主义之原则，为求国家前途之统一，民族精神之发扬起见，运用其权力，使全国之内，无论贫富贤愚男女儿童，在一定年限内，一律强受一种同化的教育。目的在培养民族性，造就国民资格。这种教育谓之"义务教育"。诚以人民对政府不得不受之最少限度之教育也。故义务在人民。因为义务在人民，而政府有时又采用强制手段，迫令人民履行此项义务，故又谓之"强迫教育"。

（2）以人民依据平民主义之原则，为欲谋求公共生活之福利，培养个人生计之工具起见，根据其民权，要求政府使全国之内，无论贫富贤愚男女儿童，在一定年限内，一律享受一种平等的教育，以为纳税义务之报酬。目的在培养健全分子，建设共和社会。这种教育谓之"义务教育"。诚以政府对人民不得不予之最少限度之教育也。故义务在政府。因为义务在政府，故人民要求政府履行此项义务，设立此种不征费用的学校；故又名为"自由教育"。

（二）义务教育之作用　夫在专制国家，所有社会安宁幸福之能维持而得以增进者，全恃乎社会中少数的智仁勇俱备之领袖贤人。一般众人则为领袖指导下之服从者；可使由之，不必使知之也。故有"得人则兴，失人则亡"之语。此数千年来所以重视人才教育也。今则情势已变，一般忠诚明达之众人，以共和社会言之，其需要之程度，则尤甚焉。盖不得忠诚明达之众人，则领袖贤人无由发现，而领袖事业更无拥护助成之希望；于是，贤者不得见其贤，而不肖者进焉。义务教育之主要作用，则在培养一般的忠诚明达之众人；此共和社会之所以首重义务教育也。通常吾人每每不辨义务教育与小学校所设施之初等教育之区别，以为小学毕业即为义务教育终了，其实，义务教育为造就一般国民之利器，初等教育为中等教育之准备，为培养贤才之基础；二者之间，相同之点虽多，然固各有其独立之作用，未可相混也。

（三）义务教育之需要　夫以今日吾国情势言之，其所以日益紊乱之故，并非缺乏统一国家，号召世界，且为全体人民所敬服而拥护之真正领袖贤者，实以一般众人之不明达；故虽有真正贤者，而不认识；不忠诚，虽有伟大英豪，而不克始终拥护；因此贤豪失望而去，不肖者因得倖进耳。故为国家前途统一计，为民族光荣计，为社会公共福利计，以及为平民主义实现计，非普及义务教育，注重此一般众人的教育不为功。盖专制社会，苟得少数贤人，已足为治；共和社会则庶务必须公诸舆论；非有忠诚明达之众人，不得健全之舆论。不得健全之舆论，虽有贤者，亦不得见其贤；而不肖者更乘机作伪；于是是非颠倒，而紊乱生矣。此我国之所以需要义务教育也。

第二节　义务教育设施之经过

（一）义务教育之经过　义务教育之设施实以普鲁士为嚆矢。初由宗教改革家路德主张，以教育为实现宗教计划之工具；故于16世纪末叶，即于教会势力之下，设施所谓基础教育。二百年后，佛利大帝①主张教育设施为国家政务。1794年，乃以法律规定之，且采用强迫手段。1850年，遂订为宪法上之制度。英之苏格兰一部，曾于1494年，在教会监督之下，规定强迫学校条例；但法律上认为国家之教育制度，则在1872年。至于英吉利则始于1870年。法则更进一步，于1882年，实行不征收学费主义；所谓"自由教育"是也。美则发轫于新英兰，尤以马萨诸塞为最早。初于1642年，规定设施计划。五年之后，自由学校制度遂为各省相继仿行之标准。日本于明治初年，规定就学义务，而强迫主义则于十九年承认。

（二）我国推行之成绩　我国义务教育始于宣统三年〔1911〕。维时，由学部召集中央教育会议，规定施行办法，并以四年为期；但无成效。民国四年〔1915〕，改初等小学为国民学校时，改定儿童学龄期，自满6周岁至13岁凡7年（原定满6岁至14岁凡8年）。当定义务教育期，以最初学年之始，为就学始期；以国民学校毕业时，为就学终期；但除吉林之省会与长春二处稍有成效外，各地施行颇不踊跃。民国七年〔1918〕，山西规定分期进行办法，成效甚著。九年〔1920〕三月，教育部规定分期筹办计划，通咨各省，按照计划，拟定进行程序。其筹备计划系依下列年限，于8年之内，全国一律普及。

---

①〔特编注〕即普鲁士腓特烈二世。

民国十年〔1921〕　　省城及通商口岸办理完竣

　　　十一年〔1922〕　　县城及繁镇办理完竣

　　　十二年〔1923〕　　500户以上乡镇办理完竣

　　　十三年〔1924〕　　300户以上市镇办理完竣

　　　十四五年〔1925～1926〕　　300户以上市乡办理完竣

　　　十六年〔1927〕　　100户以上村庄办理完竣

　　　十七年〔1928〕　　不及百户之村庄办理完竣

按以上计划虽经颁布。各省亦有筹议，且有规定省款补助办法；但实际设施，惟山西一省，较为认真。查该省自民七〔1918〕规定分期办法之后，学生数目截至民九〔1920〕，共有729,803人，约当全省人口69‰。设以学龄儿童就学四年计算，每千人约有就学儿童一百人。故山西施行两载，入学儿童已当全数之69％；或称山西为"模范省"，非无故也。此尤当时情形，今日成绩当不止此。

其他较尽责任之省分，推江苏、直隶为最；省城则推广州；县区则以江苏之南通；市乡则以上海之杨思乡与无锡之开源乡。至吉林之省会与长春两处，亦略有可观，此外，则无可述者。

第三节　施行强迫教育之准备

（一）强迫入学之目的　　设施义务教育，必取强迫入学制度，已为先进国家之通例；故又谓之"强迫教育"。所谓强迫者，设施义务教育之手段也。国家为欲贯彻其普及之主张，故对于学龄儿童之保护者，责以按例就学之义务；其有不欲履行此项义务者，则加以相当之裁制。由此以观，国家所以不惜巨金，建设学校；更以强制手段，迫人入学者，良以义务教育富有同化力量，凡国内儿童间之不同者得化而同之。故其结果可以养成一致之民气，可以造成一色之国民；于是国家以之统一，民族以之团结，盖最利于国家之教育也。

（二）强迫教育之条件　实施强迫教育办法，必先解决以下五个条件；否则，纸上谈兵，何济实用？

（1）必先筹措充足之经费，建设足可容纳学龄儿童之学校。

（2）必先多设教师养成所，训练足敷设施教育之人才。

（3）必先规定儿童之学龄，及保护者之义务。

（4）必先规定就学义务督促之责任。

（5）必须采用不征学费之办法。

查我国政府历次所公布之计划，大率偏重设施制度，对于第一与第二两项人才经济之根本问题，则诿之各省；各省又复诿之地方；于是上以空言责下，下以空言罔上；质而言之，空言而已。因此计划公布虽已有年，而实际效果言之惭愧。此无他，不求实际，毫无准备故也。兹请述其现况及今后问题于次，以为将来解决之准备焉。

第四节　经费之筹备及其问题

（一）现在经费状况　施行强迫教育必有充分之筹备，而筹备事业尤以经费与师资为中心，前已言之。兹分论之。依照现况论之，国家对于义务教育，仅有计划督率之责，而无经济之担负。省区之责，亦仅止于补助；故重大责任则在地方。考各县所筹，除江苏省已规定各县亩捐堪称巨款外，其余皆零星杂捐为数既少，名目至多。一方必须仰赖中央任命财政官吏之核准；一方尤须消弭社会人民之反抗。手续极繁，收集不易。于此情状之下，欲求普及，其难可知；故经费解决实为今日之根本问题（详见《教育经费问题》）。

(二）规定分担责任　地方义务教育经费之困难，既如上述；然则解决之道如何？曰不外规定分担责任与指定确实税源二法。查各国成例，德国新制所有经费由国家负担。英则国家与地方各任一半。法以教师俸给由国家负担，其他用费地方任之。美除职业教育由国家补助外，义务教育皆由省县地方分任。分任标准，亦不一致。有省区任四成，县区任五成，学区任一成者；有省县及学区各任$\frac{1}{3}$者；有省区任$\frac{1}{4}$，学区任$\frac{3}{4}$者；有省区任$\frac{2}{3}$，县区任$\frac{1}{3}$者；更有大市除由县区补助$\frac{1}{10}$，余为学区自行担任者；如芝加哥等市是也。但就各国趋势观之，义务教育经费之担负，实逐渐由地方而趋向中央，由下级区域而趋向上级区域。

我国设施之责，决不能外此公例。诚如是，国家与省区皆有分任之责；惟分任标准，应行郑重规定。盖中央与地方已有税收，究应如何整理划分，尚未决定；而新税之开发已益增多。假使政府当局及教育巨子诚信教育为立国大本，应于此训开始之际，择全国税收之最普遍，最可靠，及最大之一项为义务教育专款，以示中央分任之意。再就广东、湖南、浙江等省数年前，试拟之省宪草案言之，将来省区分任一层大可办到（现在各省仅有补助每县若干千元非分任也）。袁希涛与李步青两君对于分任标准，颇有精密计划。兹分录之以为参考。

（三）袁君之主张：（见袁著《义务教育之商榷》第34页）

（一）国家补助者：

（甲）小学教员优待费，略含三类：

(1) 教员年老退隐金及身后遗族恤金。

(2) 年功加俸。

(3) 优待教员奖励金。

每年由国库财政余力，提拨专款济用，或积为基金。

（乙）小学教育协款，如

(1) 边地小学之协济。

(2) 因小学教育上特别需要之协济之类。

（二）省款补助者

上项（甲）款之优待费，由省协助国库之不足，及上项（乙）款协济之类似者外，对于各县师范讲习所经费，倘能由省款补助若干则于普及较易为力。

（三）县库所支配者

我国地方小学经费，本以市乡为本位；但亦有以县附税除去若干之教育费，仍分配于各市乡者。故于责成各市乡自行筹划办学经费外，县库亦宜有支配调剂之作用，以补市乡之不足。

县属各区教员之养成费。宜由县担负筹划。

（四）李君主张：（见李著《义务教育进行计划案》第 3 至第 11 页）

从中央省地方三种收入中，规定各部分各行政支配之成数。义务教育费在中央政府、省政府，总收入中当占 5%。在地方总收入中，除原有学款外，当占 $\frac{1}{3}$。……

由中央政府支给者：曰养老费；曰抚恤费；曰中央补助费。

由省政府支给者：曰小学教员养成费；曰省政府补助费，曰省政府奖励费，曰特别讲习费，曰小学视察费。由地方支给者：曰俸给费，曰开办费，曰补助费，曰奖励费，曰讲习费，曰参观费，曰扶助费，曰观察指导费。

（五）确定税源　义务教育经济上设施责任固须划分，但不确定税源仍属无济。盖当此中央地方皆极困难之际，现状维持已属不易，增加负担更难实行。故非确定税源，无以保障义务之履行。然欲确定税源，先须切实明了中央与地方税收之现况，然后始可从容指定而加以整顿；如有不足，再为斟酌增辟新税，以应需要。

故今后问题，第一，现在我国税收何者属于中央？何者属于省区？何者属于地方？殊混乱。历年以来，虽有划分之议，但格于种种原因，未克实行。依从前广东、湖南、浙江等省宪草案视之，似有划分动机；惟此项草案亦仅民意之表现而已，非必可以实行也。近来国民政府颇有整理划分之趋势，此前途之幸也。第二，税收既经划分，则中央省区及地方如何各就已有或新辟之最普遍，最可靠，最大之一种或二种收入，指为专款，加以整顿。第三，计算实行普及所需总额。一方确定分任成分，各就专款收入之额履行其所担负之责；设有不敷，如何另辟新税，以求适合？

以上所举二事，规定担负责任与指定确实税源，实为义务教育之根本办法。二事之外尤须筹划师资问题。三事具备，然后始可计及学校建设及其他问题。现在义务教育所以收效甚微者，盖未计及此人才经费之根本问题也。（至于现在经费与教员情形及将来应当如何整顿之处，请参观《教育经费》及《教育人员》专章。兹略之。）

第五节　江苏之新计划

民国十六年〔1927〕，江苏决定试行大学区办法之后，教育当局以前此曾有八年期成之计；并设有期成会从事研究宣传准备推广。兹八年之期将届，而入学儿童仅553,632人，未入学者仍多至 3,440,399 人。是历年成绩不过 $\frac{1}{6}$ 而已。爰本国民党政纲，对内政策十三："励行教育普及，以全力发展儿童本位之教育；整理学制系统，增高教育经费，并保障其独立，"更定六条计划，并以十年为期。所谓五条计划者：即研究、准备、宣传、推广普及之五个步骤而已。一曰分划学区，调查学龄儿童；二曰酌量国民经济及教育需要，筹划经费；三曰斟酌地方需要，训练师资；四曰广设学校，增添学级，以谋教育之普及；五曰规定，强迫教育法令，实行教育普及。

近除规亩捐——自 4 分至 12 分——为地方义务教育及民众教育经费外，并计算推行时之学童、师资，经费分年预算表如下：（以万为单位）

年　别	增加学童数积计	增添级数积计	需要教师人数积计	培养师资之费	建筑学校及增加学级设备费	增添学校学级经常费	本年度需用经费总数
第一年	30.00	0.60	0.50	90.0	180.0	180.0	450.0
第二年	60.00	1.30	1.00	90.0	180.0	360.0	630.0
第三年	90.00	1.80	1.50	90.0	180.0	540.0	830.0
第四年	120.00	2.40	2.00	90.0	180.0	720.0	990.0
第五年	150.00	3.00	2.50	90.0	180.0	900.0	1170.0
第六年	180.00	3.60	3.00	90.0	180.0	1080.0	1350.0
第七年	120.00	4.20	3.50	90.0	180.0	1260.0	1530.0
第八年	240.00	4.80	4.00	90.0	180.0	1440.0	1710.0
第九年	270.00	5.40	4.50	90.0	180.0	1620.0	1890.0
第十年	300.00	6.00	5.00	90.0	180.0	1800.0	2070.0
积　计	300.00	6.00	5.00	900.0	1800.0	9900.0	12600.0

（说明）（一）第一项失学儿童，从前调查数为340万人。兹以300万人计，分十年完成义务教育，每年应增加学童30万人。以后逐年增加30万人。（二）第二项根据第一项每50人为一级，30万人应得6,000级。逐年照此增加，至6万级为止。（三）第三项每级教师1人，第一年须6,000人。今列5,000人，以省款设立中学师范科农科师范科毕业生，每年可及千人之数。第二年以下至十年同。（四）第四项培养师范生，一概不免膳费。每年每人占教育费额以60元计。3年毕业。每人需费银180元，5,000人合计为90万元。（五）第五项建筑学校及增加学级设备费。每学级以300元计，年增6,000级，应得180万元。（六）第六项义务学校经常费逐年加增，第一年6,000级，每级以300元计，应得180万元。第二年再增6,000级，应再增180万元。合得360万元。3年以下至10年同。（七）第七项培养师资，及建筑学校，增加学级，设备费，在10年以内，逐年相同。而增添学校学级之经常费，则逐年递增，自180万元至1,800万元。故第一年总数为450万元。第二年以下均须递加。（八）以6万教师任6万学级，是以最低限度计算；如每两学级须延教师3人，则教师人数及培养师资费用，均须增加$\frac{1}{2}$。（九）培养师资，第三年无人毕业。惟办足十期，尚须延长两年。以最初两年与最后两年经费合计，仍为每年90万元。（十）十年以后，义务教育已经完成，则培养师资建设学校之费，可以酌减；当俟将来另订计划。

以上计划，究能实现至何程度，仍须视吾人继续努力之程度而定。盖从前计划非不洋洋大观，从前预算非不审慎周详，然卒成纸上谈兵者，乃无毅力继之耳。

第六节　强迫制度施行之问题

强迫教育者，国家以强制手段施行之义务教育也。强迫教育制度者，国家施行强迫式的义务教育之法令规程办法也。何以国家必以强制手段，施行教育乎？盖非此不足以求达教育普及之目的也。无论国家视普及义务教育为政府之权利，或为其义务，为行使此项权利，或为履行此项义务起见，法令上必有相当之规定，事实亦必有许多的问题。以下讨论为设施强迫制度时，应行注意之法令及问题。讨论材料大多根据我国旧制之地方学事通则及各级学校令。

（一）学龄之意义　学龄者国家为设施义务教育之便利，规定儿童应行入学之年龄也。凡在此期间者谓为"学龄期"。在此学龄以内之儿童，谓为"学龄儿童"。我国学龄之制，初为自满6岁至14岁，凡8年。民国四年〔1915〕，改为自满6周岁之翌日始，至满13岁止，凡7年（见《国民学校令》第二十三条一项）。至义务教育期间之规定，则以最初学年之始为"就学始期"，以国民学校卒业为"就学终期"；但儿童年龄未达就学始期者，不得令入国民学校（见前令第二十七条）。故义务教育为四年。新学制亦以四年为暂时标准；但各地方至适当时期，得延长之。至入学年龄，各省区得依地方情形，自定之。

依新学制观之，我国儿童受义务教育之年龄，本为自满6周岁至13岁；但在此7年中，设能就学4年，则义务终了。其所以如此改定者，乃以设施伊始，如悉令于学龄之始，一律入学，无论公家方面准备不及，即学儿方面亦有所难，尤以农村儿童为甚。故只规定在国家所定标准以内，斟酌地方情形，拟定切实可行年限。

至于义务期限，虽以近况定为四年；但为最少限度。假使一省已及普及程度，可以省政府单行法延长之；一县普及，亦得斟酌延长。盖所以各按情形，自由活动也。

（二）保护者义务　前言各国施行义务教育，多用强迫手段；假使儿童不能按时入学，并以法律规定，得惩罚其保护者。所谓保护者，乃包括学龄儿童之父母及监护人也。保护者应负儿童入学之责，并得以刑罚裁制之。其刑罚之轻重，各邦不同。法则以拘留、训斥、罚金等项。其所罚之金，自1法郎至5法郎；英以罚金为主，但至多不过一磅；荷兰则由视学诉诸法庭处罚；盖非定裁制办法，无以实施其强迫制度也。

我国以设施之初，设备未充，因用劝导方法，未遽即施罚则也。《国民学校令》第二十三条第三项规定保护者之义务云："学龄儿童之父母或其监护人，自儿童就学之始期至于终期，有使之就学之义务。"但保护者之义务，亦得因学童之疯癫或残废不能就学时免除之（见前令第二十四条一项）。假使学童因病弱，或因发育不完，以致不能入学，或其保护者实以贫困不能使儿童就学，皆可由区董报经县知事之认可，得展缓之（见前令第二十四条第二第三项）。惟展缓之期以一年以下为限（见前令《施行细则》第四十五条）。其因身体上关系而展缓者，须附送医生之证明书（见前令《施行细则》第四十四条）。

依据我国制度，保护者之义务，虽然明白规定，但对于不履行义务者，仅以区董督促为止。且保护者得援第二十六条之规定，"令学龄儿童在家或他处肄习国民学校之教科"。不过必须得区董认可，至必要时，受其试验而已（见前令《施行细则》第四十六条）。故于施行强迫教育之制度与方法，仍筹备之余地。

第七节 义务督促之责任与办法

按欧美诸国施行强迫教育,皆有督促就学之主体。英法制度,由本区强迫教育委员会主持之。伦敦一市委员多至350人。美国各市亦特设强迫教育机关,督促人员随时可入学童家中,实行调查督促之责。

我国办法,儿童之调查及就学之通知,属于区董之职务。依《国民学校施行细则》第四十条之规定,区董每年调查该区学童,其就学始期在八月者,于五月终编制学龄簿;以四月为始者,应于上年十二月终编制之。又依前令第四十二条之规定,按照学龄簿,将儿童应入之学校及入学日期,通知保护者。又前令第四十三条,将儿童姓名及入学日期,通知学校校长。此入学之办法也。

国民校长既受区董通知,设该儿童已过入学期七日,而未入学者,应即报告区董(见《施行细则》第五十一条)。又设在学儿童并无正当理由。继续缺席七日,应即告知其保护者,督令出席。如仍缺席至七日以上,应即报告该管区董(见前第五十二条)。区董接受报告时,应即督促儿童之保护者,速令出席。如区董督促至二次以上,仍不出席,区董应陈报县知事(见前第五十三条第二项)。县知事接受报告,则作最后之督促儿童保护者,速令入学(见前第五十四条)。设县知事督促无效,则法律穷矣。此督促之责,由校长而区董;由区董而县知事之办法也。

第八节 学费问题

义务教育不征学费,欧美诸国之通则也。盖国家施行义务教育，自有其施行之目的；非仅为人民之利益已也。且公家之担负，即国民之担负也。国家以取于国民之赋税，而用于公私俱利之教育；国家之义务，亦即国家之权利也。故义务教育之设施应完全由公家担负之，不问儿童之保护者为贫为富，应一律免除学费。盖非此无以达普及之目的也。或以富者有余，应有以征收之；贫者不足，应免除之。殊不知国家既征赋税，办理教育，而富者所纳之赋税，又倍蓰于贫人；假使独征富户，是重征也，安得为平？故为公平计，无论贫富贵贱，皆应一律使受自由之教育。

我国初以不征学费为原则，迨及民国，依《国民学校令》第四十五条之规定，视地方特别情形，经县知事之认可，亦得征收之。惟每月以银元 2 角以下为限（见《施行细则》第六十六条）。对于他自治区来学之儿童，得增收学费（见《施行细则》第七十条）。高等小学因不在义务教育范围之内，故每月得征收银元 5 角之学费（《高等小学校令施行细则》第三十四条）。但依七十一条之规定，"对于贫困不能缴纳学费者，管理人应免其学费之一部或全部。"及"家有儿童二人以上，同时入国民学校者，管理人得酌减其学费。"学校教师子女，为优待故，亦得免征学费。

试考以上办法，颇与平等教育及自由教育之公例不合。将来如求普及，或采用强迫制度，或采用自由教育主义，则征收学费一层必须改订，而减免办法尤无存在理由。

研究问题

（一）列举义务教育与实现国家主义及民治主义之关系。

（二）考查本市乡自治情形及与义务教育之关系。

（三）搜集山西省关于义务教育推进办法，并列举其可以为本市乡仿效之点。

（四）研究江苏省义务教育促进会刊行之《义务教育杂志》，及会长袁观澜君对于义务教育之著作而批评之。

（五）考察所属县市乡义务教育设施之成绩；并综合一切，详细拟定"本县义务教育推行之计划"。

（六）各就考察所得，将本书中所举困难问题一一解决之。解决时应注重事实。

（七）研究中央及地方政府关于义务教育之《法令规程》及《施行细则》而批评之。

（八）搜集关于义务教育之重要论文或书籍五种，并各举其特点。

（九）评论江苏之新计划。

（十）各就研究所得，拟定一县或一省之义务教育普及办法。

第四段 总论

教育人员之意义

第一章

教育人员

吾于前数段中，曾将我国沿革至于今日之各级教育行政机关，暨各段教育设施之情况，大略举其梗概；本段目的则专述在此情况下，所有教育人员及其所负之责务，应具之资格，任用之方式，所得之报酬，以及目前关于此项人员急待解决之问题。前面所论不过制度而已；制度之优劣所关固甚重要；但更重要者，为运用制度之人。

按教育设施，责在教育行政人员，此普通之见解也。但全部教育行政事业之目的，无不集中于增进学校学业之效用——使教员有教授的便利，学生有学习的环境。然直接关系学校学业之成绩者为教职员；故学校教职员，虽非教育行政人员，但担负教育行政最后责任者，确为此辈。故本段所谓之"教育人员，"实包括教育行政人员与学校教职员两种；而学校教职员又分学校校长与教员两种。

第二章

教育行政人员

第一节 各级教育行政人员之近况

各级教育行政人员之法律上资格及其事权，已于前数段中讨论行政机关组织时，约略道及。兹更归纳一切，作较有系统之陈述。但凡已经详细讨论者则不赘。

（一）中央教育行政人员近况 按我国中央教育行政人员，本有政务员与事务员之别，以旧制言之，教育部总长为政务员，由大总统特任，"监督指挥全国教育学艺历象事务；管理部务，监督所属职员，并所辖各官署机关"。为特任职，并为内阁之一员。次长由总长呈请大总统任命，襄理总长主持部内一切事务。次长以下为事务员。总长因为政务官，为阁员，所以多为政客。政客本以政治为生命，故其兴趣不在教育，而其活动多为政治。教育乃其活动之招牌，教部则其活动之地盘而已。此民国十余年来所以无确定之教育政策与较大之计划也。所幸，中间尚有不尽为政客者；不然，即此区区不全之法令规程，亦且无由颁布，实堪痛惜也。国民政府有鉴于此，废部制，设大学院管理全国学术及教育行政事宜。大学院院长一面为教育学术领袖，一面为政府委员。并置副院长辅理院务。就现在组织及当事人物而言，颇多革新气象；假使吾人以全力赞助之，监督之，则前途乐观之处甚多。

至于事务人员，近年来颇有专家化的趋势。惟当局者以政治党籍关系，仍不克尽量委用教育专家；而专家亦每每因无政党奥援之故，不能获得相当位置。当此军事行动，教育党化之际，欲求量才使用，为事择人，原本困难，况政治变化朝不保夕乎？但专家化趋势，既为今日一般主张，将来训政进步，党界解降，必能圆满实现。

（二）省区教育行政人员近况　教育厅长原为简任职，由教部呈请大总统简任，禀承长官，主持一省教育方针，指挥监督省立学校，暨各县教育行政事宜；盖一省最高教育行政机关之首领也。但在军阀割据之时，中央简任仅有其名；实际不是军阀委任，亦须事事禀承军人意旨而行。若以教育专家态度，办理教育；则第一无设施之自由，第二乏经济之援助，且各省教育界党系纷歧，竞争之烈，前所未有；稍有建设，非特军阀难容，即素称名达之学界，恐亦不易谅解。故在此情形之下，非官僚政客，以做官之法做之，殊难安于其位。又因地方军阀起伏无常，教育人员迭有变更，每次厅长更人，厅内事务人员，亦受影响；因此省区教育之进行，颇受打击，良可悲已！至于国民政府时期诸省，除江浙试行大学区办法，大学校长兼管教育行政事宜外，其他各省之教育厅长皆为省政府委员之一，由中央执行委员会选择，国民政府任命之。惟改革伊始，军事政治初未统一，故教育行政人员之成绩尚未有所表现也。

（三）地方教育行政人员近况　至于县市旧制之劝学所所长，当在初创之际，因须开导人民，劝学筹款；故所须资格，不在教育学理之精深，办学经验之宏富，而在宣传号召之力。所以人选方面，不得不借重地方绅士。今日时易情迁，似乎可以应用专家矣；然实际调查，内地人员，除少数外，大半为今日教育上落伍之人。此辈思想陈腐，对于一般教育趋势，多所隔膜，以办学为差使，视学校为地盘，因师范毕业学生，思想较新，目光较远，喜谈改革，不易合作；所以把持教育，拒绝新进，无所不用其极。加之，内地薪俸菲薄，月俸少者仅拾元，师范毕业学生欲望较大，生活略高，大都望望去之。然在此辈大可优裕度日，不仅藉此另求别项收入，更可结交官厅，走动衙署，维持其绅士地位。因此，内地教育行政状况，暮气重重，极难希望进步。所以私塾之设满坑满谷；国民学校寥寥无几。设与江浙等省比较，真有天渊之别。于此情形之下，而欲发展地方自治，革新教育行政制度，振刷教育界的精神，广筹经费，普及教育，讵不甚难？迩来国民政府颇能注意县治。县政府之试验业经开始，地方教育行政人员之地位及其报酬颇有提高之动机；于是久应解决而未能解决之人选问题，自行解决矣。人选问题一经解决，则地方教育行政人员之事业将由是一新。

第二节　教育行政人员之地位与责任

以上所举，似为今日教育行政之不幸，将来非振刷而革新之，则教育前途荆棘实多。查今日一般行政人员之当前困难，约有二项。至于党籍问题，或为统一以前之暂时的限制；盖教育者国家之公器也，今日之党化实非得已。

（一）不知政治与教育之关系，不能利用政治，促进教育；故结果为政客劣绅之盘踞学界，而以教育为做官的途径。

（二）为教育行政人员，因少专门教育的准备及行政学理之研究，每每不自知其所居何等地位，及在此地位中所负何等责任，兹分别申论于后。

（1）政治与教育　今之鉴于不良的教育结果，原于恶劣的政治影响者，辄主张教育与政治之分离。以为非求教育超脱于政治之外，则求政治不影响于教育；否则，教育之推行实多障碍。夫教育诚能超脱政治之影响，固甚善也；但其间实有不能之原因在。盖教育既为国家之任务，则教育之行政，自为国家行政之一种；夫国家行政中之教育行政，而欲超脱于国家之政治，是安可能？

教育行政既不能根本上脱离政治，而今日政治又为教育进行之窒碍，奈何？曰利用政治，为求达教育目的之手段；一方由教育界牺牲派别，拥护教育式的政治家，打倒利用教育之政客式的办学人员。盖政治本身原非恶劣，国家教育政策之行使，地方教育之推行，亦须凭藉政治之势力。目下，教育之所以受政治的打击者，非政治本身之过，实多数自命为教育行政家者，借教育行政之名义与位置，作政治上的活动之过也。其目的在作政治的活动，以教育为政治活动之手段；此政治所以害教育也。诚使教育行政人员，以政治家的眼光，凭借政治的势力，以求教育之改进与发展；则政治之造福教育，当非鲜浅。

试问，今日我国各级教育行政人员，为教育家乎？抑为政客乎？其目的在发展教育乎？抑在做官乎？退一步言，各省教育研究机关之教育会会长，其中含政客兴味，借会长之名义，结交官长，走动衙署之土豪劣绅，亦多不胜数；其真正热心教育之人究属少数。惟其多数为政客，为官僚，为劣绅，故其目的在做官，故不惜以教育为做官之牺牲；以教育行政之地位，为升官之阶梯。是以今日问题不患教育与政治之不能脱离，而所患实在政客式之教育行政人员，以教育为政治之代价也。

(2) 教育行政家之地位　政客式之办学人员之害既如上述，今后欲求教育行政之刷新，并能利用政治促进教育，仅有拥护真正的教育行政家——"教育式之政治家"，而使之主管教育行政事宜；然则所谓教育式之政治家者有何标准？曰：除有政治家之远大眼光，与运用政治之光明手腕外，必须有专门教育之训练，明了其自身在教育行政上之地位：（甲）对于教育人员，则为指导教学，监督行政之人；（乙）对于教育立法机关，则为执行法律，设施计划之人；（丙）对于教育行政，则为规划组织，整顿领袖之人；（丁）对于地方社会，则为公民领袖、人民表率；代表众意，制作健全的教育舆论，以便国家教育之推行；（戊）对于国家，则为忠诚之官吏；代表政府，设施教育，以求地方人民之福利。

故为中央教育行政机关之首领，就资格言之，除教育行政之专门训练外，须有政治之经验，明了教育与国家之关系；以政治上远大眼光，筹划教育之大政方针；藉政府委员之地位，运用光明正大之政治手腕，以求教育方针之设施。按照教育行政之责权及需要，改组现在之官厅，任用教育专家，厘订教育法规，规定进行计划，处理行政事务，监督指挥地方教育之行政暨国立学术机关。

至于各级地方之教育行政人员，本居三重地位；但此三重地位各不相同，因而发生"三重人格"。所谓三重人格者，（甲）为根据中央颁行之国家教育政策暨施行标准，代表国家，而为国家教育之监督、指挥、整顿、计划、行政的官吏；（乙）为根据地方需要与经济情状，暨所负教育设施责任之范围，代表地方而为地方教育之监督、指挥、整顿、计划、行政的自治人员；（丙）根据社会公意及人民希望，代表人民，而为公共教育之监督、指挥、整顿、计划、施行的领袖。今之教育行政人员除对官厅负责外，其对地方，对社会之态度，果若何耶？

（3）教育行政家之责任　因为人格多重，故其责任亦系多重。（甲）有时，为计划整顿之人，具远大之眼光，作将来之计划，以求教育制度之改良。（乙）有时，为学校组织之专家，取他人之经验，为我改良之张本，以求学校行政之进步。（丙）有时，为课程之专家，根据社会之需要，作科学的编制，以求学生学习之经济与效率。（丁）有时，为成绩考验之专家，根据科学的方法，试用各种之测验，以求学生成绩之进步。（戊）有时，为校舍建筑之专家，本诸卫生之原理，建筑适当的校舍，以求教育环境之改良。（己）有时，为游戏之专家，明了游戏之作用，奖励学校课外活动而指导之，以求学生身心之修养。（庚）有时，为学生利益保护之人，筹备教育机会之均等，而使所有城乡学生，一律享受良好教师之陶镕。（辛）有时，为事务之干员，支配经费，稽核会计，监督庶务，以求校务之整理。（壬）有时，为请愿之人；对社会，则说明教育作用，解释法律规程，宣传进行计划，以求人民之谅解，而便教育之推行；对政府，则建议推广方法，改良建设计划，以求长官之鉴谅，而促地方教育之发展。（癸）有时，为教师之教师；监督、管理、指导教师之教学，以求服务效用之增进。总之，地方教育行政人员责任綦重，事务极繁，决非狭窄的教育专家，或仅仅普通官吏，所能胜任；必需以教育为目的，以政治为工具之教育式之政治家，方能胜利而愉快也。

故今日吾人设以教育结果之不良，而归咎于政治；毋宁归咎于以教育为政治牺牲之政客式之办学人员。使教育入于政治之漩涡，卒以教育殉政治。诚能以政治为应用，以教育为归宿，则政治变化或不根本的影响教育。明乎此，教育前途庶有豸钦！

第三节 教育行政人员之专家化

（一）专家化之需要　依前节所论之教育行政家，乃有（1）政治眼光，（2）办事才干，与……（3）教育专门的训练。环顾今日一般办学人员，其最大缺点，乃在未有专门训练；故将来地方教育，假若能进一步，作一种有计划的推广，则其先对于行政人员，必有一种革命的计划。质言之，必先求行政人员的专家化，——使有专家的眼光，专家的知能；盖教育行政人员即系监督、指挥、经营、改进地方教育之人，亦为掌握地方命运之人；其责任之重大，有非常人所能比拟者。将来教育，设完全归地方自治，则其责任尤为重大；虽曰现任人员中，颇不乏精明干练人才，然究少数；且其眼光，其胸襟，其手段，其专门的智能，综言之，其程度方面必须有以提高之，资格方面亦须有以增进之。办理教育必由教育者办理之，方为切实。大凡努力出于兴趣，效率由于知能；是故乏教育上兴趣者，则努力有限；缺教育上知能者，则效率难期。试问：全国数千教育行政人员中，其由师范专门出身者几人？毕业后，能广续研究教育行政学术者又几人？平时以科学眼光，考虑地方教育进行之问题，而有改进的计划者又有几人？呜呼！教育为立国之本，今兹情况，何殊乎盲人跨瞎马？

（二）专家化实现之办法　然则奈何？今日办法只有努力促进专家化的实现。促进方法有四：

（1）自一定之日起，现任人员如有因病出缺，或因事离职者，一律改用省立师范学校行政专科毕业生。但在未有专科毕业生以前，得以省立后期师范毕业，或相当之专门训练，而有3年以上之教育经验，平时对于教育行政问题确有著作或研究者暂充之。惟此项人员，在委任后3年内，须在指定之暑期学校或讲习所，或师范学校补习教育行政学15个学分；补习后，给予5年服务证书。5年内，如更补习5个学分而及格者，准给予终身证书。所有报酬待遇与中等学校校长同等。

（2）由省教育官厅，就人才设备较优之省立师范内，特设地方教育行政人员专科及补习科。专科暂定三年，分地方行政组、视察指导组、学校行政组。中学或师范毕业者入之。毕业后，给予正式终身服务证书，不再受政府之检定。补习课程暂定1年或2年。入学资格，限定现任行政人员、小学校长或高中师范以上学校毕业生而有2年以上之教授经验经教育长官之特别保荐者。毕业后，给予5年证书。5年内，如更补习者，得与前项专科人员同等待遇。

（3）现任行政人员之补习方法，由审定资格及办事成绩入手。凡资格相当，因缺乏学术经验，以致成绩不良，或办事认真，因资格有限，以致难求进步者，由省教育行政官厅指定相近学校，分别于3年内，入学补习1年或2年。要之此项补习系甄拔人才之作用，非尽淘汰也。至年岁在五十以外，而无可造就者，应由省厅酌给优待费，令其告退，或改委他项职务。3年内，如不入学补习，或补习而成绩不及格者，一律解职；补习期内，一律半薪，由省教育行政机关特定预算项下支给之。往返川资，则由地方教育准备金项下供给之。补习人员所遗职务，由省教育官厅委派代理之，就便考察现状，拟定革新计划。以原任之俸金，作为代理人之报酬；不足，由省教育特定预算项下补足之。

（4）补习及格之现任人员，其俸金及其他待遇，一律查照前项专科毕业生而充行政人员，同等待遇之。

（三）办法上之两要点　以上为地方教育人员专家化之实现

办法。惟实现之过程上，却有二个作用：一为新势力的加入；一为专门知能之养成。现今地方教育几乎入于醉梦之乡，当事之人已经麻木不仁，似乎不觉其有何革新改进之需要。于此情形之下，使以进步活泼之有力份子，参加其间，则此沉静的环境，必因此新势力之刺激与鼓荡，而渐变为活动的状态；假使能动，则目的之第一步已达。第一条所以主张引用新毕业之学生者，盖欲引动力入于静态，而促动之也。至第二条所以主张现在人员必须入校补习者，是欲纳静体于动的环境中，而变其性也。质言之，求其动而已矣。次为专门知能之增加。不动固无进步，混动亦殊危险；故既动必求其轨范，而利用之，以求进步；于是专门知能尚矣。此所以必须有专门训练也。

（四）实现之困难　前面所条陈之两项办法，施行上或有两重困难。第一为经济的困难。现在地方行政人员之月俸，除江浙数省外，实不足以养廉，非设法增加，不克罗致专门人才；但骤然增加，惟恐别生问题，最好由省教育官厅，考察地方之所短，于省款补助地方教育经费中，拨补之。如此，地方不致藉口经费支绌，而拒绝改用专家；而改委之新人，对于上级机关之关系，必定更为密切矣。

第二困难在厉行现任人员之补习。现在省教育官厅，能否用严厉手段，断然行之，实为疑问。以检定小学教师而论，各省皆有特设之机关，而每届报名受检定者，为数寥寥，未闻省区最高教育行政官厅，有何严格之取缔办法也。小学教师而不能严格取缔，则势力百倍于小学教师者将奈何？吾所以为最困难者此也。虽然地方教育行政人员，为地方教育之主脑，为教育行政问题之中心，吾愿有教育行政之责者，明了其重要情形，断然行之。

近年以来，我国教育行政制度变化之多，为教育史上所仅见；然变化愈多，愈见国人注重教育，试验制度之勤；此固好现象也。但由研究方面言之，困难实多；譬如此书已数次易稿矣，自国民革命运动以来，始而教育行政委员会，继而武汉之教育部，再而大学院，其内部变化尤多，学者之苦，亦由此可见。然制度之变化为外象的，所关有限；最要者为运动制度之人。著者于本段所以谆谆建议，实以为政在人耳。

研究问题

（一）学校教员在教育行政上关系若何？各举理由以对？

（二）本章第二节所言之教育行政人员两种困难，是否确实？此外有无其他困难？如有，各依其轻重列举之。

（三）政治与教育关系若何？并就著者意见，切实批评之。

（四）评论本章所谓行政人员有三重地位，十项责任。

（五）申论教育式政治家与政客式办学人员之异同。

（六）批评教育行政人员专家化之办法，并试拟本省地方在职人员补习条例。

（七）试各切实调查本县教育行政人员状况，并计划改良办法。

（八）列举在国民革命运动未完成以前，教育行政人员不能不限定国民党员之原因。

第三章

学校校长

学校校长受官厅之委任，为全校教职人员之领袖，根据法令，综理一校事务，而负其责任。由地位论之，似乎一方为行政人员之代表，一方为学校教员之首领。但其实，既非行政人员，亦非学校教员；乃二者间之特殊人员也。故不得不于二者之外，作专章讨论焉。依现行法令之规定，学校校长除行使之事权与委任之资格二项外，所有其他事项，大抵皆依据教员规程办理；故本章所论，亦仅限于事权与资格二项，此外则留待教员专章内述之。

第一节 校长之事权

校长为一校之首领，全校成败系之。此就一般原则言之也。然校长一职，既非教育行政人员，又非学校教员；则其事权必有特殊性质。分而言之，约有四项：（一）计划上之事权；（二）行政上之事权；（三）视察指挥上之事权；（四）社会上之事权。兹分述之。

（一）计划方面之事权　我国制度，既认教育为国家任务，学校为设施国家教育之所，故根本计划乃由国家主持；此各级学校令所以由中央公布，而为各省施行之标准也。然地方情形不同，教育设施必须根据地方情况；故如何规划适用上级官厅命令之程度，地方官厅有其相当自由之权。况地方学校亦各有其特殊历史及单独问题，如何本其特殊情形，规划适用官厅计划之程度，各个学校亦有其相当之权。此各校之内部组织管教程序，所以由学校自由计划也。总之教育行政机关规定之计划系概括的，各个学校在此范围内，有本诸学校特况，自由计划其设施的具体办法之权。此项计划即为学校内部组织行政之标准，亦即学校成败之关键。校长既为行政首领，而负全校责任，则此项计划自属校长之事权。此其一也。

（二）行政方面之事权　前言校长之地位，在行政官厅与学校教职员之间。官厅之事在计划，并监督指挥其计划之执行，而考察其程度与效果。校长之事权，则在执行官厅之计划，而负其成败之责任。故凡教职人员之任用，学生学级之编制，学校健康之管理，管教成绩之考核，学校设备之购置，校舍之修理，以及夫役之服务，簿记之经营，经济之支配等等，皆为行政官厅所委任之行政事权。至于例行事务，美国教育专家赖梯曾依其性质分配如下：

（1）每学年或每学期之例行事项：

（甲）设备及教育用品之购置事项。

（乙）学级升降之支配事项。

（丙）各个学生升级留级之支配事项。

（丁）新生学级之编制事项。

（戊）各种簿记公文之稽核事项。

（己）对于官厅之学年或学期之报告事项。

（庚）毕业筹备事项。

（辛）课程表之支配事项。

（2）逐日例行事项：

（甲）校舍校场之稽察事项。

（乙）夫役勤惰之稽察事项。

（丙）学生课外之管理事项。

（丁）学生缺席之稽核事项。

（戊）普通及特别之训育事项。

（己）学生伙食之稽查及饭厅管理之事项。

（3）其他例行事项：

（甲）学校推广事项。

（乙）教员与学生家属联合会事项。

（丙）教员会议事项。

（丁）学校陈列事项。

（戊）其他事项。

（三）视察教学之事权　通常校长事权，多限于计划与行政方面，而教学上之视察与指导，多忽略焉。其故或因校长自身对于各科教学，无实在之把握；或因监督指导之事素未举行，一旦行之，惟恐有碍教员之尊严，而引起无谓之纠纷；或因行政事务纷繁，无暇及此；或因校长俸金菲薄，非另兼他职，或兼任功课，不克维持生活；以致事实上，不能行使教学上监督指导之职。然学校之目的，固在增进学生学习之成绩也。教员教学之方法，关系学生成绩至巨，非监督之，指挥之，不足以昭慎重。且校长事权，虽有计划行政等项，但二者之目的，固在筹备环境，计划方法，以求学生成绩之进步也。故校长事权，虽非一种，但最后目的无不结晶于教学一事。视察指导即所以增进教学之效率也。

克卜雷（Cubberley）云："校长之知识理想与精神，当在教员与学生间之逐日功课上，发扬而表现之。"按《国民学校令》施行细则第十五条云："国民学校校长应详定各科目之教授细则"。夫校长既负此项责任，自应确知逐日教员所为何事？学生所学何事？课程计划设施至何程度？至于支配学生之学级，改良课程组织，解决教授上困难问题，在在须有确实根据，非视察之，不足了解教学情形，非指导之，无以增大其效率。

师范校长负责尤大，对于所属师范区内，所有小学教学情形，皆负有此项责任。盖（1）以师范学生多数来自本区，毕业之后，亦必多在本区服务。其服务状况，颇与师范计划攸关；故为证实本校计划之效率起见，实有从事视察之必要。（2）师范教育既为培养小学教师，则课程及训练标准，必须根据实地需求；故为编制适合地方需要之学校课程及训练标准起见，亦有从事视察之必要。（3）师范学校，依其专门的责任而言，除培养在校学生之教学上技能外，尤须增进本区内在职教师之教学效率。对于本校之师范生，不仅担负在校内之教育责任，并且担负毕业后服务的责任；故为履行责务起见，不得不考察教员服务之成绩，明了一般强弱优劣之点，以为指导补救之根本。因此，民国六年〔1917〕，教育部以第三六九五号《咨文》，通咨各省省长，令各师范学校校长，视察各该区内所属县教育概况，以为改良计划之设施。八年〔1919〕，又以一八二三号《咨文》通咨各省区；令各师范校长视察附近小学状况，详具报告。师范学校校长责任如此，其类于师范者亦可知矣。十七年〔1928〕四月江苏大中校长会议，曾有师范及实验小学校长视察区内教学之建议。惟校长视察指导本校教学仍未有所闻。

（四）社会方面之事权　迩来，教育事业之进步与推广，日新月异，以"社会化学校"，以"学校化社会"之论调，愈唱愈高；实际言之，学校与社会关系密切，而无超脱之可能。学校目的，原在造就社会幸福，而学校事业亦即社会事业之一种。学校校长即为社会领袖。社会态度尤可左右学校事业之进退。学校校长为求学校利益起见，应利用其社会中地位，宣传学校事业，使得一般社会切实了解学校目的及教育之作用，俾出全力赞助学校。

我国今日教育推行所以滞缓，教育捐税每受社会抗拒者，实以学校自学校，社会自社会，二者不能联络之故。今后教育界，尤其是学校校长，对于公共事业之发起，地方事务之改良，社会教育之提倡等事，苟能增进社会与学校间之善意，学校校长皆有参与之必要；且须赶快除去"闲人免入"之虎头牌，开放校舍，以为公众集合之中心；使地方人民皆为学校之股东。吾人所希望于校长者，不仅为校内良好之首领，尤须为社会事业之领袖；不仅有指导教员，教授学生之技能，尤须有领导一般社会之技能；不仅办理学校事务，尤须办理社会事务；设有机会，应充分利用教育，增进社会福利，改良社会环境，提倡社会生活。

第二节 校长各项事权之比较

（一）1920年，博克斯（Boggs）于其"School Board Regalation Concerning the Elementary School Principalship"论文中，将美国30个城中，教育董事会制定之《校长服务规程》，依其性质分为七类。并于每类之下，统计其条款数目。读者由每类下数目之多寡，即可明了该类事权之轻重矣。兹录其统计于下：

事权之种类：　　　　　　　　　　　法令规程之数目
（1）关于例行文牍事项……………………………… 101
（2）关于校舍及设备之例行事项…………………… 171
（3）关于用人事项…………………………………… 133

（4）关于训育事项 ………………………………… 72
　（5）关于教学事项………………………………… 9
　（6）关于概括的视察指导 ………………………… 42
　（7）关于具体的视察指导事项 …………………… 52

（二）麦克乐尔（McClure）曾将校长事权分为五类，分请大学教授15人，按照校长事务之轻重，分配其在全部职务上应占之时间。其结果如下：

事务轻重之次序	事务之性质	应占时间之中数	所占时间之范围
第一	教学之指导	40%	25%～65%
第二	行政事项	20%	10%～40%
第三	领袖社会事项	15%	10%～30%
第四	专门事业之研究	11%	5%～3%
第五	例行文牍	1%	0%～2%

校长事权，依照法令之规定，只有概括式之"综理全校事务"一语；若详细分析，颇难列举；以上五类系就其重大而极显著者归纳之结果也。今兹所以不惜作长篇之讨论者，所以表示在教育行政上之地位也。

第三节　校长之任用情形

依各级学校令——《国民学校令》第三十三条，《高等小学校令》第十九条，《中学校施行细则》第二十六条，《师范学校规程》第八十三条——学校校长之任用，皆由行政人员定之。教育厅成立之后，中等学校校长，始改由教育官厅委任；然区立县立学校校长任用之权，仍多操之县行政机关。年来各地先后组织市政府，市内任免校长之权，完全操之市教育局长。见《南京特别市小学校长任免条例》第二及第四条。至江浙各县之教育局，现因组织县政府之故，权势渐大，小学校长之任免，已不能由县知事完全操纵之矣。惟任用标准，仍少明确规定，所以任用之人，虽多教员出身；但其资格，实在适合校长职权上之需要者，颇不多见。夫在教育官办之际，官委校长固系当然之制；然选用标准应有严格之规定。盖校长一职所关最巨，在一方为执行教育计划，实现行政方针之人，而一方为整理学校事务，督率所属教员之人，关系教育行政成绩与学校教育效率，最为重要。假使任用不当，其关系一校者尚小，影响于全局者甚大。况吾国视察指导制度极不完备，"校长等第标准"亦未讲求；督促取缔既无切实方法，而任期方面又无一定限制；以致一经任用，颇难淘汰。故为教育前途计，委任校长方法，既然已经法令颁布；所有选用资格，必须依照职权，严格规定，以为遵行之标准，而免滥竽之弊病。

第四节　校长之法定资格

按校长资格，由法令上观之，系以正教员之资格为准。由此可见我国政府素以校长为学校教职员，而于其行政上资格，则忽视之。师范学校因此亦无训练校长之专门课程，实教育上之不幸也。兹录江苏旧时及南京特别市现用之标准于下，学者于此可见我国任用校长资格，并无单独规定之特别需要也。

（一）江苏小学校长任用标准：

（1）师范学校或高级中学师范科毕业，曾任小学校教员1年以上者。

(2) 检定合格之小学校及旧制高等小学校之正教员。

(二) 南京特别市小学校长任免条例：

第三条 凡人格高尚，服膺党义，并具有下列资格之一者；得聘任为小学校长：

(1) 师范大学、大学教育科、高等师范或优级师范完全科毕业，对于教育有研究者；

(2) 高中师范科或师范本科毕业，曾任教育职务1年以上，著有成绩者；

(3) 大学本科或高等专门学校毕业，曾选教育学科9分以上，或曾任教育职务满2年者；

(4) 大学本科或高等专门学校肄业3年以上，曾任教育职务满3年者；

(5) 中等学校毕业，任小学教师4年以上，曾得高级教育行政机关奖状一次者；

(6) 曾任小学教师5年以上，有特殊成绩，得高级教育行政机关奖状二次以上者。

(三) 二者之异同 试就此两种标准研究之，其相同之点为对于小学校长必须具备之特别知能与态度，并无若何限制。诚以能为良教师者，必能为良校长。再以今日师范学校既无专门训练校长之课程，则条例上自不应加以限制，此情也，亦理也。然校长非教师也，校长职务上所需之资格与教师不同，此事实也。今兹二者所举，皆不及此特殊资格，是不识校长者也。至其不同之处，则前者以简短文字，说明小学校必备之最少资格；而后者则将凡可以用为小学校长者一律表出之。考其殊异之原因，乃以前者为一省共用之标准；编制时，心中常有僻处内地之穷县，不能以适当俸金，聘用合格校长；故希望以此最小标准限制之。后者为首都特别市之标准；编制时，心中常有以巨大俸额，聘用学高识广之校长的动机;故希望以最高资格招徕之。此其异点也,亦即二者经济势力不同之点也。

第五节 校长事实上必备之资格

(一)对于官厅方面 校长所处地位,所有事权,吾人言之详矣。兹更就其所居地位及施行之职权,而论其事实上应具之资格。校长职务,依教员学生及学生家属方面视之,实为代表官厅,处理全校事务之人,盖行政官厅之作用,在计划学校进行之方针,而指挥监督其校长之设施;学校校长则在秉承官厅之指挥,设施其计划于一个学校之内,而负其责任。行政官厅之责,在设施教育一般的纲领;学校校长之责,则在实现此一般纲领于一个学校之特殊办法;行政官厅之效能,全视学校校长设施之成绩;质言之,校长设施成绩之总和,即为行政官厅之成绩。故学校校长与行政官厅实相依为用,其相互的关系至为密切。教育之效用,亦全在双方之合作;故选用校长,第一当视其能否与行政官厅合作。克卜雷氏 Cubberley 于其 The Principal and His School 书中,曾言:"A superintendent is almost entirely dependent upon the frankness and loyalty of a principal for information of the school and the community, and for recommandation or to needed charges in the work of a school."

大凡易于合作之校长,其为人必须胸襟豁达,眼光深远,忠诚宽恕,气平心和,手段灵敏,办事认真。对于行政官厅必尽忠诚;若有咨询,乐抒意见,以便采行。凡所讨论,未至公布时期,皆应秘密,守口如瓶。会场言论尤应负责,非至适当时期,不得随意宣传。至于执行案件,虽与本人主张颇有出入;但为尊重多数意见起见,理应尽力推行。遇有对于官厅政策误解误传之处，尤应力为解释，以释群疑。担负责任，不后他人。如有必须奋斗之处，急应努力为之。以上所举，为学校校长对于官厅合作上，必备之资格；亦即选择校长时，事实上必须注意之标准也。

（二）对于同事方面　按例，国民校长，四级以下之学校，乃由正教员兼任；故校长资格，普通言之，皆为教员出身。对于教育情形当无隔阂，而合作之事可无窒碍。然徒有教员经验，未必即能督率职员服务，指挥教学进步也。校长资格，除教员应有之学业经验外，尤须明了学校组织与行政制度，教育行政系统，以及教育哲学、教育社会学、教育统计学及实施原则；质言之，校长非教员也。教员所为之事，校长固应优为；教员所不能为之事，校长亦须为之。通常校长一经任命，则教员每每不以同类视之，即校长之自视亦有不同；盖其所处境地不同，所负职务殊异故也。查其职务上所以异于教员之处，而为校内合作起见，事实上必须具备之资格，略有下列数项。

（1）必须有以表示学业上首领之资格，而使一般教员信任而赞助之。对于教员之事业，必有深切之兴趣与同情；对于校内同人之地位，必有相当之尊重；对于同人之服务，必有诚意的信任与友谊的指挥。凡有问题发生必须推诚考虑，公平处置。所有待遇皆须平等，不得有所厚薄。知能方面必有以负众人之望，而认为学业上之领袖。盖学业不及一般教员者，难免人之反对；学业等于一般教员者，难免人之不平；学业高于一般教员者，难免人之嫉妒；真正首领一方表现其学业，一方尤须表示尊重、公道、友谊态度。

（2）必有以表示其办事上首领之资格。办事才能包括个人品格与办事习惯而言。所谓个人品格者，如谦恭有体、和平公正、整齐修洁。办事习惯系指准时作事，概不苟且；大小先后，整齐有序。凡百事务能知其比较价值与复杂关系。并能分别校务之大小，量其轻重，委任同事为之；用以启发他人之责任观念，形成合作事业；一方减轻本人之担负，以便从事比较重大之工作。此外，关系最大，责任最重者，为学校经费之处分与公开。今日学校校长之最大责任，就事实言之，乃在催领经费；而最不易见谅于人者，亦为经费之处分。设此事有相当之信任，则校内合作更形巩固矣。

（三）对于社会方面　克卜雷氏有言曰："The principal must remember that he holds a particularly responsible position as a model in his community." 又曰："To this and he must remember to carry himself all times as a gentleman of the world should and would."学校本为社会之中心；而今日我国学校，于社会之中，隔阂极多。一般社会对于教育经费，尤多抗税罢捐之事。如何沟通，而使其谅解教育事业与学校的作用，并出全力赞助之，维护之，是在校长之努力；故选用校长除以上二者之外，又不得不注重其社会中已有之地位，及社会对待之态度焉。未有社会唾弃之人，而能为优良校长者也。

按本章所论，计有二端：一为校长之事权；所以表示校长在教育人员中之地位也。二为校长任用之资格；所以表示选用校长时，应有特殊标准，不得一律依教员之资格也。我国教育行政向来未尝注意校长之特殊地位，及在此地位内需要之资格。为教育前途计，应用严格之任用标准，以保校长地位之尊严；使用校长等第之标准。改良观察指导之制度；切实奖励资格相当，成绩优良之人，淘汰滥竽充数，不堪进步之人；一面更以讲习会、函授法，增进在职者之效能；一面由师范学校特设校长专科，以为专门人才之培养。诚如是，教育前途幸矣。

研究问题

（一）申论校长地位与其重要之理由。

（二）实地调查某校校长一个月行使之事权，不论大小轻重，分类列举；并以调查结果，请另一校长依其经验增损之；然后与本章所列对照，而批评之。

（三）本书中所引博克斯与麦克乐尔二人比较校长事权之结果有何不同？理由何在？

（四）就江苏各级学校校长资格标准，批评之。

（五）本章中所谓校长事实上必备之资格，其重要如何？

（六）参考廖茂如译《中等学校校长等第标准》，并评论之。

（七）试编等第小学校长衡量标准。

（八）调查本县委任小学校长方式，并言其优劣及革新方法。

（九）革命政府对于学校校长有无特别政策？试调查而评论之。

（十）欲求教育之党化，学校校长应否一律改用国民党员？否则如何保证党化教育之实行？试各据己意条陈之。

第四章

教员之资格与任用

吾人于前数章中,曾谓:教育行政之存在,乃所以设备环境,供给需要,使学校教员安然教授,学生安然学习,以求教育设施之最大效果。教育行政与学校教育虽非一事;但前者之目的实集中于后者之效果。教员为直接或最后担负教育效果之人;而所负责务又间接或直接受教育行政之委托;故其地位,在教育行政上,颇关重要。本章以次讨论此关系最重要之教员的资格、训练、检定、待遇等问题。

第一节 教员之类别与资格

(一)各种教员资格　教育为专门事业,必以专家设施之,其效乃宏;故论教员必先言其资格。然各级学校,因其设施之教育宗旨不同,故所需之教员资格亦不一律。小学教员有小学教员之资格,中学教员有中学教员之资格。即在同级学校之中,教员之名称亦多。依国民学校言之,有正教员、专科教员、助教员、代用教员等等。正教员有正教员之资格,助教员有助教员之资格;故教员资格各以其种类不同,未可概论也。但吾人于此必须注意者，教员资格虽有法律规定，而事实上却未严格遵行。我国兴学之始，本即重视资格。光绪二十九年〔1904〕，政府一面规定各级学校之正副教员资格，一面于《奏定学堂章程》内，颁布训练之办法。民国成立，又修正之。惟以需要过大，应付为难；所以事实上每每与法令上不相符合。查我国用法令公布教员资格，计有二次：一在颁布《奏定学堂章程》之际；一在民国成立之后，颁布各项法令之时，兹分别述其情形于后。

（二）教员资格之过去情形　当学部公布《奏定学堂章程》之后，举国人士皆以兴学为自强要图。于是各处学校风起云涌。惟创办学校易，聘请教员难，然又非聘之难，实聘无可聘为难也。但兴学之机既已大动，朝野人士急于观成；决不因教员难聘，停止办学也。因此资格方面，遂不能不降格以求。及光绪三十四年〔1908〕，预备立宪之《分年筹备教育事宜单》颁布之后，需要更大；于是滥竽充数者，更所难免；《奏定学堂章程》虽然对于各级学校教员资格限制甚严；但以师范教育未兴之故，难以实行。惟政府能于初创之际，即谆谆以专门训练为重，殊可慰也。

当时教员资格既无从取缔，遂有暂时选用"程度相当"及"洋教员"，以济一时之急。所谓程度相当者，指教会学校毕业生，及当时号称"通达时务"之科举人才。前者大抵充当英文、算学及所谓西学教员；后者多充国文、历史等科教员。洋教员以日本人为最多；盖薪俸少而川资省也。此外，则为游学东洋速成回国之留学生，与各省师范学校之本科、简易科、师范讲习所毕业生。

（三）教员资格之统计　宣统二年〔1910〕七月曾由政府统计当时全国教员资格之复杂情形，所得结果如下：

宣统二年〔1910〕之学校教员资格比较表

学校别 \ 出身员数别	师范毕业生	他种学校毕业生包括教会学校	外国教员	科举人物	外国留学生	总计
专门学堂 员数		397	122	297	370	1186
专门学堂 比例		32.30	10.50	25.50	31.70	100
中学堂 员数	848	1260	91	1087		3286
中学堂 比例	25.82	38.35	2.79	33.04		
优级师范 员数		152	91	80	144	467
优级师范 比例		32.55	17.48	17.13	30.84	
初级师范 员数	523	353	27	349		1252
初级师范 比例	41.80	28.10	2.20	27.90		
师范讲习所 员数	334	126	4	116		580
师范讲习所 比例	57.58	21.73	0.69	20.00		
高等小学 员数	6867	3172	36	7005		17080
高等小学 比例	40.20	18.57	0.22	41.01		
初等小学 员数	33348			30978		
初等小学 比例	51.90			48.10		
实业学堂 员数		748	108	445	243	1544
实业学堂 比例		48.20	7.35	28.96	15.50	

上列统计极饶兴味之点，为两等小学之师范。查高等小学中，共有教师 17,000 余人。其间稍有师范训练者约 6,800 余人，合全数之 40%，其非师范且未入过新式学校者为七千余人，合全数 41%。再查初等小学中，共有教师 64,326 人。其间稍有师范训练者约三万三千余人，合全数之 51%。其非师范且未入过新式学校者亦三万九百余人，合全数之 48%。由此二项论之，吾人可得二事：

（1）新式教育发轫至宣统二年〔1910〕，其间仅数载耳，然师资中之略有师范训练者，竟达半数；进步之速，极可欣慰。若以今日较之，感愧如何？

（2）科举人物盘踞教育界者亦有半数。此项人员与当时之师范速成学生，以优先关系，占踞教席，年复一年，根深蒂固，今日虽为教育上落伍之人，但淘汰极难，且为争存计，把持地方教育，而为后来师范学生服务之梗；今日市乡地方教育权柄，仍多在此辈手中。各省师范学校卒业学生，年积 1 年，已属不少；但实在服务者，尚属寥寥。虽以待遇过薄，或与地方情形不能适应，而地方把持，不容插入，实其最大原因（详情见第八章指导制度之需要）。

第二节　法令上之小学教员资格

我国师资之过去情形已于前节见其大概。民国成立，教育部于公布各级学校令中，对于教员之设置及任用之资格，规定颇详。惟以需要太大，故事实与法令不甚相符。兹将法令上各级教员资格，列举于次。

（一）初小教员资格　小学教员之资格有初小、高小之不同。初级小学在前清为初等小学堂，设正副教员。（甲）正教员"以曾入初级师范考列中等及得有毕业文凭者充选"。（乙）副教员"以初级师范得有修业文凭者充选"。

民国成立，学制革新，教员资格略有变更。依民国四年〔1915〕公布，九年〔1920〕修正而现在一部分仍然适用之《国民学校令》第六章第二十九条及三十一条之规定，国民学校教员共有四种名称。（甲）凡担任国民学校全部教科之教授者为"正教员"（但因特别事情亦得不担任手工、图画、唱歌、体操、缝纫之一科目或数科目）。（乙）专任手工、图画、唱歌、缝纫之一科目或数科目者为"专科教员"。（丙）补助正教员者为"助教员"。（丁）遇有特别事情时，得以未受许可状者为"代用教员"。（甲）、（乙）、（丙）三项教员之资格，据前令第三十条之规定，须在师范学校或教育总长指定之学校毕业；或经国民学校教员检定委员会检定合格，而得有许可状者为标准。

（二）高小教员资格　高级小学在前清为高等小学堂。当时规定亦设正副教员。（甲）正教员资格"以初级师范考列最优等及优等，及游学外洋寻常师范毕业，得有优等中等文凭者充选。"（乙）副教员则"以初级师范考列中等及游学外洋得有寻常师范修业文凭者充选"。

民国四年〔1915〕政府公布《高等小学校令》时，则规定：（甲）每一学级应设"本科正教员"（前令《施行细则》第十八条）。本科正教员，"教授高等小学校之全部教科"（前令第十六条）。（乙）遇必要时，得设"专科正教员"。"专科正教员专任手工、图画、唱歌、体操、农业、商业之一科目或数科目"（前令第十六条）。（丙）每二学级得置本科正教员1人，"助教员"1人（前令《施行细则》第十八条）。助教员承正教员之指挥，教授儿童（同前条）。（丁）遇教员不敷时，得采用"代用教员"。

（甲）、（乙）两项之资格，一为师范毕业，一为检定合格得有许可状者；资格略同初小教员，但程度较高。（丙）、（丁）二项之程度略同，且皆未经检定合格，或未得许可状者。但任用时，必须两个条件：一必在合格教员缺乏之时（前令第十七条及《施行细则》第三十一条），二必经官厅之考验（前令《施行细则》第三十三条）。此小学教员资格之大概情形也。

（三）实业小学教员资格　以上为普通小学之教员资格，至于实业学校，在前清视与普通学校同等重要。兹将前后规定之师资标准，略举于次。

初等实业小学堂为最初之称谓。教员亦分正副。正教员"以曾入实业教员养成所，及中等实业学堂得有毕业文凭者充选。"副教员则"以曾入教员养成所，及中等实业学堂得有修业文凭者充选。"

民国成立，改为"乙种实业学校"，新学制复改为"职业科"，附设于高级小学校内。依民二〔1913〕《实业学校规程》第四条之规定，教员资格有下列四项：（1）在甲种实业学校毕业者，（2）在师范学校毕业者，（3）有高等小学校正教员之许可状者，（4）在乙种实业学校毕业积有研究者（但第四项资格，非先任副教员3年以上，不得任为正教员）。

第三节　法令上中等教员之资格

中等学校包括普通中学与职业中学两种。二者之师资，依法令上之规定，亦有不同。自新学制中等学校改为六年分初中、高中两级，在六年之普通与职业学校中，教员资格尚不成问题，至由高小升格为初中，及各县新设之初级中学，及与初中同等之前期师范，其教员资格，因经费关系，比较降低不少。兹分述普通与职业中学之法令上师资标准。

（一）普通中学及师范教员资格　前清规定之资格有正副教员之别。正教员"以优级师范毕业，考列最优等及优等，及游学外洋高级师范毕业，考列优等中学，及得有文凭者充选。"副教员则"以优级师范毕业，考列优等及中学，及游学外洋得有高级师范毕业文凭者充选。"

民国元年〔1912〕政府颁布《中学校令》时，颇不以中等教员分别正副为然，一律称为教员；故规定之资格亦较含混。依《中学校令》第十二条及《师范学校令》第七条之规定，中学校及师范学校教员"以经检定委员会检定合格者充之"。而中学及师范学校教员检定委员会迄未组织，即其组织之令亦未颁行；但事实上除县立私立学校外，尚多以大学及高师毕业生充任。

（二）实业学校教员资格　实业中学在前清与普通中学校并行。由小学而中学而大学，似乎自成系统。实业学校有综合的，有分农工商业等独立之实业学校。兹就综合的实业中学，而举其教员资格，以为例。

中等实业教员分正副二种。正教员"以大学堂实业科毕业及高等实业学堂考列优等者，及游学外洋高等实业毕业，得有文凭者充选。"副教员则"以高等实业学堂毕业考列中等者，及游学外洋得有高等实业文凭者充选。"

民国二年〔1913〕，颁行之《实业学校规程》中，对于甲种教员资格规定颇详。依第三条之规定，计有六项：（1）在国内专门学校毕业者；（2）在外国专门学校毕业者；（3）在高等师范学校毕业者；（4）在教育部认定之公立私立学校毕业者；（5）有中等学校之许可状者；（6）在甲种实业学校毕业积有研究者。总之，此六项资格至为广泛；凡中等实业学校以上之毕业生皆可充任。

以上为中等以下教员资格，法令上之有明白规定者，亦关系教育行政上最为重大者也。至于中等以上，非但法令上难以规定，即事实上亦不易奉行，故缺之。

第四节　教员之任用

前节所述系教员任用之资格，本节则略论关于任用教员之种种问题。

（一）任用教员之人　任用教员，无论为私立、公立学校，就法令上言之，为校长之事权；但须报经行政官厅之认可（《国民学校令》第二十三条，《高等小学校令》第十九条，《中学校令》第二十六条）。盖校长为担任全校事务之人，教员之任用为全部事务之一项；故委任教员由校长行之。此种办法乃所以表示教员隶属于校长，而受其直接指挥督率焉。其必须报经官厅之认可者，亦所以表示校长主权之来源，而教员受官厅之间接指挥督率也。然所谓呈报亦备案之手续而已，其实权固在校长也。

按此种制度，就学理言之，利弊相等。全校之权集于校长一身，使得精干之才，而所委任之教员，又能气味相投，同心协力，从事建设；则全校事务进行之顺适，前叙之发展，岂可度量？校长才干所及，即为学校进步所至，利莫大焉；然其弊亦正相同，假使校长不得其人，则全校为之牺牲。人存政举，人亡政亡，终非善策，且排斥异己，滥用私人；甚至校长更换，全校为之恐慌；尊严学校视如简署，清高教席变为传舍，此制之流弊也。

（二）任用教员之方式　从前任用教员多用关约，嗣后改为委任状，目下且有由委任状改为聘任书者；是教员任用之形式，已改委任为聘任矣。前年江苏省立学校校长亦曾要求官厅改用聘任方式。查其原意，不过欲脱去官厅属员之习惯，地位上或者比较提高，任期上或者有些伸缩；其实，委任之意，为事权上之委托，事权不因聘任而增大，更不因委任而改小；聘任云云名义上略微好看而已。窃以今日教员之任用问题，决不在聘任与委任之方式而在任期之保障。

（三）教员之任期及保障　依现在之惯例，校长以聘任书之形式，于学年开始或学期开始之前，给予教员。书上除书明教员应有职务及应得之报酬外，则为任期问题；任期最短为半年，长则一年，中间亦有约定任期中，终止之办法者。另有同样一份为教员之应聘书；盖一种交换之合约也。

任期一满，设不再接聘书，则教员之服务由此终了；故一般教员于任期终了之前数月，大抵惶惶然不知究竟。于是黠者遂有结党钻营之举，不肖者亦相率阿谀盲从；学校教员变为市侩，清高人格因以堕落。自好之士愤迁移之无常，稍有凭藉，每每相率改业，良可叹也！

美国教员始以任期过暂，不能安心服务，于是作终身任期之运动；嗣以终身任期流弊滋多，徒为庸者固位之计。于是而有折衷办法。先以短期作为试用；试用之期一过，分别给予有条件的长期或终身服务保证。我国教育界情形至为复杂，训练程度相差既远，教授成绩又不一致；于此而欲一律确定任期，同等优待，非但不公，亦不可能。然为维持优良教员，而使其安心服务起见，则任期问题实有亟亟解决之必要。

研究问题

（一）学校教员之专门资格，何以为教育行政上重大问题？各举理由以对。

（二）就前清《奏定学堂章程》中规定之各种教员资格，而评论之。

（三）读宣统二年〔1910〕之教员统计表，有何特殊感想？

（四）我国现行法令上之教员资格，长短如何？

（五）就一般事实而言，教员由校长委任，比较得失如何？将来应作如何办法？

（六）聘任与委任不同之点何在？聘任是否可以解决现在教员服务上困难？

（七）教员服务而无保障弊害甚大。试各列举其（1）与国家兴学之主张，（2）与社会进步，（3）与学童教育，（4）与学术研究，（5）与教员生活上之关系。

（八）今日教员资格及求学欲望至不一律，假使服务上一概加以保障，有无妨碍？

（九）教员任期确为今日教育行政上急待解决的问题，试各研究他国成案。

（十）依据今日各方面情况，拟具切实可行之教员服务保障条陈。其中应注意：（1）切实可行，不谈空理；（2）公平，使资格不同者各得适当待遇；（3）不为庸碌者固位，而使其努力自求进步；（4）公家个人及教育本身确有利益；（5）其他利益。

第五章

教员之训练与检定

按教员资格，譬如以初级小学言之，依《国民学校令》第三十条之规定，以师范学校及教育总长认可之学校毕业生，与曾受官厅检定而得有许可状者为合格。检定乃法律上一种救济之手段，师范训练系正途的出身。我国兴学之初，虽以需求过大，供给不遑，以致教员资格不能严格取缔；但始终注重专门训练之意，不容抹杀。兹略述其情形于后。

第一节 教员专门训练之经过

（一）初创时情形　我国师范训练，实胚胎于光绪二十三年〔1897〕之上海南洋公学之师范班。及光绪二十九〔1904〕《奏定学堂章程》公布之后，始有正式师范学校之设立。当时政府对于专门训练师资之态度，及最初之计划，可由下录上谕，见其大概。

> 学堂必须有师。此时大学堂、高等学堂、省城之普通学堂，犹可聘东西各国教员为师；若各州县小学堂及外府中学堂，安能聘许多之

外国教员乎？此时惟有急设各级师范学堂。初级师范以教初等小学及高等小学之学生；优级师范以教中学堂之学生及初级师范学堂之师范生。省城师范学堂，或聘外国人为教员，或辅以留学外国师范毕业之师范生。外府师范学堂，则只可聘在中国学成之师范生为教员。查开通知识，普及教育，以小学堂为最要；则是初级师范学堂造就教小学之师范生，尤为办学堂者入手第一义。特是各省城多有已设中学堂及高等学堂者，势不能听其自由心裁，致误将来成材之学生；则优级师范学堂，在中国今日情形，亦为重要，并宜接续速办。各省城应即按照现定初级师范学堂、优级师范学堂及简易师范科、师范传习所各章程办法，迅速举行。其已设有师范学堂者，极宜延聘师范教员，早为开办；若无师范教员可请者，即速派人到外国学师范教授管理各法，分别学速成科师范若干人，学完全师范科若干人。现有师范章程刊布通行，若有速成师范生回国，即可以开办，以应急需，而立规模。俟完全师范生回国，再行转相传授，分派各府、州、县，陆续更换；庶不致教法茫然，无从措手。务期首先迅速举行，渐次推广，不可稍涉延缓。

由以上所录观之，当时对于师资问题，计划尚属周详。考其养成机关则有以下数种。

（1）优级师范学堂，以为造就中学及师范教师之所；由省政府设立修业四年。

（2）初级师范学堂，以为造就初等小学及高等小学教师之所，以州县设立为原则；但在创始，先在省城设立一所五年毕业。

（3）简易师范科，附设于初级师范，一年毕业；高小毕业生及贡廪附生入之。

（4）师范传习所，为临时救济办法。十个月毕业。私塾教师品行端谨，文理平通，年在30岁至50岁之间者入之。

(5)实业教员讲习所,附设于农工商大学或实业高等学堂,修业一至三年不等。

当时所有学校一切费用,皆由国家供给。卒业复由国家奖以官衔。其三、四两种机关,实为救济当时小学教师缺乏之临时办法。毕业后服务期限,甲、乙两种六年,丙种三年。惟女子师范设立独迟。据《师范章程设学·总义章》第八节云:"外国初级师范学堂,除男子初级师范学堂外,有女子初级师范学堂,并有一师范学堂而男子并教者;但中外礼俗不同,未便于公所地方,设立女学。止可申明女教关系紧要之义,于家庭教育之中。"由此可知,当时男女界线极严,且未承认师范为女子职业。女子教育机会,后经奋斗四年,始由政府承认。

(二)清末改革情形 师范创设计划,始于光绪二十九年〔1904〕,此后,师范制度常有变更,但与系统之全体影响甚微。三十二年〔1907〕,学部以州、县设立初级师范学校计划,格于人材经济,未易实行;故令各省多设一年卒业之初级简易科,五个月卒业之体育专修科,及二年卒业之优级选科。宣统二年〔1910〕,由试验的结果,令停优级选科及简易科。初级师范又令习单级教授与二部教授,以应乡镇小学之需求。女子师范生,光绪三十三年〔1907〕始由政府通令办理;并定初级女师以州县设立为原则;惟初办时,得于省会及府城,由官筹设。以高小毕业女子为入学资格。

实业师范虽有二十九年〔1904〕之计划,但以经济人才关系,进行甚缓,宣统三年〔1911〕,将讲习所学生与高等学堂学生,关于实业课程,合班教授。另设教育学、教育法令、教授法等学科。于是讲习所方面,因经费节省之故,进行颇利。

(三)民初变更情形 民国肇兴,国体大变。于是教育制度,亦因之大异。男子师范学校改以省立为原则。分第一与第二两部。第一部预科修业一年,本科四年;高等小学卒业生入焉。第二部修业一年,中学卒业生入焉。课程方面略与前清不同;并将师范简易科,师范讲习所取消;于师范学校内,附设小学教员讲习科。复于民国四年〔1915〕,删除"小学教员"数字,迳称讲习科。

民国七年〔1918〕,适当欧战之后,世界趋向,顿异前时。我国教育界同人,鉴于教育制度渐呈不适状态,于是改制主张,洋溢国中;其结果因有"六三三"之新学制焉。

第二节 现在教员专门训练之情形

自新学制公布之后,各级学校师资训练之标准,略有变更。训练机关已于本书第十二章第三节言之,共有六种;然师资中最关重要,而本章拟特别提出讨论者,地方小学教员之养成是也。故六种养成机关中,除高等师范或师范大学及大学教育科外,其余四种颇足应此需要。兹分别述其大要于次。

(一)六年师范学校　此种师范学校为省立,乃养成小学师资之正式机关也。全部分作两个段落——前段视初中为普通准备,后段视高中为专门训练;高级小学毕业生入焉。《课程标准大纲》已由新学制课程标准委员会拟定,前后六年共330学分。前三年180学分,后三年150学分;盖依据初年、高中标准规定者也。此制对于参观及实习颇能注意。所有课程中之教学法及学校行政,皆须参观实地情形;而实习教学则增至20学分,延长至6个学期。选科方面只有11个学分,且规定为专修及补习之用。其他,如优待及毕业后服务情形,皆与旧制相同。此种训练机关,现在各省少者数校,多者20余校。男校比较女校略多。

(二)后期师范学校　省立师范,除上述之初中相等之三年普通（又称前期师范）与三年专门之六年师范学校外，有专收初级中学毕业生之后期师范学校。其中理由甚多，学者参考第十三章第三节可也。但人类保守性重，理由虽极充分，实施尚不多见。此制入学程度，除初中毕业外，另须习过《教育入门》一个科目。全部课程共计 150 个学分。毕业后，资格待遇与六年师范相同。

（三）高中教育科　新学制高级中学分普通与职业两部。前者为升学准备，后者为职业训练。职业方面设置师范科者颇多；此外职业科内，附设之职业教员养成所者亦不少。此项毕业学生，其资格如前二种相等，准充小学师资。

高中教育科学生，除与高中普通学生同修公共必修科 64 学分，及加习音乐 4 学分外，另有师范专修科 48 学分；分组必修 20 学分；教育选修 8 学分；纯粹选修 6 学分；共计 150 学分。

（四）相当年期之师范学校　以上三种固为养成小学师资之正当办法，惟程度皆与高中毕业同等，养成不易，供不应求；故为推行义务教育起见，特别变通办法，各县得设相当年期之师范讲习所或曰前期师范。惟前期师范大都指六年师范之前三年，而此制则有三年，二年，一年三种。此三种修业年限，则依招收之学生程度为准。比如（1）旧制高小毕业者修业三年；其有相当学历者得修业二年。（2）新制六年小学毕业者修业三年。（3）新制初级中学三年毕业者修业一年。（4）有以上各项同等程度及曾充小学教员，而有相当学历者，修业一年至三年。至于毕业程度，比如修业三年者，以习满 180 学分为限度；修业二年者，以习满 120 学分为限度；修业一年者，以习满 60 学分为限度。并得变通课程，设置农学、农村社会学及农场设施法等等学程，培养农村小学教员。

此项师范学校，现在各县设置者甚多，尤以江苏为最。江苏在革命以前，为奖励各县训练本区所需义务小学教员起见，特由省库每年津贴各县2000元。此项学校，因限于经费，故学生有缴半膳费，有缴$\frac{1}{3}$者，并有膳费全缴且需宿费者；但各县之男女学校学额仍觉拥挤；学生极为勤劳。依理而言，此项学生应当优为待遇；盖其所费于公家者，较之六年师范学生之经费少至数倍；况毕业后，又皆充任极清苦之乡间单级小学教师乎？然就另一方面言之，此项毕业学生颇有不服务而升学者，以与初中学生比较，即稍征费用，未为不可。因此江苏近有征收一部分学费之议。

（五）将来问题　夫我国今日对于小学教员之训练，固以前三种为正当办法，后一种为一时的权宜。惟此项相当年期之师范毕业学生，若与一般未受检定之非专门训练的教员比较，间或略胜一筹；但毕业之后，实际服务，知能方面，究能胜任愉快否？实教育行政上之重要问题也。不宁惟是，著者曾详细调查此项学生之年龄，以目前言之，似多成年；但十四五岁之青年男女亦颇不少。设将来儿童六七岁入学，小学毕业，不过十二三岁；再行修业三年，亦仅十五六岁而已。以此等青年男女，出任单级小学教员，年龄方面得毋过稚否？此又一问题也。将来地方教育行政机关，如欲减少其困难，必须施行指导制度；俾此班年龄不大，学业不充之教员，得"一面教，一面学"；"以教授学教授"。果如是，则年龄与学业双方并进，而今日之相当师范学校无后顾之忧矣。

第三节　教员之需要及补救办法

（一）师资之需要　环顾今日，我国需要教师情状，有足惊异者。其间尤以地方义务教育推行上之需要为最。兹略述之，并言训练方面之问题。

我国人口姑以四万万计之，其学龄儿童，依各国比列，5个人中约得1人，共有八千万人；即依义务年限四年折半计算亦有四千万。按最近之教育统计（中华教育改进社1923年统计），小学儿童共6,601,802人。其间尚有工业实业2万人，高等小学六十一万五千余人。在学儿童尚不及学龄儿童百分之十六七；换言之，非再使其余百分之八十余之义务学龄儿童入学，不能至普及地步。

夫学龄儿童既有四千万之多，假定平均每40人有一教师，计需一百万教师（按中华教育改进社之统计，全国现有国民儿童5,814,375人，共计教师223,279人；则每个教师平均只教二十余个儿童。兹以40计，从宽也）。所需总数为100万，已有者为22万余人，欲求普及非再增加78万不可。

需要教师之程度既如是，则师范教育之必须扩充，师范学校必须增加，可以想见；至于扩充之程度，可以西洋各国师范学校校数例之。比国全国人口750余万，有师范学校75所。瑞士各省不同。其伯尔尼一省人口70万，有公立师范学校5所，私立两所。荷兰全国人口630万余，有师范学校82所。德意志全国共有师范学校326所。法兰西全国人口3,900万，有师范学校166所。美国全国人口10,000万，有师范学校250余所。其大学师范科及讲习所尤不在其内（以上据袁观澜君调查）。若就我国现在师范教育之程度与学校之数目例之，据1917年之调查，全国共有师范学校195所，师范学生24,959人。以我四万万人口之国，如以比利时、瑞士等国比例，应有师范学校4,000所，而今仅得其$\frac{1}{20}$。即以最少数之法国比例，亦应有师范学校1,600

所，而今仅得$\frac{1}{8}$。我国义务教育之需普及也如此，普及教育之需师资也又如彼，而现有师范学校又如此之少；则教师训练之必须扩充，师范学校之必须增加，更可想见矣。

（二）师资之补救办法　今日缺少师资，岂仅义务教育而已哉？即以义务教育一项而言，如欲普及，而必须增加之教师又多至70余万；然则此70余万师资，当如何于最短时期，用最经济方法养成之？实为今日教育行政上切要问题。

按新学制，虽规定养成机关数处，但皆缓不应急。故今日师资之养成，第一，必须时间短；第二，必经经费少；第三，必须效率大。爰就上述三个条件，通盘筹划，拟定以下救急办法。学者并参考袁观澜之"四条办法"及李步青之"十一项计划"斟酌之，可也。

（1）扩充各县师范讲习科　按新学制第二十条之规定，"为补充初级小学之不足，得酌设相当年期之师范学校或师范讲习科。"此项办法在事实上，实为今日切要之需。山西办法系在省城设立规模宏大之国民师范。夫在省城设立，其益较多；但以各县情形言之，似皆愿各在本县设置。故拟此项师范为省县合作，由县设立。经费各负一半。所有入学程度，修业年限，课程标准，管理规划，暨教员资格等项，由省政府规定之。学校校长由地方呈请教育厅委任，并受其视察指导。其余一切由地方酌量办理。招收高小毕业生，中学肄业生及私塾教师分别以修业两年至三年为原则。男女皆设。各地或设一所较大学校或设数所，各按其需要之情形而定。

（2）变更省立师范课程　按新学制第十七及十八条之规定，师范学校修业六年，并得单设后二年或后三年，收受初级中学卒业生；故省立师范程度与高中卒业同等。据民七〔1918〕调查，全国师范学校仅196所，共有学生28,905人；虽今后竭力增加班次，亦万难应付现在需要。拟利用新学制第十九条之规定，酌行分组选修制度；而分组选修之目的，除养成高小教员外，多多培养地方教育行政人员；城乡小学校长、县视学及各科指导员。数年之内，不必专门养成小学教师。盖各县讲习科卒业学生，在学理上本非圆满，徒以救急之故，不能不增加人数。假使各县由省立师范训练之行政人员，从事计划；有县视学，严格督率；有各科指导员，善为指导；则此项讲习所卒业之教师，可以一方教学，一方进步，服务成绩，或能日渐优良。盖一时养成巨数之小学教师既有不能，则只有扩充讲习所，以求人数之增加；盖变更省立师范课程，多多训练行政人员。教师程度虽有不足，但行政人员善为指导，大可继续进益。诚以一个专门人才，如能善用职权，大可指导10个至20个教师，而为教师之教师。同时奖励中学及职业学校附设之师范班，培养省立师范所不及养成之高小教师。诚如此，教师缺乏，或可补救；而教学方面，因有计划、视察及指导专人之辅助，或不致降低效率。惟省立师范养成之地方行政专才，未必能为地方欢迎，而加以任用。现在各县服务人员多半资格甚老，暮气已深，惟恐不能与一般卒业青年气味相投；故难望其秉公引用。然为地方前途起见，新旧人员皆须并用。因各有所长，不能偏重也。兹拟办法如次：

（甲）各县为增进教学效率起见，一律添设指导员，实施视察指导职务。（子）添设指导员人数，暂以每二三十个教师设一人为标准。（丑）新添之指导员必须由省立师范卒业。（寅）凡委用省立师范卒业生为指导员者，其薪俸由省库支给；但施行职务时之往返川资，由地方负之。（卯）以后各县如需改委或增加人员时，一律以省立师范专门训练而卒业者充任之。

（乙）然就现在一般地方教育行政人员之冷淡态度言之，上面计划决难实现。为促成实现计，必先培养地方人员教育上深切的兴趣；对于上项计划有浓厚热烈的同情；对于改良促进之事，有应用的知能；质言之，如欲推广地方教育，贯彻上项计划，必先改良地方教育行政人员；非如此，则无负责实施之人。至于改良教育人员的办法，却有二项。一增加或改换新人物，二增进在职人员之新知能。详情参考《教育行政人员》章。

以上办法，要点在扩充讲习科，增加师资人数，改订省立师范章程，增设行政课程；以精于训练之专员，指导督率勉强就用之教师；于是教师人数虽然骤增，但教学效用不致减少。至于省立师范及各县讲习所之教员，应如何训练？责在高师及大学教育科。兹略之。

（三）私塾改良及其办法　私塾问题实为目前之争点。有主严加取缔，甚至不准私塾之存在者；有主积极改良，以为公立学校之补助者。夫主严格取缔者，盖以私塾之存在，影响小学之招生。其实，当此学校不足收容多数学童之际，私塾亦有其作用。假使小学办理得法，成绩昭著，而又能收容一般学童；则私塾自然淘汰。设不改良小学，而谆谆以多数儿童，就学私塾，因而罪之，非计之得也。今日各县私塾之数量较之公立小学校均在数倍以上；且不因小学之增设，而影响其存在，则私塾自有存在之理由。

窃以地方教育行政机关，对于私塾，当此过渡时期，只有辅助，整理之；使求进步，以就义务教育之范围，而无摧残之必要。视其可及标准者，予以辅助经费，改为代用小学。至于塾师，除已受检定合格，准予设塾外，其已设与将设而未受检定者，宜令呈报教育局，受官厅之试验。使有可造，准予在行政人员视察指导之下，先行开学。而一方指定应阅之教育书籍，或宜入之暑期学校，或讲习所，准备受检定。检定之后，如有可取，升为代用教师。其实在不堪辅助，或不愿就范围者，则强迫停闭之。现在各县对于私塾多未注意及此，良可惜也。惟私塾既多，自有订定办法之必要；苟不加以整理，则其害堪虑。

第四节　检定教员办法

教员资格，依法定的标准而言，除师范毕业为专门出身外，其次当推曾受检定人员，吾人已于前章言之。所谓检定者，国家为保证国民教育之效率，及儿童之教育机会不受摧残起见，对于非专门出身的教员，施行的一种程度考核之制度也。依从前教部颁布之法令言之，所有中小学校教员，除专门养成之师范毕业生外，皆须一律依法受政府之检定；但实际上遵行者，仅小学教员而已。详情如下：

（一）检定机关与其组织　依《检定小学教员规程》，"凡施行检定，应由各省区教育行政公署组织'检定委员会'，并得就所属地方，酌量地点，分行检定。"委员会由教育长官委任下列人员组织之。

（1）会长　由教育厅长委任本厅科长充任。主持会务，综核检定成绩，报告该管长官。

（2）常任委员　由厅长择有下列资格之一者2人至6人充之。（甲）本厅科员（乙）省县视学（丙）师范校长或教员。承会长之指挥，分掌检定事务。

（3）临时委员　无定额。施行检定时，就（甲）省县视学（乙）师范教员（丙）中等以上学校教员选任之。承会长之指挥，分掌试验事务。

（二）检定之种类与其资格　通常检定分"无试验检定"与"试验检定"二种。所谓无试验检定者，仅审查其毕业证书，或办学经历，著作文件，及其品行身体而已。至于试验检定，则除检查以上各项外，并加以各种学科之试验。大凡具有下列资格之一者，得受无试验检定：

（1）毕业于中学校并充小学教员1年以上者。

（2）毕业于甲种实业学校并积有研究者。

（3）毕业于专门学校确适于某科目教员之职者。

（4）曾充小学教员3年以上经地方最高级行政长官认为确有成绩者。

以上四项人员，一经验定合格，即有充当以下各级学校教员之资格。具有第一款资格者，准充国民即初级小学校正教员，及高等即高级小学校本科正教员。具有第二第三款资格者，准充国民即初小专科教员及高小专科正教员。具有第四款资格者，准充国民正教员、助教员或专科教员，并准充高小本科专科正教员或助教员。凡有下列资格之一者，得受试验检定：

（1）曾在师范学校中学校，或其他中等学校，修业2年以上者。

（2）曾任或现任国民初小或高小教员满1年者。

（3）曾在师范简易科毕业，期限在六个月以上者。

（4）曾研究专科学术并明教育原理，著有论文者。

凡经检定委员会检定合格者，授予"许可状"，并将其姓名、籍贯、年岁及检定之种类成绩年月送登公报宣布之。此项人员，除现充教员，仍照常任事外，其尚无职事者，由该委员会通知各校尽先聘用；但第一次检定合格，其服务时效约在五年至八年期间，期间满后，按例仍须检定。

（三）检定之科目与程度　检定目的本在甄别程度不及之教员，俾不致滥竽教职，遗误教育。但检定之后，所有待遇既一律与专门养成之师范毕业生同等；则其检定程度，虽不能与师范相等，但亦不能相差过远。故规程第十六条云：高小本科教员之试验科目及其程度，应依照师范学校第一部课程；但得缺法制、经济等专门科目之一或数个科目。高小助教员及国民或初小正教员之试验科目与前项正教员同，但程度略减。专科教员则试验师范课程中之图画、唱歌等专门科目。及格程度须以师范第一部程度为准；但无论试验何项专科；均须并试教育学及受检科目之教学法。

以上为检定小学教员办法之大较。今日各省虽皆遵照部定规程，设有"检定小学教员委员会"。每年亦皆举行检定一次。著者亦曾充某省委员会会长。但观检定情形则多殷忧。夫国家之所以施行检定者，良以师范毕业为数有限，而教育上的需要却极紧迫；设欲容许非师范毕业正途出身之人，充任教席；而一方又须保障教员地位，防止学业经验毫无准备之人，滥竽其间，遗误国家教育，摧残儿童机会；故不得已而有此取缔办法也。不料地方教育人员及一般教员，不能谅解此意；以致此制施行虽有年所，而地方小学教员之受检定者，却极有限。以安徽之芜湖等6县而言，共有小学教员1,302人；其中已受检定者168人，未受检定者1,134人。以百分数言之，已受检定者仅为全体之15%而弱。换言之，6县教员1,302人中，共有85%人未受检定（详情见第七章之《指导制度与需要》）。夫检定成绩如此，学校教员之程度可知矣。

研究问题

（一）列举我国注意师资专门训练之证据；并言现在地方师资不齐之理由。

（二）研究我国今昔训练师资之机关；并根据今日情形，说明何者最为适当，理由何在？

（三）后期师校与高中师范科办法上比较如何？并就经济与效率两大原则，而论其产生之结果。

（四）补救目下师资缺乏，有袁观澜《义务教育计划之商榷》中之四条办法，及李步青《义务教育经费问题》中之十一项计划；试各根据原案，详细研究；而计划一种最可行、最易行、最有效之办法。

（五）就本章所举之私塾办法，而批评之。

（六）试就检定教员办法本身，而论其需要与作用。

（七）我国检定教员办法上有何批评？研究日本、美国及欧洲任何一国之检定办法；并与我国比较之，而举其可以为我师法者。

（八）各就一省，切实研究其施行检定情形与效果，并建议改良办法。

第六章

教员之待遇

第一节 教员之俸给问题

（一）待遇之意义与必要　教职员法定的资格与职务，以及现在一般实在情况，前既论之矣。惟服务以待遇为条件。教师服务之效率全视其精神努力之程度；然非待遇优厚，则生活问题已难解决，而望以全副精神，全副力量，以求服务之效率，不可得也。虽教师不必以待遇之厚薄为出力程度之比例，但非此，不能安心服务也。待遇二字，通常包括薪俸、退隐金、遗族恤金、奖金、住宅等项；但我国目下实际只有薪俸一项；其他在法令上虽有规定，并未实行。盖当此教育急待普及，而地方财源非常枯竭之际，进行需要已难应付；苟不积欠，已算侥幸；安有余力，优待教师？然教育效率全赖教师，非有优待，无以使其安心教学；今日情形或为我国过渡时期不可免的现象。将来政局平定，必能竭其全力从事教育；故待遇一节不过时期问题。况近年各地教育行政机关，已经先后规定办法乎？兹先略述一般养生薪俸，优待问题，容于后章论之。

第六章 教员之待遇

(二)部定月俸标准　教师为国家施行教育,养成国民之人;质言之,为培植国本,建设国运之人;故其报酬不应在一般官吏下。然教育经费乃取给于地方,故又必视地方情形而定。此民国六年〔1917〕,教育部于公布《小学教员俸给规程》中,一方于第二条中,规定国民学校高等小学校校长及教员月俸表;于第五条中,规定劳绩人员之升级优待;而一方又于第三条中,规定各地方校长教员俸额之标准,由主管人员,依地方情形,就表中级数斟酌拟定之也。盖中央为管理全国教育之主体,于教员俸给规程,虽有规定之必要与权衡;但地方生活程度既异,人民富力各殊;纵然独断的规定,亦仅能依据一般社会生活标准,及小学教师资格与具有此种资格者应有之生活而已;其最后应用仍须地方主管人员之斟酌也。其第二条之月俸表如下:

职别＼级数	一	二	三	四	五	六	七	八	九	十	十一	十二	十三	十四
校长及正教员	60	55	50	45	40	35	30	26	22	18	15	12	10	8
专科正教员及专科教员		40	35	30	26	22	18	15	12	10	8	6		
助教员	22	18	15	12	10	8	6	4						

第五条之劳绩人员升级规定云:"校长及正教员受一级俸后,确有劳绩者,得递增至80元;助教员受一级俸后,确有劳绩者,得递增至30元。"

(三)标准之应用方法　以上标准,在应用上,仅以表示教师薪俸应有一种升级的办法而已。盖地方一般教师俸额究用表中何级?最大限度应至何级止?最小限度应自何级始?其权皆操之地方。至于升级标准如何?每升一级是否依照表中所定之增加元数？亦须依照地方情形。比如广东所规定之标准，即完全异于部表。查该处系用年功加俸制度。专任教员共分9级，每经3年即升一级。其有特别劳绩者，经视学会议之许可，虽未满3年，亦得升级。各级俸额如下表：

单位：元

级　次	一级	二级	三级	四级	五级	六级	七级	八级	九级
月俸级额	125	104	87	73	61	51	43	36	30

第二节　解决教师俸额之根据

吾所以引用上表者，非谓广东教师俸给优厚，各处应当引以为例也。各处情形不同，广东尤为特殊地方，且其最高级俸给，至今尚未实现。吾之所欲特别表示者，（一）教师为服务公家之人，应与一般官吏视为同等；（二）教师薪俸各处应有其特殊标准，不必一致，广东即一例也。此项标准之规定，应注意下例诸点：

（一）教师俸给即为其生活费用，一切优待不在其内。俸额规定以能赡养其身家，而稍得储蓄，以应疾病天灾及婚丧等事之特别需要为准；故规定薪俸额数应分别注意此两方面。

（二）前条所谓赡养身家，应以本地一般职业五口之家之生活费为准。比如本地仅守范围之杂货店管事、裁缝店老板，而有五口担负，不常玩游泳场吃馆子者为例。

（三）于规定教师不可少之生活费外之储蓄数目，其资格及成绩二者应当注重。教师资格，比如，有专门训练与无专门训练者；三年师范与六年师范毕业者；已受检定与未受检定者；其薪俸内之储蓄方面应有区别。如此规定，非仅为公平起见，实际上，前项人员所需程度较高；盖其专门的兴趣与知识之欲望亦有所需要也。其次，成绩佳者与成绩恶者，有进步者与不能进步及进步缓者；在报酬上，为奖励起见，为应付其需要起见，前者亦应略为优厚。

以上三项为解决地方教师生活费之根据。至于今日各地教师结合团体，采用罢工方法，要求一致的，呆板的加薪标准。夫全体一致待遇，外表上似甚公平；实际上却无道理。盖资格成绩既不能一致，而斤斤焉求一致之待遇，何以明赏罚，而昭激劝耶？

第三节　教师薪俸增加之困难问题

（一）今日一般的要求　近年政治不良，革命频仍，社会益呈窘象；生活程度既日益增高，人民奢侈却日趋日甚。学校教师处此情形之下，亦有不克摆脱而作不满的表示；罢课加薪时有所闻。平心而言，加薪一事，凡人皆应赞同；但不问资格，不论成绩，全体一致骤然增加几至一倍（十六年〔1927〕江苏地方小学教员要求），无论学理难说过去，即依实际而言，设地方不能转瞬间另筹全年经费一倍，则地方学校，因欲容纳教师要求之故，必须停办一半。

（二）权利义务应兼顾　或以目下地方小学教师俸额微末，因而施行攻击者，吾则以为地方之急务。一方固须广开经费来源，增加教师俸给；而他一方尤须选用资格相当，成绩优良之教师，以为相对之条件。否则，地方经费来源既不能大批增加，而以此有限之经费，一律增加那无专门训练而又不受检定不肯进步之教师的俸给；将来教育，质的方面既无由改进，量的方面必且因此缩小一半耳。故俸给必须增加，然必有增加之条件。条件为何？凡资格不合者，应于最短期间，设法补及之；凡从前不遵命令报告受检定者，应亟请按例检定；凡工作不良者，应努力改良其方法，以求更大之效果。诚如是，义务权利并尽之矣。

（三）年功加俸之利弊　　或又以年功加俸为公平办法，吾却以为加薪作用，设仅为奖励服务时间之久长则已；否则，此制必不可用。盖此制之结果，非但不足奖励优良教师；尤恐养成教师之暮气，坠落其进取精神。盖拾难取易，人之恒情，成效优劣，既无关系，何必兢兢业业，苦求进步？此制之利在一律依时加薪；时间一到，俸额自加。行政方面既省考核成绩手续，又免教师不平攻击；教师方面亦可安心服务，不致辗转迁移。但其弊实不敌其利。教师资格与努力程度本不一律，假使不问资格高下，努力如何，一味以时间为增薪标准，大非公道；且于教育之进步毫无裨益。退一步言，设有资格平庸，成绩碌碌之人，惟服务已久，辞退似乎不情；一律加薪，良心难安，如此情形，将何处之？假使毅然决然主张公道，暂不加薪；则一般教师恐将兔死狐悲，藉口维持成例，惹起纠纷；此其一也。此制一行，则年代最久者俸额亦最多；但俸额多寡每每关系地位；于是地位最高，俸额最多，尽是旧人。然新人亦非尽是经验薄弱，贡献最少之人；且地位之高下，俸给之多寡，万不能完全视服务时间之长久；否则，在职最久者必是暮气最深，遇事消极之人，而新人将无自由展布之余地矣；此其二也。况现在地方经费尚未确定，时有短收之事，懵然行之，设遇天灾人祸年份，必致欠薪，而为教育前途累。

（四）增加新俸之根据　　窃以加薪一事应当表示：（1）教师服务能力之增加。从前未有专门训练者，或于某项准备不甚充足者，现正从事补充，或入暑期学校，或赴讲习会，或用函授及其他补习方法之类。（2）教师服务成绩之增加。从前某项服务因种种关系未能顾及者，现已特别注意，而成绩上已经表示进步。（3）教师服务努力之增加。从前于某项课务马马虎虎未曾努力者，刻已兢兢业业，以全副精神，全副力量为之。（4）教师服务上需要及担负之增加。现在所任事项颇与从前不同，因之所需参考书籍或试验材料顿异，或因特别变故及其他原因，家庭担负骤然增加；苟非予以补助，则精神力量必受压迫，而校内服务，亦将因此而受影响。于以上四者之外，始为时间问题；然其关系亦仅为增多经验，对于本处学教情形多所了解，关系亦较深切；因此服务能力、努力程度及对于学校感情，或非新来教师所能望及。然服务年数较多者，其服务能力与努力程度，未必皆能与时俱增；反之暮气重重，毫无进步者，亦非少数。至于感情方面，教师忠爱学校程度确有密切关系；故服务年数亦未可抹杀也。

第四节　其他优待问题

教师报酬，除薪俸外，当以住宅比较最为切要。学校供给住宅，非仅为优待教师，学校方面获益更多。普通城市学校如是，乡间规模较小之学校利益尤多。盖教师与家属同居校内，不仅帮助收拾学校环境；且能帮助学校生活之家庭化。学生方面获益固然最多，学生家属亦得因此常与学校往来。至于教师，除不必往返奔走外，更可得着家庭便利；设有子女，就学尤便。

年来江浙等省小学，颇有津贴膳费或半膳费之事。其故或由于教师住宅略远，往返奔走之时间与力量消费甚多；故为节省此项时间力量起见，乃有此举。然学校因此而有教师维持其间，利益亦多，非仅教师一面而已也。

虽然供膳之利益大矣，然为学校计，究不及供给住宅。以二者之代价言之，除商埠巨市外，膳费较之住宅租金略同，乡间尤甚。假使供给教师住宅即不津贴膳费，谅亦教师所愿。故为学校之利益计，无论供膳与否，至少应于学校后面，设置三间住宅，容纳教师家属。

以上所举及子女入学免费一事，为教师最普通的优待，而实行上亦无若何困难。我国早有法律规定，实行之处亦不少；故此项优待可算不成问题。其他，若退隐金、遗体恤，施行实非容易；虽有明文规定，亦不过官样文章而已。希望将来政局平定，财源大开，举凡应有待遇，一律实现。三年以前，江苏曾有《优待小学教员规程》之规定，未及实行，而革命事起。年来，各地虽有要求，但无确实规定。

研究问题

（一）通常所谓"教员待遇"包括哪几种事？教员待遇何以在今日视为重要问题，致我们研究教员问题即不能不研究其待遇？

（二）我们对于部定的月俸标准，应当抱何态度？部定标准是否需要？

（三）试就书中所举规定教员俸金所应注意的四点批评之。

（四）增加俸金应用何法？调查所属各县之增加方法而批评之。

（五）调查年功加俸之结果而批论之，并与书中所述比较。

（六）调查各地优待教员办法，而条陈所属之县区办法。

（七）教员既为一种职业，何以必须优待？

（八）试就研究所得，拟定一省优待教员规程。

第五段

教育行政问题

总论——教育行政问题者，教育制度或行政方法不能与实际环境适合，互相阻滞，扞格不入，所发生之结果也。假使制度适合环境需要，或为环境之产物，则进行上必能顺利无碍，问题自无发生之机会矣。假使环境已经变迁，而制度仍旧其贯；或环境仍旧，而制度骤然维新，双方必难融洽，于是问题发生矣。故解决问题云云，无非使双方相容，彼此适应而已。制度之不能适合环境正当需要者，革其制度之不适合者而求其适合之；环境之不能容纳制度正当作用者，改其环境之不容纳者而求其容纳之。总而言之，问题之来，来自不相容与不适合耳。

我国教育行政，当此新旧思潮冲突至烈之际，环境与制度双方皆在变化之中；故问题至少，其需要解决情形亦非常迫切。兹因篇幅有限，暂选其关系之重大者两件，分章述之。一为教育经费问题，一则学事报告问题。诚以今日教育之所以收效不良，行政上诸多棘手者，无非经费来源未有确实计划，管理方法亦无若何把握而已。至于报告一节，其问题不在报告方法，乃在变今日之报告于官厅者，报告于人民耳；换言之，求教育报告之社会化与人民化而已。今日各地之报告无非打官话，对上级官厅说话，其目的在求官厅之谅解；从未有用平民之口气，对平民报告，求地方人民之谅解者也。地方办学人员，明知受官厅之委任，为地方人民办理教育事业；然不愿与地方人民发生关系，而报告其事业、其征税也，明明知出于地方人民之血汗，但终不问人民之愿不愿，只求长官之准不准。教育行政问题之重大，而亟需解决者讵有过于此乎？

第一章

教育经费问题

第一节 今日教育经费之危机

民国以来，天灾人祸，外侮内乱，相继不绝。社会之不安，人民之困苦，盖未有如今日之甚者。谚云，"疮痍满目"，诚今日社会之写照也。教育经费因亦发生恐慌。无论国家地方，皆有破产征兆。其所以致此之由，虽极复杂，简单言之，略有以下荦荦数者。

（一）由于一般经费未有扩大之来源 维新以来，凡百新政相继举行。国民经济既未充分发展，因之各项税源未见切实增加；而各项费用却又非钱莫办。竭泽而渔，应付已经困难，怎得大宗额外税源，以为凡百新政之确定经费？一般情形如此，教育亦未能例外。况频年内争，军费急如星火，平时国家收入半以养兵，犹慊不足，战衅一起，更尽所有挪充军需；故今日经费支绌，乃一般情形，非独教育已也。

（二）由于教育界本身未能证明教育之利益 教育事业本为生产事业。欧美各国无不视为"国家重要投资"。其收效之宏，获利之大，诚非其他投资所可同日语也。美国马萨诸塞地方省教育厅长 Commissioner Harris 于其学事年报中，曾计算该省之受优良教育者，生产能力增加之程度，以示教育与国民经济之关系（见 Dutton and Snedden's *The Administration of Public Education in the United States*, page 146）。我国兴学之初，朝野上下亦以教育为国家富强之本，故废科举，兴学校。至于今日，教育效果究竟如何？政府官僚对于青年学生，固有不满；试问一般社会人民果满意于今日之学校，及学校内所教养之学生乎？更进一步言之，今日一般办学者，果能满足社会之期望乎？果有具体效果，能使社会切实明了教育事业为国家利率极大之投资乎？地方教育行政人员，果有意于联络人民，以主人翁视地方人民，而不以官僚自命乎？

（三）由于政府未能巩固　民国建设以来，政变靡常，大权旁落，政府威信几至扫地。中央财源既为地方扣留，而各地扣留之款，或以佳兵，或入私囊；地方人民鉴于公款之浪费，故凡新辟税源多方抵制；以是中央地方交相窘迫，而教育事业于是乎亦受影响。

（四）由于社会未能拥护教育　我国社会程度本极幼稚，曩者重视教育，仍以科举眼光视为升官发财地步；至于国民教育则未必知其作用，加以公立学校办理诸多不善；办理人员对于教育事业，或用为政争之具，或藉作做官阶梯，不能以教育之目的，办理学校，致失社会之同情与赞助。因而视公立学校为可有可无之物；甚或以学校为社会之危险物。夫学校与社会之不能融洽至于此极，而欲其出全力，维护教育，尚可得乎？今日地方教育经费之所以难于筹措，及凡关于税源所以屡受抗拒者，皆以此也。

由以上言之，今日教育经费所以困难之故，虽由于国家政变及各省兵祸之影响，但亦教育界本身之不能使社会了然于教育作用之过也。今后欲解除经济上之危险，所依赖于政府者固多；然教育界本身之改良，亦为要图。盖非此不获社会之同情而得其赞助也。学校学生固须教育，地方人民尤需教育。此项教育之责，不在学校教师而在行政人员。

第二节　教育经费之担负

教育本为公共事业，收效之巨，迥非其他社会事业所能望及，前已言之矣。我国统计事业，素不讲究每年国家地方以及私人之金钱，用于教育者，究竟几何？各项教育产业约值若干？现在之教育经费与全国人口或学童之比例如何？每个学童在各年级中，需用教育费几何？殊无精确之统计。以致吾人对于教育事业之担负，至何程度？将来如求普及，尚需若干经费？颇为疑问。

（一）美国之统计　兹就美国人民对于公共学校经费之担负情形，略举于次，以为吾人之参考。据1910年，中央教育局之报告，该年全国经费用于初等及中等教育者，至多美金四万万一百万元（401,000,000），约当全国公共支出之20%。1910年支出之教育经费，若以全国人口计之，其均摊于每个人民者，约美金4元4角9分；若以全国学童计之，其用于每个学童者，约31元6角5分。全国学产约值美金967,000,000元；若以全国人口计之，则为每个人民所殖之学产约在11元以上；若以全国学童计之，则为每个学童所殖之学产，平均约在78元之谱。此犹十余年以前之统计也。近年来之增加必更惊人。兹以其历年增加之程度，与人口及在学儿童之比较，列表于后，俾知其事业之伟大，而吾人或有所觉悟焉。

（二）美国初等与中等教育经费历年增加程度及人口学童比较表

(单位：美元)

年份	1889~1890	1899~1900	1909~1910	1914
全国人口	62,622,250	75,502,515	91,972,266	98,741,324
全国教育费	140,506,715	214,967,618	426,250,434	555,077,146
每个人民所均摊之数	2.24	2.84	4.64	5.62
每个学童所用之款	17.23	20.21	33.23	39.04

（三）市政收入与教育经费　前节所举统计，系就美国全国而言，兹更述其地方教育经费之情形，并与其他市政经费比较之。按1913年，全国户籍统计处之报告，各大都会用于教育之经费，几当市政全部经费 $\frac{1}{4}$。次等都市之教育费尤多。比如底毛哀一市，每年用于教育者，为46%，几当全市支出之半。兹以纽约与芝加哥二市1913年之教育费与其他市政列图比较于次。

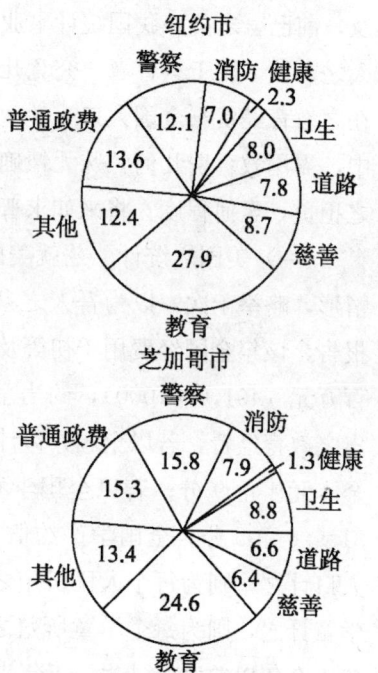

（四）江宁县之一例　按我国各项统计既无精确之编制，征集材料又非容易。故仅举江苏之江宁一县之教育经费情形，以概其他。

民国九年〔1920〕，江宁一县七市九乡，教育方面合计收入为99,850元。支出为97,090元。两比余2,000余元。高等国民及其他学校，合共127所，共236级。学童总数9,487名。

江宁户口统计未精，或云41万，或云38万。兹以40万估计，每年教育经费总支出为97,090余元，则每个江宁人民约负2角4分余。设以全县学龄儿童63,808名（民九〔1920〕调查）计之，全县为每个儿童担任约1元5角4分。设再以在校儿童11,090名计之，全县为每个在校儿童担任平均约8元5角7分。最大数25元，最小数2元1角5分（所谓最大数最小数者，系指各校为每个学童所用费额也。譬如乡村学校用费少薪水小，故最少每年只二元余）。

（五）江宁与美国比较　设以江宁与美国比较，吾人可得以下之结果。美国于1910年，每个人民担负之教育经费较之江宁于1921年多35倍；同时为每个学龄儿童支出之费多41倍；为每个在校学童支出之费超过7倍半。二者相距若是，亦自有故。第一节所述固属重要原因，但两方财力程度相距亦甚悬殊。比如美国之纽约市平均每个住民，约有1765.28元的财力，芝加哥每人约有1604.20元；宾夕法尼亚每人约有953.65元。各市财富之程度不同，因之担负之数目亦异。纽约市每生每年约用45.67元，而芝加哥市则仅37.58元，于是宾夕法尼亚市遂少至32.22元。江宁人民财力程度素无统计，但以常识言之，必甚有限；故其担负亦未可与纽约等市比例。惟官厅视教育之无足轻重，社会对教育之缺乏同情，教育界自身之不求奋勉实前途之大患也。

第三节　教育经费之来源

（一）省县教育经费现状　按照现在情形，除县区教育经费稍有确定来源外，市教育现在确定经费来源者尚少。国家及省区教育除一二省外，并无指定专款。数年前，中央虽设有教育经费委员会，专事筹划教育款项，庚子赔款虽有专充教育文化用途之议；但各国皆有指定用途，限制甚严。江西曾经主张教育经费独立，虽一时得官厅认可，但未施行。安徽且于十一年〔1922〕由省政府指定十县田赋及十一厘局税项为教育专款；并且组织委员会以为经理及保管机关。次年复由省教育参事会会同官厅重行修正，卒以故未行。革命前江苏决定以纸烟屠宰牙税为教育专款，且特设管理处经理其事，施行一载，颇有成效。迨至国民政府成立，纸烟捐改为统税，作为国家收入，全盘推翻。嗣后虽以田赋划归省有，作为教育专款；但管理机关如何办理，仍无计划。安徽虽有指定纸烟为专款之说，但能否维持，实为疑问。故今日除县区外，不足与言教育确定来源也。

依照《地方学事通则施行细则》第三十条，县区地方教育经费之来源约有以下六项：（1）教育基金，（2）公益捐，（3）学费，（4）补助费，（5）地方筹定之各项学款，（6）私人捐助款项。兹分述其梗概于次：

（1）教育基金　按《地方学事通则》第六条之规定，自治区（按自治未恢复以前各县以县区内市乡区为单位）原有学款及从前关于教育之公款公产应一律定为教育基金。所谓基金者不动元本，但用其所生之收入也。又按《地方学事通则施行细则》第三十七条教育基金分为下之二款：

（甲）一个国民学校之基金。

（乙）所有学校及其他教育场所之基本财产。

所谓一个国民学校之基金者，盖依国民学校之设置计划，于每设一校时，计算应需递年之经常费；就所属固定之款，核其所生之收入，足与校费相当者，定为该校基金。前项固定之款指田亩、森林、牧场等，及他公产公益捐内之不动产。又凡专款存储之现金亦得认为固定款项。

所谓所有学校及其他教育场所之基本财产者，系指不为一个学校永久设立递年应需经常费所置之财产而言。此种财产而冠以基本者，只能使用其收入，不得使用其元本也。各县旧有学款及公产，如田亩、基地、房屋等财产，现多定为教育基金。近年各县有就荒山空地种植森林，名为教育公有林，亦教育基本财产之一种也。

（2）公益捐　依《地方学事通则》第七条，地方教育经费因追加或不足时，依照《地方自治试行条例》第二十七条第二项之规定，得增收公益捐。查地方公益捐原有二种：（甲）为各种捐税中之附加，（乙）为另定种类名目而征收之捐。此项之公益捐属于第二种，专为补充所追加，或因其地特别原因以致不足之款。故《施行细则》第三十三条云，增收公益捐时，其增收之捐率以足抵预算内之支出为限。

（3）学费　由义务教育原则言之，地方小学本不应征收学费。但依《国民学校令》第四十五条第一项及第二项之规定，地方因特别情形，经县知事之认可，亦得征收之。故即征收学费亦须受一定限制。据《国民学校令施行细则》第六十六条规定每月以银元两角以下为限。高等不在义务教育范围，各县皆有征收。然根据《高等小学校令施行细则》第三十四条，亦仅以每月五角为度。又以《国民学校令施行细则》第六十九条规定，不得以不同级之故增加学费，及七十一条贫困者及家有儿童二人以上者减免学费等限制。目下教员子女亦有免收学费办法。故地方虽以学费为收入之一种，但为数甚少。

（4）补助费　夫小学虽划为地方义务，但国家及省区为维持地方教育机会之平均起见，亦应有相当之补助。据《国民学校令》第四十一条之规定，区立国民学校之费用由自治区担负之。凡设备费、维持费、教职员薪俸，及其他给与诸费皆属之。因此贫瘠之处往往有不能尽此义务者；因此教育机会不能平均。

欧美、日本诸国，对于此项困难，皆以国库补助。盖地方办理小学，虽为一种义务，但以财力不均之故，不能使机会平均，国家亦不能辞其咎。近年以来，国事凋伤，万端待理，安有余力，故此不急之需？所谓国库补助，亦仅希望而已。至于省款补助，法律曾有规定。故《国民学校令》第四十二条，县知事认为自治区财力，于四十一条所列之经费如不足时，应由县予以补助。又据第四十四条，地方最高长官认为县区之财力不及时，应由省或特别区补助之。自地方教育行政制度改以县市为行政单位以来，所有县市以内之学区教育经费，虽有贫富悬殊之处，尚能调济。比如江宁一市，民九〔1920〕受县款补助多至16,000余元；其他市乡亦多寡不定。但县与县之财力极不一致，故需省款补助之处不少。各省实行者亦多。江苏各县每年受省款补助者2,000元，近更以初中及师范讲习所划归县办，因又增加至4,000元。安徽按十年度预算，省款补助各县义务教育经费每年3,000元，以500元为调查学龄儿童之用，其余则用为养成师资。夫各省能以省款补助县区教育经费固属甚善；惟其补助方法至不公允，不问贫富；率以同量补助，殊有讨论余地。将来应如何补助之处，容于次节专论之。

(5) 学款　筹定学款为地方教育收入之大宗。惟种类复杂各地不同；然忙漕附税则多有之，收入亦丰。比如江宁一县，每年忙漕正税约有20余万元；为自治经费特加之附税，约有45,000余元。教育费占自治费$\frac{6}{10}$，约有二万七八千元。每年虽以种种关系不能全收；但收入项下实以此为大宗。其他指定学款各以地方情形而异。在江宁则有契附税、屠宰特捐、中资捐、铺房捐、茶碗捐、槽坊捐、鸭铺捐、奢坊捐、石灰窑捐、忙漕滞纳罚金等项。前并拟定盐斤加价，田房官契纸加价，及下关商埠外人建筑房屋之房铺捐；后因障碍未克实行。至于办理义务教育则已指定以截留漕粮、征收亩捐、烟酒公卖及货物税带征特捐四项。

此项学款筹措方法，各地按其特著情形而定。数量亦各按地方官负责之程度，办学人员努力之情形，及地方富力如何而定。比如上海县市乡民八〔1919〕教育经费多至250,000余元，其间附税51,000余元，各项捐税民七〔1918〕60,000余元，民九〔1920〕忽增至90,000余元；两共140,000余元，占全数之半。而安徽之东流县十一年〔1922〕全县经费，仅有2,570元；石埭县全年3,350元；其中学款究竟几何？尚不得知，但为数之微可以想见矣。

（6）私人捐助款　查民七〔1918〕教育部呈准重修《捐资兴学条例》十三例（十四年〔1925〕再修正），即为奖励人民，或私人结合之团体，以私财创办学校，或捐入学校；或创办或捐助图书馆、博物馆、美术馆、宣讲所、诸有关于教育事业者；准由地方长官开列事实，详请褒奖。惟此捐款仍以地方人士对于教育热心之程度，及办学人员劝募之情形如何为定。

第四节　经费额数之根据

以上六种收入为地方教育之专款。此外，尚有所谓"积存款项"者，即上年预算余款，收入增加之款，临时收入之款，及按照《地方学事通则》第九条，学校及关系教育设施之学费、使用费或补助费、捐助费而经特别规定之款。此项积存款项，略与教育基金不同。基金只能动用所生之收入，而积存款项则否；惟不得支配于原定用途之外耳。

前言地方教育经费之多寡约以下四项原因为转移。

（一）地方人民之富力。

（二）官厅负责之程度。

（三）办学人员努力之情形。

（四）社会同情与赞助之程度。

上述四项固直接关系教育之进退，但地方安宁及上级官厅督促之程度，亦为间接之关系。

就官厅督促而言，本省民四〔1915〕颁布之《知事办事考成条例》十条。其考成事项虽不及教育经费，但第五条所谓学校校数及学生人数之增减，在在与经费攸关。惟当此军人专政时期，各省大吏既仰军人鼻息；吏治一层久已不讲。各县知事因长官不加督促，遂多因循；以致考成条例变为官样文章。至于地方办学人员，亦有民五〔1916〕颁行之考成条例十条。但所谓奖励及惩戒处分，因督率无方，亦为空文。

第五节　学款补助之办法

（一）补助之意义　依现在一般成例，上级政治区域尝有补助下级地方教育经费之事。如江苏省库每年津贴各县教育经费4,000元是也。考补助之性质，不过上级官厅以征收于下级地方之税款，退还其一部分。虽名为补助，而实则退还。但既名为补助，则必有需要补助之处；否则，补助云云殊无谓也。然则补助之需要为何？（1）以地方贫富不同，教育机会自然不能均等。上级官厅为维持地方教育机会之均等，与调济地方财力之不同也，故有补助之举。（2）以教育事业日有发明，教育弊病亦时有发现。上级官厅为提倡教育中之新事业，及奖励地方矫正其弊病也，故有补助；故云，补助必有补助之必要也。

再就他方面言，一方既予以补助，则受补助者必先有筹措；

筹措不足，始受补助。盖补助者，补充其所不足之谓也。决无毫无准备，而希望补助者。观于今日各省补助地方，及各县补助市乡之教育经费情形，觉补助者与受补助者，似于补助之用意，尚需切实之讨论也。

（二）省款补助地方情形　请以安徽省库补助地方教育经费情形言之，其间可为吾人师法者甚多；然弊窦亦不少。前以推行义务教育之故，民国十年〔1921〕由省议会通过，以省款补助每县3,000元；嗣后由省教育官厅规定，以500元为调查学龄儿童，其余2,500元，用作培养师资。民国十二年〔1923〕，经新学制讨论会议决《省款补助各县造就义务教育师资办法》二条，任凭各县采用其一。条件如下：

（1）由各县自由委托省立中等学校办理。

（2）两县以上联合办理；其主任教员须高等师范毕业生，或曾任师范学校教育教员，始为合格。

当时并规定其附件云："各县无论采用何种办法，学生肄业期间须满足2年。小学校所有学科教授法，均须有实习成绩，呈送核准，始予毕业。"

嗣后各县以为上列两项办法皆难实行，相继呈请独办；于是又规定每县必须自筹经费若干，始准动用补助金，以为自办师范讲习所之条件。于是吾人对于皖省补助情形可知以下数事：

（1）省政府对于各县无论其富力如何？需要如何？一律给予补助3,000元。

（2）对于各县使用补助金之用途有规定的限制。

（3）对于各县使用补助金之条件，亦有规定的限制，非自筹若干不能动用。

至于补助初级中学，安徽亦于民国十二年〔1923〕规定四条标准。此项标准尤合今日吾人所讨论之教育行政原则。

（1）各县已有教育经费 30,000 元以上用于小学校者得设初级中学校。

（2）各县已有教育经费 15,000 元以上用于小学校者，得联合两县以上设立初级中学校。

（3）设立初级中学校须另筹每年 5,000 元之固定经费，与能容三级以上之校舍，呈由教育厅查实后，始予认可。

（4）成立一年以后，经教育厅认为合格时，年拨补助金 2,000 元。

由上列情形观之，吾人对于皖省补助地方标准大体上尚称满意。惟于义务教育经费各县皆一律 3,000 元，初中补助亦一律 2,000 元，似不公允。夫地方财力决不一致，初中各校需要程度亦有不同，而懵然以同量补助，大非调剂之意也。江苏前以省库补助地方，每县年各 2,000 元；近以初中及前期师范划归县办，每县其予 4,000 元。但以其补助办法考之，实不若安徽定有严格标准多多矣。

（三）县款补助市乡情形　夫以县款补助市乡及私立学校，各县大都多有之。惟补助标准殊欠公允。比如上海县于民国八年〔1919〕补助上海市 12,000 元；而蒲松市则仅 60 元。江宁县于民国九年〔1920〕，补助江宁市 16,533 元，而云台市则 120 元，汤泉市 48 元，钟灵市 647 元。以上补助之多寡，究竟有无确立之标准？标准之依据，是否完全奖励富庶地方，而责罚贫瘠地方？殊有研究之价值。

查补助缘起，实以调剂地方贫富不均，而促成教育机会之均等，前已言之；故西语称此项补助金为"Equalization Fund"或"School Equalization Fund"。但其性质既为调剂，则不应若今日各省之分赃办法；不问其富力如何，一律给予若干千元之补助金。再就上海与江宁二县视之，上海县之上海市富力为全县之冠，而所受之补助独多；江宁县之江宁市亦为全县财富之区，而所受县款补助亦非其他市乡所可望及。沪、宁如是，他县亦然。试问此种办法，是调剂贫富之不均乎？促成教育机会之均等乎？设以市乡之人口，及已办教育之成绩，而为支配补助数量之标准，则沪宁固应较其他市乡略多。但只能谓为奖励，不得谓之调剂。况二县之补助款项几为首市所垄断乎？

窃以将来补助之办法之适当与否应依据三大原则。（1）补助原系调剂地方贫富不均之意，故支配补助款项，当以促成教育机会均等为原则。（2）补助系奖励下级地方教育之设施与进步，故支配补助款项应以振作地方精神，使求自动为原则。（3）补助有提倡促进下级地方，对新事业之施行及新学理之试验，而求教育上之进步为原则。

（四）美国补助标准　美国下级地方受联邦政府、省政府及县政府补助者，为数至多。其补助标准各省虽有不同，无不依据上述三大原则。兹特搜罗所有补助标准于次，以为吾人之选择焉。

（1）有以学籍儿童之数目为支配补助金额之标准。

（2）有以学籍儿童平均出席日期为标准。

（3）有以学校实在授课日期即学期之长短为标准。

（4）有以测验学校成绩之优劣为标准（前在英国实行者）。

（5）有以教员数目为标准。

（6）有以受检定之教员及地方待遇教员情形为标准。

（7）有以设置农业、手业、家事等职业科为标准。

（8）有以地方教育经费筹措之多寡为标准。

（9）有以设置教学指导为标准。

（10）有以学校校舍建筑情形暨设备良窳为标准。

（11）有以联合乡村小学改造大规模学校而设有接送学生办

法者为标准。

以上标准各地或用其一,或二种以至三四种并用;但其目的则在平均教育机会,奖励地方教育之进步,及提倡教育新事业。我国上级官厅能以公款补助地方教育,地方受福固多,但补助办法则须从长讨论也。

(五)上海之新标准　上海特别市教育局曾于十六年〔1927〕秋间,公布《补助私立学校条例》九条;较之苏皖省库补助县区,及县库补助市乡办法,实在进步不少。查其补助方法有五:(1)每月补助20元至100元;(2)资助教员一人或二人之薪金;(3)资助校长或教务长一人之薪俸;(4)指定若干学额,专收优秀贫寒之学生,资助其学费;(5)特种学科之设备,经本局认为切要者,酌量资助其设备费。但受补助之学校亦有相当义务;如校长人选之同意,经济之公开,遵守法令;否则停止若干时或一部分之补助。

第六节　教育税则

(一)征收教育税之原则　地方教育经费之来源,似已于前节述其大要矣。惟查各地筹款方法,不能遍及全部人民,似不公平;且所有各项收入,皆多零星小款,因此手续极为繁杂。担负者因为社会一部分人民,因此常有抗捐罢税之事。现在各地教育尚在幼稚状态,将来义务教育必有普及之日;而强迫入学,必有实行之时;经费之筹措,非有大规模办法,不足以应普及教育之需要。所谓大规模办法,似有以下原则。

(1)经费之筹措应以教育推行之需要为原则。

(2)经费之筹措应以普及众人为原则。

(3)经费之筹措应以住户之富力为原则。

此外尤须以稳妥可靠不受政治及年岁荒歉之影响为附带之条件。

现在地方办理教育，多以经费之收入为标准，有多少经费，即办理若干学校；盖量入为出之法也。且来源极为复杂，多为零星小款。此种办法终非久远之计。夫教育既为国家大计，似应以教育之需要为标准；依据需要筹划经费，试以县区论之，共学龄儿童100,000人，每人每年约需经常费15元，另设备等费特别费10元；于是全县学童之教育费每年共需250万元。然后再依量出为入之计划。惟此项计划决非零星筹措所能成事，必须运动一种大规模之教育税则；而此项税则且须合全国之努力，而求法律上之规定。现在担负教育经费者为社会之少数人民，似非公允。将来必须遍及众人；而担任之程度则以富力为依据。兹述美国各地教育税则之大略情形，以为吾人之考鉴。

（二）美国各地征收税则之规定　先是地方对于教育上之需要，初无精确之计算，亦无征税之特权。后经数十年奋斗之结果，始由省宪规定，征收教育经费之量数，并定各地征税之方法及限度。兹分述之。

最初各省规定税则之性质各有不同。Alabama，Ohio，Florida 等17省规定就财产之价值，每元征以1分以上之教育税。Pennsylvania 则规定每年必须征收100万元以上之教育税。Missouri 规定以全省收入 $\frac{1}{3}$ 用于教育。以上之规定系就地方富力为依据；地方富财至何程度，则教育办至何程度。及后渐以教育设施之需要为征收之根据。比如 California 规定征收财产之税率，以5岁至17岁儿童每人7元为根据。此后各省先后本诸儿童教育，而定所谓最小限度与最大限度焉。

（1）**最小限度办法**　Connecticut 规定市乡教育税之征收至

少在每元财产之 4 厘以上。Maine 则依据户籍征收人头税，每人至少以 8 角为限。New York 按照 Davis Law 征收最少的 3 厘财产税。此系根据教育需要，而规定程率之最少限制也。最少者可以更大，不得再少之谓也；再少则不足应需要矣。

（2）最大限度办法　Indiana 规定征收财产税每元不得过 5 厘，人头税每人不得过 1 元。Ohio 规定财产税每元不得过 1 分 2 厘。Virginia 规定财产税每元不得过 5 厘。Utah 规定每元税率不得过 6 厘半，但其中最少以 3 厘用于教员薪金以外之教育事业。Minnesota 规定税率每元不得过 1 分 5 厘；其中之 1 分应用于校舍之建筑、校地及设备之购置。此最大限度之规定情形也。最大者可以更小，不得再大也。盖再大则人民担负不起，而教育设施亦庸更多。

总之，我国各地教育经费之额数及其筹措之方法，实有改良之必要。而将来教育必须普及，经费必须扩充，则大规模教育税则之计议，实为前途之问题也。

第七节　确定教育经费之运动

今日教育经费，自根本上言之，在无大宗确定专款。县区教育虽甚困难，尚有零星小款，勉强维持；国家与省区方面更觉汲汲不可终日。此述其概况而论其补救办法于次。

（一）国家教育经费运动之经过　民国八年〔1919〕，教育界同人曾鼓吹运动各国，退回庚子赔款，用作教育基金。如果有成，民国二十九年〔1940〕以前，每年可获的款 3,500 余万两。惟事至今日，除美俄两国暂有办法外，英法等国尚未确定完全用于教育，而日本则有"对支文化事业之规定"。现在教联会虽有统一协商之议，惟此项退还大款之保管与用途二事，未必尽如教育界希望。著者愚见，决不能视为任何教育之经常费用。况今日欲图分润者，大有人在乎？兹录最近之运动情形，以及各方面竞争之烈，学者于此可知国人多于已有者，争求分肥，而不能别求途径，另辟新源。以下所录系上海各大学之宣言，适在十七年〔1928〕南京全国会议之时。此外，尚有数年来愈争愈烈之全国省教育联合会主张组织统一董事会，打破现在之中美、中俄等委员会。至各省教育团体要求由各省分润退还款项，办理地方教育者，亦颇不少。

退还庚子赔款之议，肇始于美利坚，而成熟于吾国"五四运动"以后。当是时也，欧战告终，各国方以自由正义相号召，复鉴于吾国民气之勃兴，乃不得不表示退还此项以暴力取得之赔款。意在和缓吾国民气，尤欲见称于吾国知识阶级；故规定庚款用途唯在教育之发展。如俄美法诸国皆曾有书面声明，并组成中俄、中美、中法等委员会，为保管分配之机关；是则庚款用途早已明白规定，无待争议。乃国内战事频仍，财用日匮，北方军阀，于搜括民财之余，亦思染指其间。吴佩孚欲藉庚款筑路之美名，拟发行公债以充军用。北方政府假借名义之试尝，更不一而足。而在军阀统治下之京师大学，亦强占俄款以自肥；于是庚款用途尽失前议。或争分润，或事把持，五花八门，丑态毕露。结果所谓退还之款仍落于中外合组之委员会之掌握。此其故，皆在于政局不定，政府无彻底之主张，坐失巨款，不能收归发展教育之用，言之诚堪痛心。值兹北伐垂成，训政开始之秋，教育为百年树人之大计，庚款用途急应固定；苟或各持见解，莫衷一是，虽10倍庚款，亦将焉裨？徒起野心家之觊觎，惹操纵者之口实耳已。同人等既觉已经之保管分配为不当，复恐错综旁杂离真义太远；遂不揣鄙陋，于全国教育会议之中，贡其一得之愚，用备采择，并为邦人告焉。（甲）关于保管者，各国退还庚款，应完全由中国方面另行组织保管机关。（乙）关于分配者，（一）设立庚款图书馆于中国各都会。采购各种专门书籍，使一般学者皆有阅览图书以资深造之机会。（二）规定奖学金，给予一般在学术上有贡献之人士。（三）派遣懋学之士，往海外探讨学术与思想。（四）聘请各国学者来华及派遣本国学者出国，作有系统之讲演。上列数端，就发展高等教育而言，皆属目前要举；而同人尤斤斤于保管分配权之收回。既云退还，则款已非外人所有，彰彰明甚。彼阳假退还赔款之名，阴行文化侵略之实，为吾国计，毋宁任其不予退还之为愈。是故北伐完成之日，中外合组之庚款委员会应即取消。而组织一整个委员会，统筹全局，以促进吾国教育之发展。斯岂惟本会同人之幸，教育前途实利赖之。

（二）省区教育经费运动之经过　省区教育经费独立之鼓吹，近已日甚一日。江西倡导于先，安徽议决于后。第九届全国教联会提议教育经费独立案者亦有数起。民国十四年〔1925〕江苏亦有教育经费管理处之设，以屠宰及纸烟收入充教育专款。惟不过就各省原有税源特别指定。收入额数亦仅仅可以维持现状；扩充发展尚须另行筹措。国民政府成立以来，各省情形略异；惟确定专款呼声日高。

近来，教育界人士对于经费开源一事之倡导；惟所主张之原则，似与著者意见略有不同。兹录之，以示今日之现况及舆论趋向，而便学者之研究。

请开辟教育税源，以发展教育事业案。教育为立国大本，世界文明国家，莫不于教育事业，锐意经营；教育经费，力谋增益。揆之吾国，每多相形见绌。则增筹教费，以发展教育，实为庶政之要图。顾自我国民政府奠都金陵，对于教育，固已积极进行；规章创制，亦多所建树。惟以北伐未竟全功，训政正属肇始。财政难谋统一，税则或多分歧，致教育经费，捉襟见肘；教育事业，削足适履。暂维现状，尚时虞匮乏，如图发展，则更费踌躇。即就江苏省往迹而论，自民元

〔1912〕以降，教费年有增加。近五年来，复创办纸烟特税为教育专款，益以牙税屠税，以及忙漕附税等。在十四五年度苏省教费预算总额，连苏省国立大学经费共计三百万元左右。经费既较优裕，故教育事业，苏省实冠全国。自去岁纸烟特税，收归中央，以田赋划抵。旱涝不时，征收难定，亏短甚巨，长此以往，教费将日趋竭蹶，甚非所以谋扩充奠久远也。窃查党纲规定，有增高教育经费，并保障其独立之明文。故本会同人，观察现状，希冀将来佥以谋教费之开源，实系国家根本大计。而开源之要端，尤须以不扰民生，不妨国税为原则。敢贡其所知，藉供采择。是否有当，伏乞贵会公决是幸。（一）遗产税（说明）。查遗产税始创于英。现时东西文明各国，皆已逐渐仿行。依累进税率征收。取富民之有余，而不加贫民之担负。实系法良意美之税则。吾国人口繁盛，幅员辽广，倘全国举办，则每年收入，当不在少数，可划为教育专款之一。独立征收保管，则教费自可历年累增，不虞匮乏。或由苏浙两省，先行试办，渐次推行全国。其详细办法，应由国府财部规定。（二）所得税（说明）。查所得税，东西文明各国，亦施行已久，成效卓著。全国所得税之收入，约占各该国岁入十分之二。就国民各阶职业之所得，依累进税率，公平课税，取不伤廉，毫无流弊。去年国府明令举办，嗣以军事方殷，未克实行。此后北伐完成，财政既纾，民生渐复，正可及时举办所得税，以充教育基金，实为极可靠极永久之税源。其详细办法，亦应由国府财部规定。

上为民国十七年〔1928〕五月南京全国教育会议江苏中学教职会提议案。

（三）地方教育经费运动之情形　至于县区教育虽有种种指定收入，但皆零奇不整，手续烦难。比如江宁一县，除基本财产及忙漕附加等较巨款项外，各种捐税多至26种。据民九〔1920〕报告，丹泉市之牛马捐，全年仅收12元零1分7厘。至于秣陵市及凤台市之砻坊捐，江宁市之糟坊土酒捐，云台市小丹阳砖瓦窑捐，均不过 24 元。近来苏省颇有规定田赋附加之限度，结果虽未可逆睹，动机却有价值。以下所录系江苏省委员兼任中央大学校长之提案。

查江苏曾因筹办义务教育，举行亩捐，以充经费。虽经前省长公署迭令前教育厅暨财政厅会，令各县一律限期举办；但实行者，只近三十县。其余各县，因循至今，迄未举办。因经费之未充，致义务教育办理，亦鲜成绩。现在训政肇始，民众训练，责在国家。按照本党励行教育普及之政纲，则在此时期，对于普及教育，不得不先为绸缪之计。顾查苏省待入学儿童，几四百万人。苟非每年递增经费千余万元，持续至五年之久，殆永无贯彻之希望。以始此巨大财力，目前固难筹措，但亦应于可能范围中，力求增高教育经费，并保障其独立。使地方教育得稍进展其质量，则确为不可再缓之举。兹拟就从前已办亩捐加以整理，以充各县筹办普及教育经费。整理主旨，约有数端。一宜改正名称。从前亩捐，因筹办义务教育举行，故名；现既按照本党政纲筹办普及教育，即以此项亩捐抵充经费，应改名为筹办普及教育亩捐。一宜改订捐率。从前亩捐，虽以四分为定率，但各县办法不一，有多至一角，少至一二分者。兹拟每亩以四分为起征数，得递加至一角二分（注：未办各县即以四分起征。已办而未满四分者，应加征至四分。已征四分者，应加征八分。已征八分者，应加征至一角二分。在有盐场地方，应按照前项率一律征收）。既足以平均负担，又得视地方教育发展情形，以次加征充裕其经费。一宜确定用途。从前义务教育亩捐，虽经指定用途，但往往有移作他用者。兹拟此项亩捐确定为筹办普及教育专款，不得挪移。应由各县教育局局长，每年造具收支详细预算专册，呈经核准，方得动支。至其他征收方法，每年应分上下忙两次征收。自开征日，由县长分别带征，并由教育局稽核收数，以期便捷。爰本斯旨，酌拟整理暂行办法六条，敬祈公决。

第八节　确定教育经费之根本原则

（一）税源方面之原则　由最近各方面运动之倾向论之，我国教育界人士似已确实觉悟量入为出之旧法，已不适用于今日普及教育之政策。以教育普及之需要，而为筹措经费之运动，业已开端矣。故今后吾人之事业，应分两个段落：一为规定立国大计之教育普及计划；一为规定最普遍、最公平、最大之可靠税源。

将来税则必须依据三大原则。此外，尤须稳妥可靠，不以政治变化，及天灾之旱涝而受影响；否则，无济于教育计划之实现。所谓三大原则者：一为唯一之巨税。非如今日之零星小款，此为施行立国大计之教育而设；故筹措标准，应以教育需要为限。第二是普遍的税。教育非一部分人的教育，亦非一部分人纳税而他部分人或全部人享受。教育是社会公共所需要的，亦系各个人所需要的；故此税应由社会全体担负。第三是公平的税。个人能力不同，假如一律担负若干，如人头税之类，依能力衡之，仍有轻重之别。故应计议一种富力标准，譬如累进率办法，俾求一般人担负之公平。

（二）税则之根据　此项税则，必须在国宪及省宪上，切实规定。各省当由省宪规定，准予县区地方，有按照教育计划上之需要，经地方议会之通过，征收一种最大或最小标准之教育税。自治团体为其经征及经管机关，而用途及支配权，则在教育主管机关。二者之外，另设独立之稽核机关，或由省政府设立。诚如是，地方教育问题或可永久解决。

同样，由国家宪法规定，准予省政府依据其教育计划上之需要，经省议会通过，征收一种最大或最小标准之教育税。设以国宪变更手续烦重，即可由省宪规定；盖教育本为自治事项，各省当有规定之权。此税成功，以其一部分办理省区教育，其他部分补助各县，作为"Equalization Fund"。

至于国家方面，已办国立学校固应维持。将来省区经费问题一经解决，高等教育似乎无庸一律国立。赔款退还问题急须继续运动。由现势观之，大可成事。于是以其中之一部分办理国立学校，一部分研究教育事业及考核教育成绩；另一部分奖励地方设施特殊教育及提倡教育新事业；更一部分补助贫瘠省份。

（三）计划实现之办法　以上所述，虽多偏重理想，实亦救济之根本办法。教育经费既已频于破产，前途救济只有另筹大规模税源。明知反对有人，极难实现；与其剜肉补疮，穷搜枯源，毋宁痛痛快快，为国家树立万年基础。欧美诸国无不征收此种巨税，考其发起之初，何尝不有反抗？然以奋斗结果，竟能实现。设吾人抱定信仰，共同宣传，一致奋斗，终有实现之日。

惟计划之实现必有实现之准备。准备者何？培植社会对于教育之信仰是也。吾尝屡闻办学者曰，"凡百事业非经济充裕不克有成。……无如一谈及经费，无论呼吁于官厅，求援于社会，终觉十无一成。盖处此民穷财尽之秋，筹款实为最难之事。"（江宁县民九〔1920〕《学事年报》）夫民穷财尽固为筹款最难之事，即使物阜民康，亦未必筹款容易；盖其关键在人民对于教育是否信仰，及其信仰之程度如何耳。不以教育作用、教育效果、经费用途，示大信于人民，而诿为民穷财尽，亦颠矣。

中央大学前为筹措江苏普及教育之田亩捐提议案中，有云："……从前举办亩捐，间有因地方绅民，藉口增加人民负担，群起反对；致当事者，不敢举行。其实此项亩捐，征之于地主与农民，并无直接关系。况现在物价增高，农田所得倍于往昔。即使稍增捐率负担，既非过重，民力亦无不胜。是以此次重加整理，期在必行，似宜饬令各县，切实举办。地方绅民如有藉词反对情形，应即严惩，以儆顽抗，而维教育。"抗捐罢税，国有常刑。当此计议普及教育之初，即以严厉手段，征罚不明征税原因之愚民，岂教育者所忍出此？教育事业本为人民幸福，此种不教而诛之手段，又岂人民之幸福乎？夫当着手计议之际，存心已经若此，将来设施之成绩，由此可想而知矣。

今日吾人不欲普及地方教育则已，否则，当自革新教育行政人员，对于地方人民之态度始。盖官吏办理教育，不如教导人民，使其自办教育。质言之，当以善意的、同情的态度，施行一般民众的教育。于教育学校儿童之先，从事教育校外之老百姓。一面则宣传教育之作用，以求人民之谅解；求增教育之效果，以获人民之同情；公开经费之用途，以坚人民之信仰。三事备，始可与言普及地方教育，盖非此无以获人民之赞助也。故将来计划之能否实现，当视吾教育界同人力行如何耳。至宣传教育作用，求增教育效率，及公开教育用途等项，容于次章申述。

研究问题

（一）申论本章所举教育经费拮据之原因，并搜罗事实证明之。

（二）调查所属各县教育经费总数，并统计全县人口、学龄儿童、在校儿童以及每个年级之教育费；并将全县教育产业与上列各项比例之。

（三）就所属县区每个学童之教育费，以计该县普及教育需要之总数。

（四）调查本县教育经费之来源，并作详细图表显明之。

（五）讨论"最小限度"及"最大限度"税额之利弊，并言何者吾人应仿效？

（六）研究本章所论教育经费之将来办法，并作具体之计划。

（七）调查本省及本县之补助下级区域之办法，并根据本章所论、条陈将来之革新计划。

（八）搜集安徽、江苏之教育经费独立文件，及各国因庚款退回所组织之董事会公文，研究而指陈其利弊。

（九）条陈国宪、省宪中，应有教育专章；及对于教育经费应有规定之理由。

（十）认真考核本省及本县之本年教育预算，并条陈其必须改良之点与理由。

（十一）研究新簿记方法及会计稽核法，条陈省县教育经费公开办法。

第二章

学事报告及统计问题

第一节 学事报告之重要

（一）学事报告之作用　吾于前章结论中，谆谆以运动最公平、最普遍之大规模教育税则，以立教育上万年基础，而救今日之危机。惟此项税则能否成立，全视吾人能否努力运动，获得社会之赞助为断。至于运动方法则以（1）宣传教育作用，以求社会之了解；（2）增加教育之效率，以求社会之同情；（3）公开经费之用途，以求社会之原谅。盖教育本为国家事业；但自平民主义发现以后，已渐为社会之事业，为社会所设施，而其经费且又取之社会；故社会之赞助及其赞助之程度，实为教育命运所系。学事报告之作用即在于此，其目的即所以求社会民众之了解与信任也。自吾国施行新教育以来，所有教育工作皆偏重在校儿童，至于校外成人素未注意。学事报告既以求民众对于教育事业之谅解，故为社会教育之一种。

（二）今日学事报告之大病　今日我国一般办学者，大都以应付官厅为能事。诚能求得官厅之同情与赞助，则目的已达。又以委任者为官厅，故其办学亦若为官厅办学。社会了解教育之作用与否？不问也。社会赞助教育之程度如何？不问也。今日各县教育行政极少报告；即有官样文章之机械的报告，其内容之性质，亦以求官厅之谅解与批准为主，未尝就人民立论；质言之，为官厅而报告也，对官厅打官话也。殊不知官厅之主持学务，实由于人民所委托；盖共和国家之主体，本在人民，而不在官厅也。与其对官厅负责，毋宁对人民负责。故为巩固教育基础计，主持学务者，应变其所以应付官厅者，应付社会；变其所求于官厅者，求于社会人民。夫就今日教育之前途言之，其一线曙光实在社会民众，不在官厅也。今日地方教育之所以捉襟见肘，非但不能扩充普及，甚至维持现状亦觉困难者，其故良在于此。盖社会人民对于教育既不觉其关系，一至征收税款故有反抗之事。官办教育吾国试之已久，非图更张恐无以善其后矣。

（三）美国之一例　美国 Rockford[①] 市之 1915 年《学事年报》序文之结语云："Trusting this material may serve to make every citizen of this city better acquainted with an institution in which he is a stockholder, this book is respectfully, presented to the public, by The Board of Education." 其意略云，"深信报告所载，可使本市各个市民，更加了然于自己与有股份之机关。教育董事会敬陈于公众。"吾人细绎其言，可以恍然于教育事业关系社会人民之重要矣。故吾人将来对于教育事业之报告，无论其种类如何，作用如何，宜以唤起社会之注意，俾得了然于教育之作用与情形，而发生热烈之同情，作精神上、经济上之赞助。此吾之所以特别提出学事报告问题也。

---

① 〔特编注〕今诺克福。美国伊利诺州北部之一城市。

第二节　报告之种类及现在情形

（一）报告编制之原则　报告之种类甚多，方式亦极复杂；西洋诸国且成专科。本节所述不过举其大要；至于详细研究，另有专门书籍。但报告既以求获社会之谅解及赞助为目的，则一般社会人民之眼光，及其对于教育之态度，实为编制之标准。尤须利用平民化的语式及现代科学的统计与簿记方法；或用图，或用表，或用曲线，或用相片，总期使阅者一览无余，而发生一种快慰的意义。但查报告内容之范围，则不外乎以下四项：（1）需要教育之儿童及其各项情况，（2）现受教育之儿童及其各项情况，（3）教育之效果，（4）应付以上三项之人力、经济、时间、环境及其互相的关系。

（二）报告之种类　按例，国家有国家之报告，省区有省区之报告，以及县区学区无不各有其报告。惟学区之报告为县区报告所依据，而县区及省区之报告又为国家报告之依据。虽各项报告随区域而增广；但下级地方之报告，实上级区域报告之权与。今兹之研究故偏重地方报告。

教育报告有行政与学校二种。然行政报告则多依据学校报告而成立，且包括之。就行政报告而言，前清末叶，学部曾经两次奏订统计表式并附解说，令由地方填送中央编制统计，此为我国最初之教育报告。查当时所规定者，有部表67，省表40。民国之后，略加修正，似颇完备。惟以近年各省不靖，中央与省区报告，多不能按时编制。即有编制亦多生硬材料拉杂而成。比如山西省报告，似较他省为优；然以统计方法言之，未为佳制，阅读仍甚艰难。现在中央尚能按期刊行者，仅有一种月报，名为《教育公报》；内容多为法律、命令及公文之类，非为一般社会之报告也。省县地方亦不一律，通都大邑间或有《学事年报》之刊行；但统计之事殊欠精详，盖机械式之官样文章耳。

（三）县区之学事年报　各县报告称为某某县《学事年报》，按例每年一次。编制标准多依《劝学所规程施行细则》第四条之规定。其要目如下：

(1) 县教育当年之情形。

(2) 翌年之教育计划。

(3) 劝学所施行细则第一条所列各事项之处理概要。

(4) 县教育会议之议决案及其他要项记录。

(5) 县教育之统计。

(6) 其他报告事项。

此外，各县学事报告，并依据民国五年〔1916〕之部咨，以关于义务教育之调查，列入第六项之"其他报告事项"之内。所载义务教育事项如下：

(1) 县教育费之概略。

(2) 县教育机关设立之情形。

(3) 学区分划及区教育费之筹集状况。

(4) 有无中学校附设之预备学校？其状况如何？

(5) 各自治区已否成立之状况？

(6) 学务委员会组织之状况。

(7) 设立师范学校及讲习所之情形。

(8) 有无蒙养园及与国民学校高等小学校相当之各种学校，其状况如何？

(9) 设立学校园及学林等之情况。

(10) 近三年内小学校数及学童数之比较。

(11) 近三年内小学经费之比较。

第三节　各项报告之缺憾

由以上所举之报告言之,短处甚多。除已经陈述之二大弊病外,"不就社会立论"及"无统计方法",其他最缺陷者,如(1)现在受教育之儿童及其情况,(2)教育设施之状况及成绩,(3)实施教育之教师及其情状,(4)教育经费与其会计方法等项。

以上所举四项,在普通学事报告中,殊不多见;即有亦无非流水账目。其实,教育行政上最须报告,及社会所愿闻之事件,似无过于以上四者。假使教育当局,欲以报告方法,引起地方人士之注意与责任心;教育社会人民,使知教育之作用;讨论教育设施之方法,俾收更大之效果;则上述四事应为报告之中心。兹分别申言于次。

第四节　关于在学儿童方面

社会对于教育事业之观察,无不集中于学校儿童及其在校之实在情况。行政者对于各种情况下之儿童,有何计划?作何办法?此社会所愿闻者,亦行政者必须表示之要端也。盖普通人民对于教育价值,本不了解;但在校儿童与校外儿童有无特殊变化?此种变化是好是坏?却甚明了。报告时设于此点加以注意,不难使其信任教育之价值而加以援助焉。兹择其重要者数项,以为举例。

(一)出席人数之统计　通常报告皆有本县共有学龄儿童几何?在学者几何?未在学者几何?但在学儿童究竟出席次数几何,未有报告也。既入学矣,而不出席,与未入学者何异?徒报入学儿童数目,而不及出席数目,则入学之报告与不报告等;而报告之价值亦等于零。故此项报告应包括以下数事：

（1）本区在学儿童之总数（此就各校报告学生总数而言）。

（2）实在学生总数（此就上项总数，除去报名而不入学，及中途退学学生。或因搬家之故，先在甲校，次入所迁学区之乙校，此项重复亦须除去）。

（3）出席日数（此就第二项而计学生之出席日数，并扣除请假日数）。

（4）出席与在学日数之比例（表明学生每学年究竟读几日书）。

（二）学童年龄之统计及与成绩之关系　儿童年龄与教育之成绩极有关系。普通学事报告关于此项颇多笼统。兹择录诺克福（Rockford）市《学事年报》关于（1）学级与学童年龄之报告及（2）前项与成绩之关系。

（一）各学级与儿童年龄之统计

学级	未及年龄		学级与年龄适合		已过年龄		全级人数
	学生数目	百分比	学生数目	百分比	学生数目	百分比	
1B	198	27.9	417	58.8	94	13.2	709
1A	58	15.5	215	57.4	100	26	373
2B	116	22.2	269	51.4	138	26.3	523
2A	89	21.7	190	46.4	130	31.7	409
3B	138	27	204	40	168	32.9	510
3A	136	30	161	35.7	154	34.1	451
4B	104	20	221	43.7	180	35.6	505
4A	69	16	153	36.7	194	46.6	416
5B	101	17	215	38.2	246	43.6	562
5A	63	17.3	117	32.1	184	50.6	364
6B	81	16.9	172	36	225	47	478

6A	51	16	99	31.6	163	52.7	313
7B	80	20	130	32	186	47	396
7A	64	20	112	35	144	45	320
8B	67	19	127	37.2	148	43.4	341
8A	47	18	92	35.5	120	46.3	259
年级总数	1461	21	2894	41.6	2574	37.1	6929

（二）前项总比例

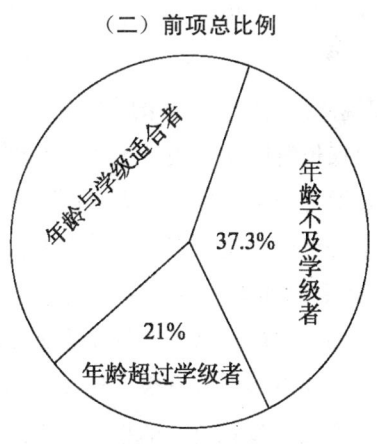

（三）年龄与成绩之关系

第五年级之年龄

年　　龄	$8\frac{1}{2}$ 至 $9\frac{1}{2}$	$9\frac{1}{2}$ 至 $10\frac{1}{2}$	$10\frac{1}{2}$ 至 $11\frac{1}{2}$	$11\frac{1}{2}$ 至 $12\frac{1}{2}$	$12\frac{1}{2}$ 至 $13\frac{1}{2}$	$13\frac{1}{2}$ 至 $14\frac{1}{2}$	
最优等	5 5％	20 20％	40 40％	20 20％	10 10％	5 5％	100 100％
优　　等	10 3％	50 12％	120 30％	150 37％	50 12％	20 5％	400 100％

中　　等	5 2%	50 17%	80 26%	70 23%	80 26%	25 8%	310 100%
劣等（留级）	1 2%	5 10%	10 20%	15 30%	11 22%	8 16%	50 100%
总　　计	21 2%	125 15%	250 29%	255 30%	151 18%	58 6%	860 100%

根据以上三项，吾人可知儿童因年龄不齐影响成绩至巨。照第三表，所有不及学级年龄及超过学级年龄者，其成绩多不甚优。此事关于教育甚大；亦为学童家属所亟欲知者，行政上实有注意之必要。通常家长每以学生成绩不良，抱怨教师；诚能注意及此，非特减少教学上困难，且可免去无谓之怨言。

其他关系学童升级留级之原因尚多。比如：（1）学生出席日数与成绩，（2）健康程度与成绩，（3）家庭经济程度与成绩，（4）种族与成绩，（5）住处与成绩等等皆为重要问题。学生家属有时不明此中原因，而以学生不升级，怨及学校；而社会亦有时因此不与学校表示同情。设有充分的报告，则此项关系既明，教育前途亦可减杀许多障碍。惟报告时宜多用具体的证明。

（三）学童健康之统计

以上各种关系教育成绩之原因，设能发现，不但可以消灭误会，减杀障碍，且可于教育上加以补救。比如健康一项是矣。据诺克福市之调查，先是学校儿童身体不健全者，几占全部57%。两方比较情形略如右图。但既发现，行政方面

力图救济，数年之后渐由 57% 减至 32.7%。报告时最好以具体事实证明学生健康之改进及影响学生学习之成绩；庶使一般民众了解新教育之作用，不仅教学生学习，且增进健康，使有学习之能力。

第五节　关于教育设施方面

（一）学校课程之宣传　学校中究竟所为何事？成绩如何？此一般人所急欲知者也。办学者为求社会之谅解与赞助，亦急欲宣传者也。宣传之法约有三项：（1）以图表表示学校设施教育之

(1) 小学各年级平均授课之分配

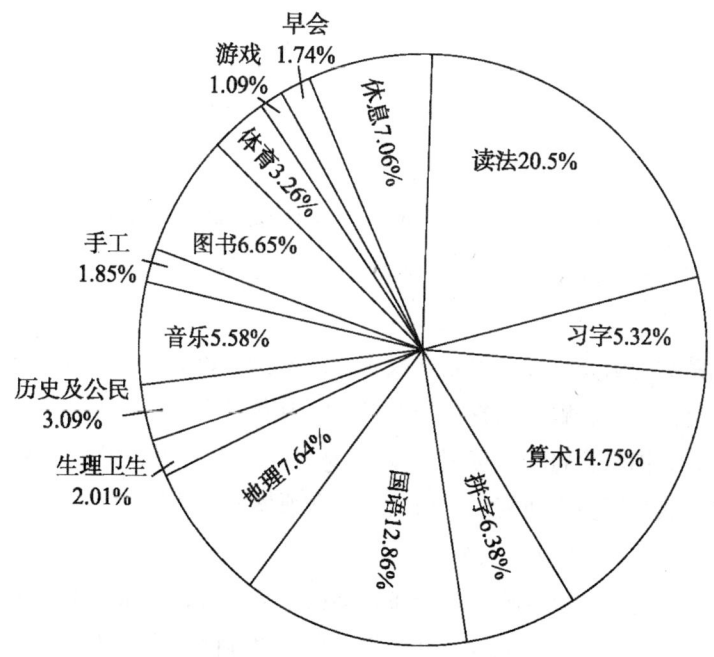

课程；（2）以相片或插画表示设施时之状况，及儿童在校之生活；（3）以科学的测验方法，宣示教育之结果。关于学校课程公布，最能引人注意，且易了解其成分者，莫如诺克福式之图。

(2) 本市平均授课成分与其他 50 市之比较

市别	科别 百分数	读法	书法	算术	拼字	国语	地理	历史	音乐	手工或家事	图画	休息	早会
诺克福市		22.1	5.7	15.9	6.8	13.5	8.3	3.3	6.0	2.0	71.7	4.7	1.9
其他 50 市		1.7	5.1	13.3	6.4	11.4	7.1	6.5	4.8	5.6	6.1	4.2	

报告中若能与他处比较，收益最多。盖一方可使本区人民了然于本区教育之特点，庶有可以夸耀之处；一方可使读者明了本区教育不在他处下，纵有不同，亦有其特异原因，非专门抄袭者可比。

（二）教育实施状况之宣传　宣传之事，我国素不讲究。近来商务方面似稍觉其重要，惟方法上颇有改良余地。教育界则以与社会无直接关系之故，所有学校实施教育状况，除极少鄙陋印刷品外，毫无宣传方法。西国学校一览或地方行政报告，无不满载精美图画。一方表示其学校生活之美满，以为招徕学生之计；一方使社会谅解学校教育之善状，以为增加经费之运动。其意甚善。我国教育将来非获社会赞助则基础不得巩固；于是宣传之事，实为事实上所需要；而其方法则须根据科学与美术。

（三）教育成效之公布　现在一般社会对于教育殊少信仰。各项教育报告颇少成绩之公布；即报章杂志所载，除为少数学者发表之高深学术研究外，多为学校风潮之新闻。此后教育界应觉悟此中关系；而于教育成效之宣传加以注意。其宣传目的，应一方使社会谅解现在之成效,一方又使社会觉悟其扩充改良之必要。然欲达此目的又非利用科学的方法而就社会立论不可。详情如次。

第六节　教育测验与学生成绩

前言教育报告,应将学生成绩,广为宣传;俾社会谅解教育之作用,而发生扩充改良之责任。然欲宣传学生成绩当有公共之标准,以为优劣之判别。

二十年来,欧美教育界领袖对于此项正确标准,多所发明。其结果不特可以测验学生之教育成绩,且可明了其补救方法。民国十一年〔1922〕,中华教育改进社特聘美国哥伦比亚大学教授麦柯先生,到华与本国教育专家数十人,编制心理及教育测验标准数十余种。次年复由专家规划应用,并举办各地学校教育调查。期以此种测验工具见诸实行,俾收根本改进教育之效。已经调查者十余处,将来结果即可用作学生教育成效之公共标准。

此项调查于教学方法,及其他教育问题,极有关系;兹将该社所举普通功用及其所能解决之问题,附录于下,以资参考:

(一) 调查的普通功用:

(1) 能使家中父母、学校教师、主持教育者以及其他帮助儿童进步的人,真正知道儿童之情况。

(2) 能用公平的客观的方法,定儿童的分数。

(3) 能使儿童自己或他人,晓得他是否尽了学习的责任。

(4) 能按儿童真正的能力,定他的班次。

(5) 能使教师与父母引导儿童,对于社会做最大的贡献。

(6) 能使办教育的人,对于他们的事业,有新生气与新兴趣。

(7) 能引起各地居民，对于教育发生信仰，使他们在各方面帮助教育事业的进行。

(8) 能使社会上人人常想到和谈论教育的问题。

(9) 能用科学方法，解决许多难解决的教育问题。

(二) 教师所欲解决的问题：

(1) 我看张生是最聪明的学生，对吗？

(2) 王生实在是一个最笨的学生吗？

(3) 孙生为什么是一个坏学生呢？

(4) 张生的家长要主张越级，合理吗？

(5) 魏生批评我定分数不公平，对吗？

(6) 黄生确实可以做领袖吗？

(7) 陈生如能多努力，一定可以多进步吗？

(8) 史生读书的能力每年进步了多少？

(9) 田生的智慧和算术读书及科学的能力，与这学校里，或中国所有12岁的学童，比较占何位置？

(10) 我是按儿童工作的真正能力，定他们的班次吗？

(11) 我待遇一切聪明与愚笨的儿童的方法适当吗？

(12) 我这一班学生的智慧和算术国文等平均的分数，与本校或中国各校同年级的儿童平均分数的比较如何？

(三) 地方人士对于学校的问题：

(1) 我们学校学年期限的长短是否适当？

(2) 本地方对于教育所用之经费，是否充分，是否可以使所办之学校达最高之效率标准？

(3) 中国的男女学童的智力比外国的学童如何？

(4) 本地学童的智力比别处学童如何？

(5) 改进本地的教育，应由何处着手？

调查之作用既如上述，各校设能利用科学的测验标准，研究其使用方法，测验各生对于各科的程度；再与公共标准比较，自能知道本区教育效果，并可引起社会之注意与谅解。兹择美国地方教育行政公布其教育成效之三例录之于后。

（1）一市与其他诸市之比较

如葛雷市之书法程度　依 Ayres 之测验标准

美国 56 市之平均标准

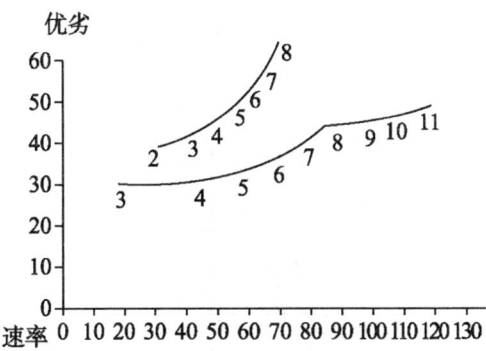

解说　由上图可见葛雷学校儿童书法之优美不及其他 56 市平均标准而速度则过之

（2）一市内各校程度之比较

如诺克福市之各校家事程度

公共标准

		100%
JACKSON	之程度	84
RA. DETERSON	之程度	80
P. RWOLKER	之程度	78.5
CHELCH	之程度	76.5
HIGHP CHS	之程度	68
TOLMNELSON	之程度	65
MONTOGWE	之程度	62.5
BLAKE	之程度	55
CUL. ELLIS	之程度	44.5

（3）一校内各级程度之比较

如诺克福市某校之拼法程度　依 Aryls 测验标准

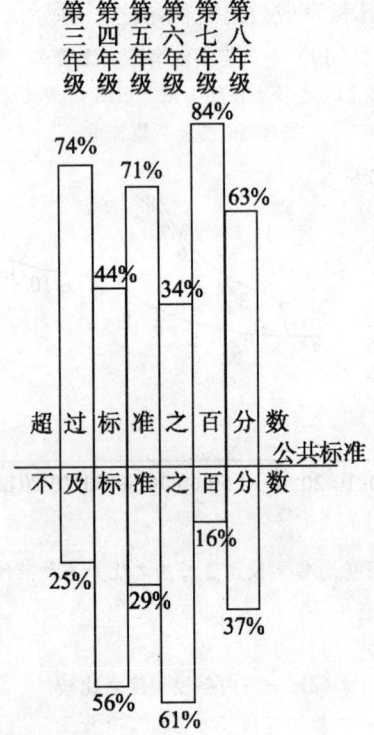

第七节　关于教师方面

学校教师之程度关系教育之效果至大；但如何增高教师之程度？亦为行政上之重要责任。故凡教师之资格及其薪俸待遇，与将来关于增进教师程度之计划等项，学事年报上，皆应有详细之报告。兹举例于后。

教师之专门训练——诺克福市之统计

全市共有教师校长 225 人。据 1913 年之统计，其间曾受专门训练者占全数之86%。

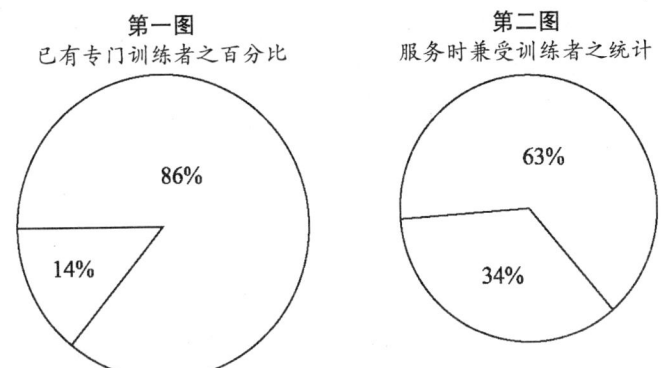

第一图
已有专门训练者之百分比

第二图
服务时兼受训练者之统计

依据第一图受专门训练教师占全数之86%。此86%中，在服务时，兼受专门训练者，有143人，又当受专门训练者占全数63%。由此可见教育行政方面，对于提高教师程度之热心与结果矣。

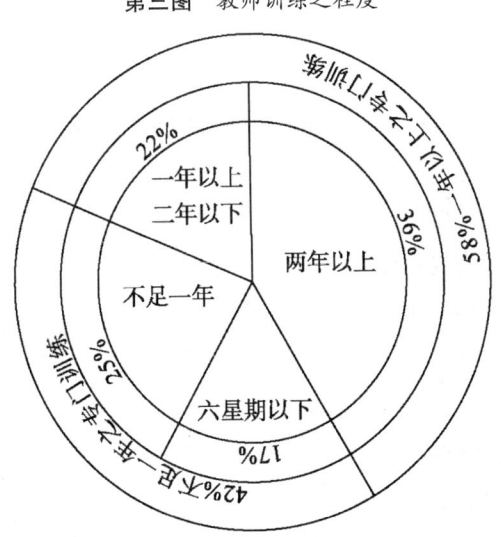

第三图　教师训练之程度

依第一图，全市教师已有专门训练者，计86％；此86％中，其训练程度有六星期者，有一年者，有二年者，有三年以上者，此图表示其各项训练之程度。

第四图　教师去职之原因

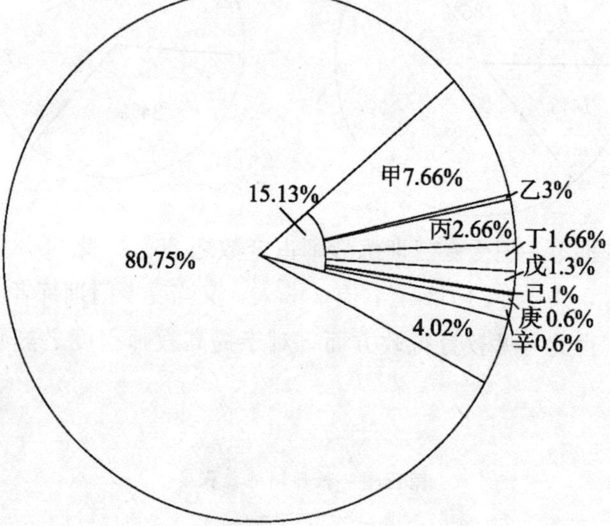

甲7.66%
乙3%
15.13%
丙2.66%
丁1.66%
戊1.3%
80.75%
己1%
庚0.6%
4.02%
辛0.6%

自1915至1916年正月，教师去职者当全数之15.73％。去职原因有：

（甲）因结婚

（乙）因有更优位置

（丙）因继续求学

（丁）因病

（戊）因未加委任

（己）因改业

（庚）因家事

（辛）因死亡

本年教师较前年增加 4％强。

第八节 教育经费之公开及会计方法

查各处学事报告，对于教育经费一项类多流水账簿，读之殊不发生若何意义；盖所公布，不过旧年概算之收入支出及其盈亏情形而已。甚或以毫无系统的出入项目一并登载，所占篇幅虽多，实在并无关系。预算概算既不适合科学方法，而所有用途，尤不能按照统计方法，计其价目。比如全县经费用于每项教育者几何？用于每个学科者几何？用于每个学生者几何？此种会计，西人称为 unit cost。由此标准价值，可以推究将来之确实需要；亦可以用为实施上之补救方法。遍查我国报告，间有计算每个学生每年费用者（per capital cost），但其算法，仅就所在学校而言；至于行政视察，及其他间接为学生所用之经费，皆未列入。故不得谓为精确。山西教育统计似较他省详尽，但于此种 unit 多未计及。兹择美国印第安纳省之葛雷地方，各项教育价值的报告数则，以明教育会计之方法。

（一）全市教育经费与每个学童之统计（单位：美元）

项　　目	支出总数	每生用费	百分数
（甲）行政项下	36,046.55	8.72	17.7
Ⅰ行政：			
（1）董事会	4,853.77	1.17	2.4
（2）教育局长	7,640.14	1.85	3.7
（3）指导员			

（一）学产指导员	1,821.75	0.44	0.9
（二）学科指导员	7,462.42	1.81	3.7
（4）校长	6,906.14	1.67	3.4
（5）小计	28,684.24	6.94	14.1
Ⅱ其他各项：			
（1）教育用品	681.12	0.16	0.3
（2）运输	654.88	0.16	0.3
（3）强迫入学	730.84	1.18	0.4
（4）卫生检查	5,099.74	1.21	2.5
（5）图书馆	10.70		
（6）学费补助	267.03	0.07	0.1
（7）小计	7,362.31	1.78	3.6
（乙）产业管理与修理项下	39,633.45	9.59	19.5
（1）房地管理	26,423.27	6.39	13.0
（2）房地修理	13,210.18	3.20	6.5
（丙）教授项下	128,002.38	30.98	62.8
（1）教师薪俸	120,652.20	29.20	59.2
（2）教授用品	7,350.18	1.78	3.6
（丁）总计	203,682.38	49.29	100

行 政 用 项　　　　　　　　　（单位：美元）

项目	各项用途							合计	为每生平均用费
	消耗				学产修理				
	薪水		其他	小计	房地修理	设备修理	小计		
	人员	助理							
董事会									
董事员	443.75	485.77	1,064.64	1,994.16				1,994.16	0.48
书记员									
管帐	132.00	664.90	210.21	2,195.11		230.84	230.84	2,425.95	0.59
会计员	318.10		24.16	342.26				342.26	0.08
局长			91.42	91.42				91.42	0.02
指导员	6,000.00	485.77	1,141.87	7,627.64		12.50	12.50	7,640.14	1.85
学产指导	1,800.00		21.75	1,821.75				1,821.75	0.44
学科指导	6,575.00	448.15	423.27	7,446.42		16.00	16.00	7,462.42	1.84
校长	6,030.00	546.94	321.02	6,897.96		8.18	8.18	6,906.15	1.67
合计	22,486.85	2,631.53	3,298.34	28,416.72		267.52	267.52	28,684.24	6.94

该市公布之经费表至多，以上所录之第一表为全市之经费概算；第二表则前表之行政项下扩充之。其他如校舍、设备、学科以及消耗品、教师等项，无不独立专表。而各表又无不以学童为单位。故读表时，即知该市为每生用于行政、校舍、教授、设备等项，各若干元。第一表则总括一切。

以上计算，仅以每个在学儿童为教育价值之单位，更有以学校科目为单位者。1915 年芝加哥大学教授博比特曾就 25 个中学校之各项科目，计其每 1,000 小时之价目（以学生上课 1,000 小时为单位）。于是笼统的教育价值，一变而为确定的教授价目。兹录结果于次。[事见 J. E. Bobbitt: *High School Costs in the*

School Review, Vol. XXIII, No. 8 (1915), p. 526]

科目	工艺	师范	拉丁	商业	外国语	历史	家事	理科	数学	英文	农业	音乐
价目之中数×	93	92	71	69	63	62	61	69	51	58	48	23

×表中所谓中数者超过与不及诸项之中间数目,非平均数也。

(二)行政用项与每个学童之统计(单位:美元)

以上为中学各项科目之价目,J. Lee Fleming 更将小学前六年之各年级各项科目,于每1,000元教授费,计其所占之价目。其结果可于下表见之。(事见 *Instructional Costs in the first six Elementary*, Grades, Master Thesis, The University of Chicago)

(单位:美元)

科目	第一年级	第二年级	第三年级	第四年级	第五年级	第六年级	平均
读法	611	407	307	246	150	156	312
算术	5	101	176	187	181	190	140
国语	95	110	126	130	178	105	124
音乐	86	90	84	67	58	67	75
拼法	3	92	90	93	80	71	71
地理	—	—	9	12	124	152	64
缀法	49	68	61	61	52	59	58
图画	60	80	55	66	32	42	56

工 艺	—	—	23	9	60	76	78
早 会	34	21	15	21	24	25	25
体 育	11	—	25	14	40	39	20
跳 舞	11	22	6	—	—	—	10
卫 生	—	3	—	10	11	13	7
设 计	28	—	—	—	—	—	5
历 史	—	—	—	—	10	5	2
手 工	4	6	—	—	—	—	2
觉官训练	3	—	—	—	—	—	1
合 计	1000	1000	1000	1000	1000	1000	1000

以上各项统计，颇多关系教育行政之设施与计划；尤于经济关系最密。假使详密计算，广为公布；非但可获教育上之经济，亦得公众之谅解。此外，犹有一事为教育行政上急不容缓之问题，即经费之稽核是也。现在社会既亟亟要求经费公开，则公开之后，欲免前途之责难与攻击，而保障主管人之信用，应运动上级官厅，或地方自治团体，延聘专家审查一切，而予以保障。俾一般社会对于负学校经济责任者，释其疑虑。

研究问题

（一）申论教育主管机关必须谋求社会之谅解与赞助之理由，并搜集事实证明现在地方教育机关完全为官厅办学。

（二）研究三种学事报告，并列举其编制上根本原则。

（三）搜集我国几种代表的教育行政报告，并简单说明其内容，条陈各种报告应行革新之点，并附以理由。

（四）试就本章所举报告应有内容，认真批评；此外如有应行增加者，亦各据理由提出。

（五）外国教育行政官厅深明学事报告之重要，故特拨巨款聘用专家专门编制之；师范大学亦特组学程专门研究之。我国教育行政机关应有如何注重之处？试各条陈以对。

（六）学校报告与教育行政报告有何区别？关系如何？

（七）调查本地一校经费并统计（一）用于学校行政，（二）教授，（三）设备及校产管理各若干元？于教授项下其用于每个学科者又若干元？各个学科价值之比例如何？

（八）条陈如何利用学事报告，使社会人民确实明了教育是利率最大之储蓄。并证明之。